KB055390

_____ 님께

_____

_____

_____ 드림

20 . . .

영웅

초판 1쇄 발행 2018년 11월 8일

지 은 이   지방근
발 행 인   권선복
편   집   전재진
디 자 인   김소영
전 자 책   서보미
마 케 팅   권보송
발 행 처   도서출판 행복에너지
출판등록   제315-2011-000035호
주   소   (157-010) 서울특별시 강서구 화곡로 232
전   화   0505-613-6133
팩   스   0303-0799-1560
홈페이지   www.happybook.or.kr
이 메 일   ksbdata@daum.net

값 25,000원

ISBN 979-11-5602-661-7 (03190)

Copyright ⓒ 지방근, 2018

도서출판 행복에너지는 독자 여러분의 아이디어와 원고 투고를 기다립니다. 책으로 만들기를 원하는 콘텐츠가 있으신 분은 이메일이나 홈페이지를 통해 간단한 기획서와 기획의도, 연락처 등을 보내주십시오. 행복에너지의 문은 언제나 활짝 열려 있습니다.

HERO

영웅

지방근 지음

"나는 어떤 리더로
기억되기를 바라는가?"

착한 상사 vs 나쁜 상사100

도서
출판 행복에너지

책을 쓰기로 마음을 먹고 몇 년간 고민하다가 막상 어떤 콘텐츠Contents로 채울지 아내에게 조언을 구했다. 폐부를 찌르는 짧은 대답이 돌아왔다.

"당신의 모든 나쁜 점을 나열하면 돼요."

구성원이 가지는 조직에 대한 로열티Loyalty와 이직 의도에 관리자管理者가 약 72%의 영향을 미친다는 연구 결과가 있다. 회사가 싫은 게 아니고, 상사上司가 싫은 것이다. 뜻이 맞는 사람 셋만 있으면 건국建國도 한다고 한다. 좋은 상사 3명이면 회사가 그룹으로 성장 발전할 것이다. 훌륭한 리더Leader는 가정과 회사와 국가의 운명을 바꿀 수 있다.

현대 경영학의 아버지로 추앙받는 피터 드러커 교수는 다음과 같은 말을 한 적이 있다.

"나는 기업 및 공공기관, 비영리 단체 등 수많은 곳에서 컨설팅을 수행했습니다. 그런데 한 번도 부하직원의 관리에 심각한 어려움이 있다는 곳을 본 적은 거의 없어요. 하지만 상사를 어찌해야 좋을지 모르겠다고 힘들어하는 직원들의 말을 단 한 번도 안 들어본 적이 없습니다."

조직에서 상사의 역할과 몫이 얼마나 소중하고 큰 것인지 잘 알려주는 대목이다. 우리 사회와 조직에서 존경받는 리더Leader가 드물고 훌륭한 상사로 소문나 있는 사람들 또한 찾아내기 힘든 것이 사실이다. 훌륭한 리더가 되기보다 자칫 꼴불견 상사로 낙인을 찍힐 수도 있다는 생각이 들기도 한다.

이 책에서는 바로 요즘 사회에 요구되는 리더십Leadership을 100가지 항목으로 분류해보았다. 흔히 100이라고 하면 완전수를 의미한다. 목표달성에 관한 것, 기도와 기원에 공들이는 기간(ex:100일 기도), 또는 최고의 성적 등으로 표현되고 사용을 하고 있지만, '워스트Worst 100'으로 접근하는 것은 사실 생소하다. 그러나 이 '워스트 100'을 '베스트 100'으로 바꿀 기회를 만들 수 있는 역발상일 수도 있기에 자못 기대와 희망이 크다.

리더가 팀원보다 더 높은 직책을 부여받고 더 높은 연봉을 받는 이유는 무엇일까? 그냥 누리고 군림하라고 좋은 조건을 준 것은 절대 아니다. 리더에 요구되는 책무는 가히 크고 무겁다. 리더의 직함은 아무나 달 수 없으며, 아무나 리더가 될 수도 없다. 책무를 다한 후에 받는 인정은 돈으로 바꿀 수 없는 큰 명예이고 보상이다. 조직의 리더였다는 타이틀은 평생을 두고 자신의 삶을 증명하는 보람이자 훈장이다. 그에 따르는 책임감도 크다. 오죽하면 "One Who Wants to Wear the Crown, Bear the Crown(왕관을 쓰려는 자 그 무게를 견디라)."라는 말도 있겠는가?

勇將·德將·智將·福將 등 4대 장수 중 가장 부러운 장수가 복장이라 한다. 인복을 얻어야 진정한 장수, 진정한 리더다. 아들 딸을 위해 최선을 다하는 아빠 중에 상당수도 도리어 꼰대 소릴 듣는데, 하물며 오로지 일로 만나 매일같이 압박을 가하는 피 한 방울 안 섞인 팀장이 좋게 보일 리 없는 것은 어쩌면 너무나 당연하다. 심지어 나 역시 이 책에 언급된 100대 꼴불견 상사 가운데 과연 몇 개나 해당할지 자못 두렵다. 부디 독자 제현諸賢께서는 그런 두려움을 면하시길….

부록에서 자신의 GWP리더십 수준이 어느 정도 되는지 QR코드를 찍어 모바일로 진단할 수 있도록 준비했다.

우리나라 리더들의 평균 GWP리더십 지수, 성별, 연령별, 직급별, 근속연수별로 자신의 지수를 실시간 비교할 수 있으며, 그래프로 자신의 GWP리더십 지수가 어느 위치에 있는지도 파악이 가능하다. 과연 본인의 GWP리더십 점수는 몇 점일까?

사실 이 책의 메시지는 참 간단하고 이해하기 쉽다. 이제 막 보직자 발령을 받았거나 현재 리더로서 여러 고충을 겪고 있는 사람, 존경받는 리더로 우뚝 서고자 하는 사람들에게 참 소화하기 쉬운 솔루션Solution이 될 수 있다.

그러나 정작 나 스스로는 꼴불견 상사로 내 부하직원들에게 어떤 상처를 주었는지 되돌아보며 자성하게 된다. 이 책을 통해 지금까지 나 때문에 일터에서 상처받았을지도 모르는 사람들에게도 용서를 구하고자 한다.

아울러 언제나 든든한 버팀목이 되어주고 정신적인 지주가 되어주신 한국능률협회그룹의 김종립 부회장님, 삶의 철학을 일깨워주고 비즈니스의 멋진 방향을 제시해 주신 Great Place To Work Institute의 로버트 레버링 박사님, 그리고 마이클 부시 글로벌 CEO께 고개 숙여 감사드린다.

끝으로 언제나 진심 어린 충고와 조언을 아끼지 않는 든든한 지원자이자 마음의 동지인 아내 오미숙에게 깊은 고마움을 전한다.

Contents

제1편 관계의 베테랑, 리더

제2편 리더의 품격

제3편 리더의 업무역량

제4편 리더의 통솔력

제5편 리더의 꿈과 비전

제6편 존경받는 리더의 9가지 덕목/9 Practice

리더는 모름지기 '관계지기'라야 한다. 흔히 사람을 평가할 때 그 첫째 기준이 바로 인간관계이다. 두뇌가 뛰어나고 역량이 좋고 성과가 탁월하더라도 관계역량을 따라갈 수는 없다. 성공한 사람들의 가장 단순한 공통점은 관계가 좋다는 것이다. 그들의 옆에는 항상 사람들이 북적거리고 도와주는 사람들로 둘러싸여 있다.

조직의 리더는 관계의 마술사가 되어야 한다. 팀원들을 공통된 목표를 가지게 하고 한 방향으로 이끌어 가기 위해서는 관계의 마법을 발휘해야 한다는 것이다. 리더는 잘난 직원과 좀 못난 직원, 똑똑한 직원과 좀 부족한 직원, 욕심이 많고 개인주의가 강한 직원 등 여러 직원의 성향을 파악하고 매일 조율하는 지휘자가 되어야 한다.

GWPGreat Work Place는 '관계의 질Quilty of Relationship'이 아주 높은 일터를 말한다. '미국의 일하기 좋은 회사Fortune US 100 Best'를 선정하는 평가 기준인 훌륭한 직장의 선정기준은 높은 연봉이나 좋은 복리후생이 아니라 관계의 질이 좋은 데 그 초점을 맞추고 있다. 100% 가운데 약 70%나 관계의 질을 정량적으로 평가한다.

'사람 좋다'라는 얘기를 들어야 한다. 인간관계에 대한 좋은 평가는 죽더라도 그 빛이 사라지지 않는다. 하물며 살아 있을 때 존경받는 사람이 되기를 바라지 않는 이가 없듯이 '관계맺기'에 늘 신경을 쓰고 살펴야 한다.

나는 어떤 관계지기, 어떤 리더로 기억되기를 바라는가?

인간미
[세종대왕과 신숙주]

　따뜻한 정이 넘치는 사람, 잘 끓인 된장국처럼 구수함이 묻어나는 사람. 정겨운 사람 냄새가 나는 리더는 따로 있다. 이러한 리더는 어느 조직에 가든 어느 위치에 있든 가리지 않고 잘 익은 술처럼 사람들을 매료시키고 구성원들을 기분 좋게 취하게 한다. 요즘 직장인들은 하나같이 조직이 점점 삭막해지고 사람 냄새 나는 동료나 상사를 좀처럼 찾아보기 힘들다고 한다.

　술과 친구는 오래 묵히면 묵힐수록 좋다고 하는데, 직장생활은 왜 나아지는 것은 고사하고 점점 환멸을 느끼고 번 아웃Burn out이 되는가? 신입사원 시절 회사에 빨리 오고 싶고 일하고 싶어서 콧소리를 내며 경쾌한 걸음으로 온 적이 있을 것이다. 처음에는 누구나 열정적인 직장생활로 세상이 아름다워 보였는데, 시간이 지나면서 그 기분과 역동성은 다 어디로 가고 만 것인가?

"아침에 일어나면 동료들이 보고 싶어 안달이 나요. 휴가를 가서도 어느 정도 시간이 지나면 이상하게 동료들이 보고 싶어져요. 더 놀까도 생각해 봤지만, 동료들이 생각나서 2~3일 일찍 회사에 복귀하기도 해요. 그런데 중요한 것이 있어요. 우리는 다른 항공사보다도 약 1.5배 정도의 하드 워크(Hard work)을 하고 있어요. 일이 더 많단 말이에요. 일은 훨씬 더 많이 하지만 힘들지는 않아요. 어? 아… 왜냐면 동료들과는 언제나 재미있고 옆에서는 늘 인정해 주는 상사들이 있으니까요."

〈Fortune US 100 Best〉(미국 일하기 좋은 100대 기업 선정)에 매년 20위권의 상위 안에 랭크Rank되는 사우스웨스트항공사Southwest Airlines 사원들의 인터뷰 내용이다.

우리나라 회사도 휴가 가서 하루, 이틀 일찍 복귀하는 사람들이 많다.

"일이 눈에 밟혀서 쉬어도 쉬는 것 같지가 않아요. 그리고 눈치가 보여서 쉴 수가 있어야지 참 나…. 그래서 차라리 속이라도 편하게 회사로 일찍 돌아와 버리죠 뭐."

어느 대기업 간부의 자조 섞인 말이다. 사람다운 사람들이 더불어 사는 조직을 만들어내는 사람, 한 방향으로 구성원들을 살갑게 이끌어 가는 사람 냄새가 물씬 나는 리더가 절실하다.

성공한 사람들의 공통적인 특징은 지적역량보다도 인간미가 앞선다는 점이다. 회사 청소부, 경비원이라고 함부로 대하지 않고, 일등과 꼴찌를 구별하지 않고, 정규직이든 비정규직이든 따지지 않고 늘 인간미로 다가가서 은은한 향기를 뿜어내는 사람들이다.

미국의 인본주의 심리학자 매슬로Abraham H. Maslow가 주장한 '자기실현'에 성공한 사람들의 15가지 심리적 이미지 특징'들이 있다. 그중 여덟 번째가 인간미人間美가 있는 사람이다. 사회적 관심, 동정심, 인간미를 지니고 있었고, 그 인간미를 베풀었기 때문에 그들은 성공하였다는 의미이다.

 - 인간미는 사람을 사람답게 한다.
 - 인간미는 사람만이 가질 수 있지만 그렇다고 아무나 가질 수는 없다.
 - 인간미가 있는 리더를 당할 사람은 이 세상에 없다.

우리나라에서 가장 위대하고 존경받는 인물은 누구일까? 두말할 필요 없이 조선의 성군 세종대왕을 제1순위로 꼽는다.

어느 날 세종이 밤늦도록 책을 읽다가 집현전에 불이 켜져 있는 것을 보고 내시에게 누가 이렇게 늦게까지 집현전에서 연구하고 있는지 알아보라 명하였다. 내시가 말하기를 "신숙주가 혼자 남아 연구를 하고 있습니다."

세종은 추운 날씨에 새벽이 되도록 학문연구를 하는 신숙주가 안쓰럽고 고마워 직접 격려하러 집현전을 찾았더니, 그 사이 신숙주가 고단하여 엎드려 자고 있었다. 내시는 임금이 왕림한 사실을 알리려고 신숙주를 깨우려고 하는데 세종은 이를 말렸다. 놀라 일어나 황망하게 자신을 대하는 신숙주의 입장을 헤아린 것이다. 그리고 추운 날씨를 염려한 세종은 신숙주의 등에 몰래 자신의 어의를 벗어 덮어주고 돌아왔다.
아침에 눈을 뜬 신숙주는 임금의 두루마기가 자기 몸에 덮여 있는 것에 깜짝 놀랐다. 지난 새벽에 왕이 행차하신 것을 알아차리고 신숙주는 왕의 침전을 향해 뜨거운 눈물을 흘리며 절을 하였다. 신하를 어여삐 여기는 성군 세종의 모습이 고스란히 여기에서 묻어나온다. 신숙주는 더욱 학문연구에 매진하여 한글 창제에 지대한 공을 남겼다.

기계적인 사람, 차갑고 매정한 리더, 사무적이고 인간미가 없는 사람으로 불리고 싶은 리더는 단 한 명도 없을 것이다. 다음은 인간미를 뿜어낼 수 있는 리더의 4가지 무기이다.

첫째, 함께 밥 먹고 싶은 리더
"어이, 김 대리 오늘 점심 약속 있어? 아, 아뇨 없는데요. 아, 그래? 그럼 오늘 나와 점심 어때? 네. 좋습니다. 팀장님!" 김 대리는 사실 약속이 있었다. 그러나 팀장님이 점심을 같이하자는 순간 김 대리는 마음속으로 선약을 취소했다.

둘째, 고민을 털어놓게 하는 리더

부하직원이 다가와 조심스레 고민을 털어놓을 수 있다는 것은 평소에 그가 부하들에게 말을 많이 하지 않고 진솔하게 잘 들어주었기 때문이다.

셋째, 베풀어라.

퍼주고 망했다고 한 장사, 식당 못 봤다. 인간관계의 기본은 사람의 마음을 사는 것이다. 줄을 서서 먹는 단골 식당의 사장님처럼 베풀어라. 무엇이든 뿌린 대로 거둔다.

넷째, 매력을 갖추어라.

구성원들이 업무 외의 시간도 함께하고 싶을 만큼의 인간적인 매력을 갖추어라. 리더의 인간미는 조직원들의 마을을 열게 하는 열쇠다.

관계
〔상수리나무와 다람쥐〕

SNSSocial Network Service는 사회관계망을 구축해 주는 온라인 서비스로 소통과 공유를 강조하는 시대를 맞아 인맥을 새롭게 쌓거나 기존 인맥과의 관계를 강화하게 하는 역할을 한다. 밴드band, 카카오스토리Kakao story, 트위터twitter, 페이스북facebook 등이 대표적인 SNS이다.

그런데 요즘 SNS를 떠나는 사람들이 많이 생기기 시작했다. 처음에는 서로 소통하고 공유하는 재미로 사용자 수가 폭발적으로 늘어났지만, 시간이 지남에 따라 사람들은 관계 속에서 피로감을 느낀다. 복잡한 인간관계 속에서 스트레스를 받고 우월한 멤버들에 대한 상대적 박탈감까지 들어 관계를 회피하기 시작한 것이다. 오죽했으면 인간관계에 흥미를 잃고 염증을 느끼는 신조어인 '관태기關怠期'까지 생겨났을까?

관계關係는 중국어로 '꽌시', 일본어로 '간께이'로 표현하는데,

언어는 달라도 똑같이 인간 네트워크를 의미한다. 특히나 사회적 상호관계를 강조하는 동양에서 이 말의 중요성은 더욱 배가된다.

불가에서는 세상을 인드라망으로 설명한다. 인드라망은 우주를 덮고 있는 거대한 그물이며, 그물코마다 투명한 구슬이 매달려 있다고 한다. 세상의 모든 생명이 그 그물 속 관계망에 얽혀서 살아가며 탄생과 소멸의 인연도 그 속에서 생겨난다. 생명공동체를 엮어주는 그물이라고나 할까? 상수리나무와 다람쥐도 그 생명의 그물을 벗어나지 못한다.

도토리를 주워 겨울 양식을 준비하는 다람쥐는 늦가을에 자신과 가족을 위해 열심히 일손을 멈추지 않는다. 자기 집의 창고에 차곡차곡 도토리를 쌓아 이윽고 창고가 꽉 차서 더는 도토리를 쌓을 수 없게 되었는데도 일손을 멈추지 않는다. 다람쥐는 계속해서 도토리를 주워 모아 집 주위와 상수리나무에서 멀리 떨어진 데다가 땅을 파고 여기저기 묻어 둔다.

그런데 아이러니하게도 다람쥐는 자기가 어디에 도토리를 묻어 두었는지 모르는 경우가 상당히 나타난다. 묻어 둔 곳을 몰라 도토리를 찾아 먹지 못하게 된 결과는 봄에 어린 상수리나무가 새 생명을 싹틔우는 멋진 반전을 가져오게 한다.

상수리나무는 다람쥐에게 좋은 양식을 주고 다람쥐는 우연히도 상수리나무가 여기저기 널리 번식할 수 있도록 큰 매개역할을 하는 것이다. 이런 결과를 통하여 푸른 숲이 되고 아름다운 산이 가꾸어지는 것이다.

한국능률협회에 신입사원으로 입사하여 당당히 그룹 회장까지 올라간 고故 신영철 회장의 「도토리 론論」이다. 그는 최초로 한국형 경영컨설팅 회사를 설립하고 경영컨설팅의 한 획을 그음으로써 한국산업계의 멋진 상수리나무 숲을 만들었다. 컨설팅을 위한 인드라망을 만든 분이랄까?

 – 세상살이의 승패는 관계역량이 좌우한다.
 – 생산적이라는 것이야말로 올바른 인간관계에 대한 단 하나의 타당한 정의이다. (피터 드러커)
 – 리더는 조직의 '관계지기'이다.

다음 관계지도는 한국능률협회컨설팅의 모 경영컨설턴트가 자신의 인맥 지도를 그린 것이다. 그는 평소 후덕한 성품을 바탕으로 철저한 고객관계顧客關係 관리 통해 '프로젝트 수주 왕'의 닉네임을 얻고 나아가 '올해의 컨설턴트 선정, 10년 연속 최우수 컨설턴트 선정' 등 한국 경영컨설팅 업계에서 본받고 싶은 컨설턴트의 표상이 되었다.

리더의 관계역량은 무엇보다 중요하다. 친구가 거의 없는 외톨이상사, Social position이 없는 사회 속의 '고아孤兒'인 상사가 의외로 많다. "5명만 거치면 미국 텍사스 목장의 카우보이를 알게 된다."라는 말이 있다. 5명만 인맥을 잘 관리를 하면 지구촌의 모든 사람과 연결이 가능하다는 관계 관리의 중요성을 일깨우는 메시지이다.

리더십이 이렇게 조명을 받고 각종 리더십 이론과 실천 방법이 쏟아지고 있는 시대는 역사상 없었다. 가히 리더십의 춘추전국시대라 할 수 있다. 그런데 아이러니하게도 지금은 리더십 부재의 시대라고 한다. 리더의 관계역량이 부족하다는 증거다.

모름지기 리더는 '관계지기'여야 한다.

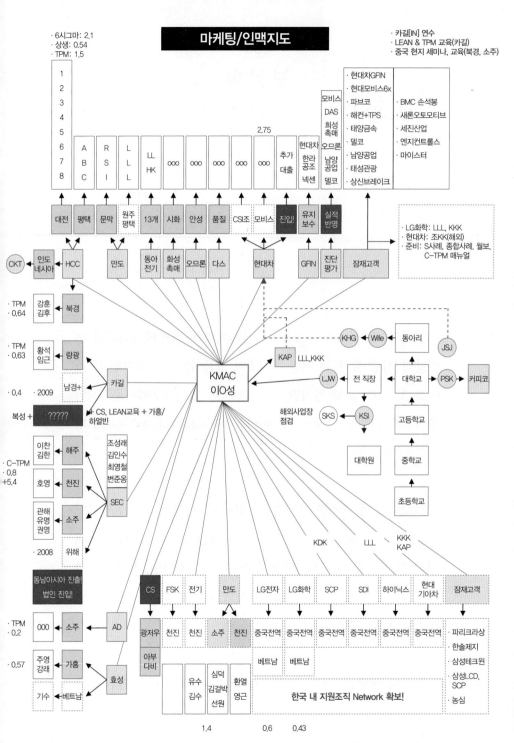

마케팅/인맥지도

보살핌
〔Help me! 다스케테! 사람 살려!〕

영어의 'Help me!(나를 도와 줘)', 일본어의 '다스케테!(도와줘)'와 우
리말의 '사람 살려!'는 어떤 차이점이 있을까? 언뜻 들으면 큰 차
이를 못 느낄 수도 있지만, 여기에 숨어 있는 의미와 문화적인
차이점에 대해 문학평론가인 이어령 교수(초대 문화관광부 장관)가 명
쾌한 해석을 했다.

사람이 물에 빠지면 보통 "나를 살려줘!"라고 미국인과 일본인
처럼 직설적으로 소리치는데 우리는 "사람 살려"라고 다소 이해
가 가지 않는 말을 한다. 당장 내가 죽게 생겼는데 1인칭으로 살
려달라고 부르짖어야지 왜 보통 사람들을 지칭하는 3인칭으로
호소한단 말인가?

이어령 교수는 "사람 살려"라는 이 말 속에는 내가 아닌 사람

즉, 한국인에게 수천 년간 체화된 인간 본위의 문화적 정서가 드러난다고 한다. 목숨이 경각에 달린 상황에서의 절박한 표현에조차 사람을 존중하고 널리 인간세계를 이롭게 하는 우리의 홍익인간 문화가 배어 나오는 것이다.

'측은지심惻隱之心'이란 남을 불쌍하게 여기는 타고난 착한 마음을 이른다. 이 '측은지심'은 『맹자』의 「공손추편公孫丑篇」에 나오는 구절(불쌍히 여기는 마음이 없는 것은 사람이 아니고, 無惻隱之心 非人也)이다. 이 말은 맹자가 독창적으로 주장한 인성론으로서 '성선설性善說'이라고도 한다. 즉 사람의 본성은 선善이라고 보는 학설이다. 맹자는 사람의 불행을 차마 보지 못하는 마음, 이 마음으로 천하를 다스린다면 마치 손바닥 위에서 물건을 굴림과 같이 아주 쉽게 공을 거둘 수 있다고 말했다.

맹자는 또 "사람들은 다 사람에게 차마 못 하는 마음이 있다."라고 했다. 어린아이가 막 우물에 빠지는 것을 보면, 다 놀라고 불쌍한 마음을 가진다. 이는 그 어린아이의 부모와 사귀려 함도 아니고, 마을 사람들과 벗들에게 칭찬을 받기 위하여 그러는 까닭도 아니며, 원망을 듣기 싫어서 그렇게 하는 것도 아니다. 어린아이가 위험에 처했을 때 사람들은 누구나 두려워 근심하고 깊이 불쌍히 여기는 마음이 들어 반드시 달려가 구하려고 하는데, 이는 차마 못 하는 근본 마음이 본능적으로 행동하게 할 뿐이라는 것이다.

맹자의 이 말은 오늘날 우리 사회와 조직에 던지는 큰 화두話頭다. 특히 조직의 리더가 구성원을 대할 때 사람으로서, 가족의 일원으로서 측은지심으로 대해야 한다는 메시지임에 틀림이 없다.

영화 〈광해, 왕이 된 남자〉 중 저잣거리에서 임금님 흉내를 내며 밥을 빌어먹던 하선은 하루아침에 왕(대역)이 되어 버려 상상조차 못 해본 임금 노릇을 하게 된다. 왕 노릇 중에서 가장 좋은 것은 역시 임금님의 수라상을 받아먹어 보는 것이다. 하선은 생전에 구경도 못 해본 산해진미를 보며 만면에 미소를 지었다. '내가 이러한 음식을 꿈에서도 먹을 생각조차 못 했거늘….' 좋아서 어쩔 줄 몰라 하며 아주 맛있게, 한 점 남김없이 게 눈 감추듯이 먹어치워 버렸다. 그런데 어쩐지 궁녀들의 눈빛이 심상치 않았다.

> 상선: 전하께서 남기신 어식으로 궁녀들이 요기를 하옵니다.
> 하선: 허면 종일 굶었단 말이오, 나 때문에?
> 상선: 어식 외에는 아무 음식도 짓지 못하니 아마도…
> 하선: 허…, 이게 다 먹고 살자고 하는 일인데. 어째 이것들이 날
> 　　　귀신 보듯이 보나 했더니….

수라상의 진실을 알게 되고 궁녀들에게 괜스레 미안해진 하선은 다음 날 수라상에선 달라진 모습을 보여준다. 역시나 산해진미가 가득 차려져 있는 임금님의 수라상. 무얼 먹고 무얼 남겨줄까 고민하던 하선은 팥죽 한 그릇만 달랑 챙기고 수라상을 물

리라고 명하였다. 아무것도 모르고 싹 먹어치워 버린 지난번 일들이 미안해서였다.

자기 자신도 지금까지 배를 곯아가며 살아와서인지 궁녀들의 처지에 측은지심惻隱之心이 발동한 것이다. 이때까지 누구 하나 궁녀들의 입에 들어가는 것을 귀히 여기지 않았는데 하선은 달랐다. 그날 하선의 배려 덕분에 수라간 궁녀들도 산해진미를 배불리 먹을 수 있었다. 궁녀들에게 수라상에 오른 음식들을 많이 먹이려는 가짜 왕 하선의 따뜻한 인간미를 보여주는 대목이다. 자식 입에 음식이 들어가는 것을 보는 부모가 세상에서 가장 행복하다고 하는데, 하선은 나라의 아버지로서 직접 부모의 표상을 보여주었다. 궁녀들은 물론이고 잘난 신하들도 가짜 왕의 인간미에 점차 감동한 것은 물론이다.

- Caring의 시작은 따뜻한 눈빛이다.
- Caring은 조직이 구성원에게 해야 할 의무이다.
- Caring은 리더가 해줄 때 더 효과가 있다.

팀은 말단 직원부터 팀장까지 여러 계층으로 이루어져 있다. 신입직원은 아무것도 모르는 새내기이다. 그래서 모든 것을 챙겨줘야 한다. 그렇다고 직장생활이 좀 쌓였고 또 경력직이라고 해도 새로운 팀으로 발령받아서 즉시 전력화될 수는 없다. 새로온 구성원이 둥지에 안착하는 데에는 어느 정도의 시간과 함께 팀원들과 관계의 질Caring이 절대적인 작용을 한다.

부모가 자식을 낳아 먹이고 씻기고 입히고 가르치기를 지극정성 하여 20년 이상 양육해도 인간이 될까 말까 하는데, 어떻게 구성원이 조직에 들어와서 바로 정착할 수 있을까? 보살펴 준다는 것은 가족의 일원으로 받아 준다는 의미이다. 그런데 아무도 돌보지 않는데 그가 무슨 수로 스스로 정착한다는 말인가?

팀 분위기, 조직의 규범과 규칙, 개개인의 개성, 팀 내의 업무분담 및 업무 연관성과 협업시스템 등을 하루빨리 체득하려면 팀 구성원들의 인간적인 환영과 도움, 그리고 무엇보다 팀을 맡은 리더의 측은지심이 발동發動해야 한다. 가장 효과적인 것은 리더의 따뜻한 눈빛, 경청 그리고 조언이다.

실수
〔용서의 기적〕

방글라데시는 세계 선박 해체 산업의 중심지이다. 선박 해체는 주로 잘 못사는 나라에서 특별한 기술이 없이도 단순한 노동력을 이용하여 돈을 버는 산업 분야다. 많은 돈을 들이지 않고 폐선을 수입하여 해체·가공하면 몇 배의 부가가치를 안겨 주니 제법 쏠쏠한 사업이다.

필자는 외교통상부 산하 국제협력단KOICA과 함께 방글라데시에서 인적자원관리, 반부패 경영, 공공관리 등의 지식원조 프로젝트를 몇 년간 한 적이 있다. 그 당시 많은 노동자가 열악한 근로 환경에서 폐선박 해체 산업에 종사하고 있다는 것을 알고 가난한 나라 노동자 계층의 애환에 가슴이 뭉클한 적도 있었다.

우리나라도 그럴듯한 산업과 기업이 거의 없었던 6~70년대에 폐선박을 수입·해체하여 먹고 살던 시절이 있었다. 지금은 세계적인 기업이 된 삼성물산도 그 당시 폐선박을 수입하여 부가가치를 남기는 것이 주된 사업이었다고 한다. 삼성물산의 수입 담당 부서에서 일하던 모 직장인의 실화를 소개하고자 한다. 그 역시 폐선박을 수입하는 업무를 담당하고 있었고, 수입하여 해체할 때마다 쏠쏠한 재미를 보고 있었다.

이에 좀 더 큰 실적을 올릴 욕심에 거대한 폐선박을 수입하여 부산 앞바다에 정박시켜 두었는데, 그만 태풍이 와서 그 선박이 바다에 가라앉아 버리고 말았다. 배의 수입 가격이 엄청났던 데다가 설상가상으로 가라앉은 배를 건져 올리는 비용은 가히 천문학적인 금액이 들기 때문에 어쩔 수 없이 회사에서는 그 배를 포기할 수밖에 없었다.

잘 나가던 직원과 회사에 일순간 청천벽력 같은 일이 벌어지고 말았다. 직장에서 일하다 보면 누구나 한두 번 실수하기 마련이다. 그런데 이 실수로 인한 손실이 한두 푼도 아니고 회사 자본금의 3분의 1이나 되는 무려 43억 원의 회삿돈을 날린 것이다. 한 개인으로서는 도저히 감당하기 어려운 상황이었음이 틀림없다. 웬만한 회사라면 그 직원을 당장 해고하고 손해배상 청구 소송까지 걸었을 것이다. 그런데 상사들은 평소 그의 성실성을 알고 있던 터라 모두가 그의 편이 되어 주었고, 당시 최고경영자였던 이건희 회장은 "43억 원짜리 실패의 교훈을 잊지 말라."고 말하며 그 직원의 사표를 반려했다고 한다.

이후 그 직원은 어떻게 되었을까? 그렇게 큰 사고를 치고도 온전하게 직장생활이 가능하였을까? 그런데 그는 실패를 교훈 삼아 우뚝 일어서고야 말았다. 당시 재직 중이던 삼성물산에서 당당히 해외사업본부장으로 성장해 나갔을 뿐만 아니라 삼성GE 의료기기 사장, GE코리아 회장, GE헬스케어 아시아성장시장 총괄사장, 세계 국제공항평가 10년 연속 1위의 전무후무한 쾌거를 달성케 한 인천국제공항공사 사장, CJ그룹의 부회장을 맡아 그룹경영을 정상궤도에 올리는 등 가는 데마다 혁혁한 성과를 올린 직장인 성공신화의 당당한 주인공이 되었다. 그가 바로 열정 전도사로 존경받는 이채욱 회장이다.

〈이채욱 회장의 성공전략〉

1. 실패했다며 좌절하기보다는 어떻게 실패를 극복할지 고뇌하라.
2. 열정은 불가능을 가능으로 만든다.
3. 운이 있다고 믿는 사람에게 행운은 따른다.

이채욱 회장이 회사에 막대한 손실을 끼치고도 승승장구하며 성공해 나갈 수 있었던 이유는 무엇일까?

첫째, 그의 인물됨과 그릇을 알아보고 큰 실수를 봐 준 상사들과 이건희 회장의 용서와 인정의 리더십이다.

둘째, 실패에 좌절하지 않고 어떻게든지 문제를 극복하려고 하는 도전과 열정이다.

– 큰 실패를 경험한 큰 인물 뒤에는 반드시 선한 리더가 있다.

– 인생에서 저지를 수 있는 가장 큰 실수는 실수할까 봐 끊임없
이 두려워하는 것이다.

– 훌륭한 리더는 이해와 용서의 미덕을 가진 사람이다.

우리나라 최초로 고객만족경영대상 부문 '명예의 전당'에 이름을 올린 삼성에버랜드에는 'CS 실패파티'라는 다소 생뚱맞은 파티가 있다. 이 실패파티의 사례는 기업의 CS교육에 단골로 올라오는 CS경영의 모범사례로 손꼽힌다.

'CS 실패파티'는 직원들이 고객에 대응하다 본의 아니게 실수를 하거나 고객으로부터 클레임을 당했을 경우, 해당 직원과 해당 부서의 직원 모두가 한자리에 모여 음료나 도수가 아주 약한 술에 쓸개즙을 넣어 마시면서 그 실패내용을 곱씹고 해당 직원을 위로, 격려하는 파티(?)를 말한다.

일하다 보면 실수와 실패를 할 수 있는데, 그 실수를 추궁하기보다는 경험으로 함께 나누며 반복을 경계하는 계기를 마련함으로써 구성원들끼리 유대를 돈독히 하였던 파티이다. 보통의 회사 같으면 해당 직원을 추궁하고 징계하기 위해 경위서를 받았을 텐데 말이다.

실수를 너그럽게 이해하고 봐 주는 리더가 되자. 열심히 일하다 보면 자연스레 실수도 있는 법이다. 도전하지 않고 일하지 않

으면 실수도 없다. 실수할 때마다 추궁과 징계가 따른다면 어느 직원들이 가슴을 열고 일하겠는가?

자신의 자식이 열심히 일하다 실수와 실패를 한다면 과연 용서하지 않는다고 할 수 있을까?

훌륭한 리더는 이해와 용서의 미덕을 가진 사람이다.

감사
〔우유 한 잔의 감사〕

"자신의 일에 감사하는 자만이 기업의 경영자가 될 수 있다."

– 엘버트 허버드

감사도 공부처럼 연습이 필요하다. 감사는 하면 할수록 감사할 일들이 많이 생긴다. 감사와 행복의 전도사로 널리 알려진 손욱 회장의 '일일 5감사 운동, 감사대상자에게 100감사 운동'이 우리 사회에 미치는 영향은 잘 알고 있을 것이다.

1880년 여름 미국 메릴랜드. 집마다 방문해서 물건을 팔아 생계를 유지하는 가난한 젊은 고학생이 있었다. 온종일 방문판매를 다녔기 때문에 저녁 무렵에는 온몸이 지칠 대로 지쳤고 배도 고팠다. 하지만 주머니에는 다임(10센트) 동전 하나밖에 없었다. 그 돈으로 뭘 사 먹을 수도 없었다. '다음 집에 가서는 먹을 것을 좀 달라고 해야지.' 젊은이는 그런 생각을 하면서 발걸음을 옮겼다.

"계십니까?"

현관문을 두드리자 예쁜 소녀가 나왔다. 부끄러움이 많은 젊은이는 차마 배고프다는 말은 못 하고 물 한 잔만 달라고 하였다. 그러나 소녀는 젊은이가 배가 고프다는 사실을 알았고 큰 잔 가득 우유를 담아 왔다. 젊은이는 그 우유를 단숨에 마셨다. 그러자 온몸에서 새로운 힘이 나는 듯했다.

"우윳값으로 얼마를 드리면 될까요?"

소녀는 이렇게 답했다.

"그럴 필요 없어요. 우리 엄마는 남에게 친절을 베풀면서 돈을 받지 말라고 하셨거든요."

이 말에 큰 깨우침을 얻은 젊은이는 새로운 힘을 얻었다. 그동안 공부하면서 학비 마련이 너무 힘들어 모든 것을 포기하려고 했었는데 그날 우유 한 잔의 배려로 젊은이는 새로운 세상을 열어갔다. 그로부터 10년의 세월이 흘렀다. 성인이 된 소녀는 그만 병에 걸리고 말았다. 그 도시의 병원에서는 감당할 수 없는 중병이라는 진단이 나왔다. 그래서 큰 도시에서 전문의를 모셔와야만 했다. 그 의사의 이름은 하워드 켈리, 소녀에게서 우유 한 잔을 얻어 마신 그 젊은이였다. 켈리 박사는 환자를 보고 단번에 그 소녀임을 눈치챘다. 그리고 모든 정성과 의술을 동원해 그녀를 치료했다. 정성이 통했던 것인지 중병임에도 마침내 치료에 성공했다. 죽음의 문턱에서 살아난 여인은 퇴원을 앞두고 치료비 청구서를 받았다. 비용이 엄청나게 나올 것이라 걱정하며 청구서 봉투를 뜯었는데, 거기에는 다음과 같은 말이 적혀 있었다.

"우유 한 잔으로 모두 지불되었음."

이 하워드 켈리는 미국 존스홉킨스 병원 설립자이다.

- 감사할 줄 아는 마음은 수양의 열매이다. 천한 사람들한테서는
  이것을 찾을 수 없다. (새무얼 존슨)
- 감사해야 하는 이유를 모르겠다면 잘못은 그대 자신에게 있다.
  (인디언 밍커스 부족의 격언)
- 리더의 감사는 자신을 성찰할 수 있게 하는 잣대이다.

"되로 주고 말로 받는다."라는 속담은 정말 남는 장사이다. 장사하는 사람이 10배의 이문을 남겼다고 한 말을 지금까지 들어본 적이 없다.

어떻게 1을 주고 10을 받을 수 있나? 그러나 신기하게도 감사는 속담처럼 10배의 기적을 만든다. 영어권에서도 먼저 Give해야 Take할 수 있는 것처럼 먼저 주자. 10배로 되돌아올 것이다. 감사는 돈이 들지 않는다. 당신도 감사의 기적을 만들 수 있다.

제6강
편애
〔한국의 3대 커뮤니티〕

고려대동문회, 호남향우회, 해병대전우회

이들은 우리나라 3대 커뮤니티Community로 많은 사람의 부러움을 사고 있다. 이 공동체 중에서 한 군데라도 속하면 밥은 굶지 않는다고 한다. 공동체의 끈끈한 정을 보여주는 대목이다. 공동체는 소속감을 고취하고, 힘들 때 위로와 도움을 받을 수 있는 든든한 조직이다. 그래서 공동체는 좀처럼 무너지지 않는다. 그만큼 멤버의 삶에서 중요한 위치를 차지하고 자긍심을 가지게 하기 때문이다.

편애偏愛는 사실 해당 당사자에게는 참 행복하고 즐거운 일이된다. 남녀가 편애하지 않으면 어떻게 결혼을 하여 오붓한 가정을 일굴 수가 있겠는가? 부모가 자기 자식을 편애하지 않으면 자식 말고 누구를 사랑한단 말인가? 선생님이 자기의 제자를 편애하지 않으면 누구를 예뻐할 수 있겠는가?

그런데 이 편애가 조직 안으로 들어오면 문제는 완전히 달라진다. '널리 사람을 이롭게 한다'는 홍익인간弘益人間은 우리가 자랑스럽게 여기는 민족의 가치價値이다. 여기에 담긴 가치가 우리의 조직에서 발현될 때 조직문화組織文化에는 꽃이 핀다.

'팔은 안으로 굽는다'는 말이 있다. 좀처럼 공정하기가 힘들다는 의미이다. 조직은 2명 이상으로 이루어져 있다. 『성경』에는 두 명 이상 있는 곳에 반드시 주님께서 함께하신다고 했지만, 두 명 이상으로 구성된 조직에는 반드시 갈등과 문제도 함께한다. 조직의 갈등과 문제를 초래하는 상당한 부분을 차지하는 것이 바로 편애, 끼리끼리 문화다.

부모들은 자신은 자녀를 절대 편애하지 않는다고 착각한다. 무의식적으로 이루어지는 자녀들에 대한 편애 때문에 나중에 가정이 파탄 나는 경우를 가끔 보게 된다. 조직이 있는 한 공정성公正性은 영원히 리더를 따라다니는 딜레마Dilemma이다. 리더는 공정해야 한다. 리더가 출신학교나 지역을 언급하는 순간 조직은 슬슬 금이 가기 시작한다. 특정 구성원이 가입된 동호회를 좋아한다고 표현하는 순간, 나머지 구성원들은 혼란에 빠진다. 회의 때 어떤 구성원의 의견을 격하게 칭찬하거나 특정 구성원을 좋은 시선으로 물끄러미 바라보면 구성원들은 속으로 불 같은 질투심을 가진다. 리더는 뱉는 말 한마디, 눈빛 하나하나 신중愼重에 신중을 기해야 한다. 그런데 리더도 사람이라 특정 구성원이 사랑스럽고 자랑스럽게 여겨지는 것은 어쩔 수 없는지도 모른다. 그러나 리더로서 지켜야 할 도리가 있다.

- 편애는 조직을 갉아먹는 벌레이다.
- 편애하라, 약한 자들을! (프란치스코 교황)
- 리더의 편애는 몰래 하라. 단 전 팀원을 대상으로

정도程度를 지키면서 구성원들을 적절하고 지혜롭게 편애할 수 있는 3가지 방법이 있다.

첫째, 팀원들 한 사람 한 사람을 몰래 편애하라! 사랑을 독차지한 느낌보다 더 기쁜 것은 없다. 이것을 적절히 활용하라. 아무도 없을 때나 장소에서 해당 구성원을 지독하게 인정하고 칭찬하라. "우리 조직에는 김 대리밖에 없어!"라는 말을 던져라. 순간 당신은 또 한 명의 충신忠臣을 얻는다. 혹시 둘이 함께하는 것이 어려울 때는 이메일이나 문자로 조목조목 부하직원의 장점과 조직에 대한 기대를 던져라. 어느새 당신은 미친 듯이 일하는 부하를 보게 될 것이다.

둘째, 편애는 골고루 하라! 10명의 팀원이 있으면 맘에 드는 직원과 꼴도 보기 싫은 직원이 있게 마련이다. 그렇지만 리더는 냉정해야 한다. 가장 먼저 꼴도 보기 싫은 직원에게 구애하라. "갑자기 팀장님이 왜 이래? 뭐 잘못 먹은 거 아냐? 그래도 싫지는 않고만!" 의아한 그의 표정이 가관일 것이다. 어쩔 수 없다. 하기 싫은 말을 해야 하는 것은 리더의 업보다. 그런데 얼마 지나지 않아 작은 기적을 보게 될 것이다. 그렇게 보기 싫고 미웠던 부하가 드디어 사랑스럽고 예쁘게 보이기 시작한다. 이후 그로부터 성과를 얻는 것은 편애의 덤이다.

셋째, 꾸준하게 편애하라! 팀장과 팀원들로부터 인기가 있는 팀원은 편애에 익숙해 있다. 한편 그렇지 않은 팀원은 팀장의 관심과 애정 표현을 부자연스러워한다. 심지어 그 저의底意를 의심할지 모른다. 꾸준히 진정성을 어필Appeal하라. 소기의 목적目的을 달성할 것이다. 이후 조직은 사랑받기 위해, 인정받기 위해 안달이 나 있는 팀원들로 가득 차 있을 것이다.

대놓고 "우리가 남인가?"라고 하던 정치가들의 말로를 우리는 똑똑하게 보았다. 편애의 이 3가지 공식을 기억하라. 당신이 그 조직을 떠날 때까지 오래오래 지켜야 한다.

제7강

환영
〔컴패니언 - 한솥밥〕

집에 손님이 찾아오면 아버지는 마당 쓸고, 어머니는 맛있는 음식을 정성스레 준비하고, 애들에게는 때때옷을 입혀 손님을 극진히 맞이한다. 어느 집안이나 이같이 손님을 맞이한다. 정말로 자랑스러운 우리나라의 미풍양속이 아닐 수 없다.

유목민들은 양과 염소 떼를 몰면서 물과 초원을 찾아 이리저리 방랑한다. 그들은 집단생활을 하지 않고 오로지 가족 단위로만 떠돌아다니기 때문에 항상 철저히 고립된다. 계속 이동하는 유목민들의 삶의 특징 때문에 한 가족과 다른 가족 혹은 친척들과의 거리는 짧게는 수십 킬로, 좀 멀게는 수백 킬로 이상 떨어져 있다고 한다. 그래서 그들은 자연적으로 사람을 좋아하고 그리워한다고 한다.

그들은 일면식도 없는 사람이 찾아오거나 사막과 광야에서 헤매다가 지쳐 찾아온 누추한 방랑객 등 가릴 것 없이 자기의 천막에 극진히 모신다고 한다. 삶은 양고기와 따뜻한 빵과 우유를 정성껏 대접하고 나그네에게는 아무런 대가를 요구하지 않는다. 심지어 찾아온 이가 언제 지친 몸을 회복하고 가든지 상관 않고 묻지도 않는다고 한다.

유목민들은 광야의 위험과 외로움을 수천 년에 걸쳐서 몸으로 터득해 왔다. 때문에 찾아온 사람을 보살펴 드리지 않으면 나그네에게 큰 변고가 닥칠 거라는 것을 알고 있다. 나그네를 아무런 대가 없이 극진히 대접하는 것은 어쩌면 언제 자신들도 그러한 상황에 빠질지 모른다는 일종의 품앗이 아니면 보험일지도 모르겠다.

- 환영은 나를 가족 구성원으로 받아들인다는 증거다.
- 환영의 좋은 기억은 힘들 때 나를 지탱하는 에너지원이 된다.
- 리더의 환영은 구성원을 동인(動因)하게 한다.

우리는 팀으로 출근한다. 회사로 출근하는 것이 아니다. 회사는 브랜드일 뿐이다. 회사에 입사하는 것 같지만 실상은 팀이라는 단위로 들어가는 것이다. 팀에는 수시로 인사이동이 생긴다. 어느 회사, 어느 조직이든지 인사가 많이 일어나는 이유는 다양하다. 갑자기 동료가 직장을 옮기게 되었거나, 개인사업 때문이거나, 이민이나 귀농, 조직의 증원 혹은 문제의 발생, 회사의 인사관리 정책으로 직원들 간 업무 로테이션 등등 아주 다양한 사유로 인해 팀에는 항상 사람이 나가고 또 새로운 사람이 들어오게 된다. 팀에 새로 들어오는 사람들은 신입사원, 경력직원, 사간 전배직원, 부서 간 전배직원 등 크게 4가지 유형의 사람들이 조직에 들어온다.

첫 출근의 기억을 떠올려 보라. 당신은 얼마나 큰 환대를 받았는가? 조직에서 첫 출근 때 환영받던 기억은 평생 사라지지 않는다.

위의 유목민 사례에서 보았듯이 일면식도 없는 나그네, 그리고 앞으로 아무 관계도 없을 사람마저 극진히 환영하고 대접한다. 하물며 우리 조직에 들어오는 사람은 앞으로 팀의 일원으로서 함께 일하고 목적을 달성하러 오는 사람이다. 아니 인재이다. 그를 어떻게 환영하지 않을 수 있단 말인가?

환영의 의미는 가족으로 따뜻하게 받아 준다는 의식이다. 가족에는 식구食口라는 깊은 의미가 내재해 있다. 동료·전우를 뜻하는 컴패니언companion은 고대 로마 군인들이 빵을 함께 먹었던 것에서 비롯된 단어다. 빵을 나눠 먹으며 식구처럼 끈끈한 정을 나눈다는 뜻이다. 우리나라의 식구와 의미가 완전히 일치한다. 쉽게 말하자면 동료는 '한솥밥'을 먹는 사람이다. 직장생활을 하다 보면 스트레스도 쌓이고 힘든 일이 생기고 때로는 감당하지 못할 일도 닥친다. 그때 가장 큰 힘이 되고 위로가 되어주는 것이 바로 가족이다. 팀 동료이다.

"아이 요즘 왜 이렇게 힘들지? 일하는 재미도 없고 그냥 때려 치우고 다른데 알아볼까? 아냐! 뭐가 있을 거야. 조금만 더 참아보자. 3개월 전에 내가 이 팀에 들어올 때 환영해 준 거 생각하면. 맞아 그때 날 엄청나게 환영해 줬지. 뭐가 있을 거야. 그래 참자. 조금만 더 참아보자. 그리고 내일 팀장님께 차 한 잔 마시자고 해야겠다."

제8강

음주
〔마시고 죽자〕

"불로초로 술을 빚어 만년배(萬年盃)에 가득 부어 비나이다 남산수
(南山壽)를. 약산동대(藥山東臺) 어즈러진 바위 꽃을 꺾어 주(籌)를 놓
으며 무궁무진 잡수시오."

조선 시대로부터 전해오는 작자미상作者未詳의 〈권주가勸酒歌〉
의 한 대목이다. 필자의 할아버지 별명別名이 '어이! 내 술 한잔
받게'였다고 한다. 고을 주막에서 약주藥酒를 드실 때면 지나가
는 사람들에게 연신 "어이! 내 술 한잔 받게."를 잊지 않고 말
씀하시어 "그 양반 인심 한번 좋군….''이란 소릴 자주 들었다고
한다.

요즘은 술을 권하면 이상한 사람으로 취급을 받기 쉽다. 술은
자기가 알아서 마시는 것이지 "왜? 강요해요?"라는 시대가 도래

한 것이다. 친구들 사이에서도 이젠 술을 막 권하지 않는다. 예전의 회식에서 건배사는 하나같이 "마시고 죽자!"였다. 왜 마시고 죽어 버리자는 말인가? 지금의 신입사원들은 절대로 이해하지 못하는 건배사일 것이다.

시대가 변했는데 아직도 회식에서 술을 강권强勸하는 상사들이 있다. "젊은 사람이 술도 한잔 못 하면 쓰나? 술도 못 마시는 사람은 일도 잘 못하는 법이야. 어이 마셔! 자 화끈하게 마셔 봐." 그들의 뇌리腦裏에는 상사가 주면 당연히 마셔야 한다는 불문율不文律이 자리 잡고 있다. 그들이 젊었을 때 상사가 따라주는 술을 거부拒否하는 것은 거의 회사생활을 포기抛棄하겠다고 하는 것이나 다름이 없었다. 최근에는 이런 분위기가 많이 줄었지만, 아직도 기업의 간부幹部들 사이에서는 여전히 폭탄주에 술을 강요하고 술이 조직 생활과 리더십에 중요하다고 생각하는 사람들이 많다.

세상은 변했다. 변화變化와 혁신革新을 가장 강조하는 시대다. 술의 문화文化도 바뀌어야 한다. 술을 강요하는 것도 엄연히 업무 희롱Work Harassment에 저촉된다. 술을 못 마시거나 안 마시는 사람이 일도 못 한다는 공식公式은 이미 깨지고 있다. 오히려 과음過飮으로 건강이 나빠지고 일에 큰 문제를 일으키며, 생산성도 좋지 않다는 연구보고서가 속속 나왔다.

- 술은 사람 관계를 좋게 한다. 그렇지만 다른 매개도 얼마든지 관계를 좋게 할 수 있다.
- 술의 첫 번째 덕목은 상대방을 배려하는 것이다.
- 리더의 리더십 역량과 주량은 같지 않다.

음주 문화만 달라진 게 아니다. 과거에 상사와 식당에 가면 메뉴 주문에도 서열이 있었다. 상사가 짬뽕을 시키면 아래 직원들의 선택은 짬뽕과 짜장뿐이었다.

"주문들 해요! 자유롭게 먹고 싶은 거 말해 개의치 말고, 어 난 짬뽕!"

'헉, 자유롭게 시키라고 말이나 하지 말던가 참 나….' 그렇지만 바로 상사의 눈치를 살피며 "아, 네. 전 짜장면, 네, 저도 짬뽕 먹겠습니다!" "어, 그래? 김 대리도 나처럼 짬뽕을 좋아하는군…."

요즘 신입사원들은 사뭇 다르다. 주위를 의식意識하지 않고 자기주장自己主張을 거침없이 하면서 살아온 세대世代다. 당당하게 자신이 먹고 싶은 메뉴를 말한다.

"네, 전 유산슬덮밥이요. 부장님, 전 잡채밥이요." 그날 부장님은 8,000원에다 12,000원짜리 덮밥까지 임자를 제대로 만났다.

이 당당함이 오히려 부러워진다. 우리 세대에서는 꿈도 못 꿔본 복수를 상사에게 대신 해주는 것 같아서 대리만족을 느끼기도 한다.

- 나를 위해서는 좋은 음식을 먹고 남을 위해서는 좋은 옷을 입자. (벤저민 프랭클린)
- 음식을 같이 먹는 사람은 동료(Companion, 빵을 함께 먹는 사람)이자 식구(食口)이다.
- 리더와 나누는 음식은 음식 그 이상이다.

상사가 모든 것을 주관하고 결정決定하는 시대는 저물고 있다.

결정들을 부하직원들과 함께 나눠보자. 회식 장소를 결정하거나 무엇을 먹을지 막내 직원에게 그 결정권決定權을 던져 주자. 사랑하는 가족과 외식外食을 하게 되면 요즘은 아이들이 거의 결정을 하지 않는가? 자녀들이 좋아하며 먹는 모습을 보면 어찌 기쁘지 아니한가?

부모가 가장 행복할 때가 '자식 입에 음식이 들어가는 것을 볼 때'라고 한다. 훌륭한 부하직원들의 입에 음식이 들어가는 것을 보고 행복하다면 당신은 이미 존경받는 리더이다.

격려
[피그말리온과 스티그마]

격려는 사람을 있는 그대로 보고 그 사람이 다른 사람의 기대나 압박감에서 벗어나 문제나 목표에 집중할 수 있도록 도와주는 것을 말한다. 그 사람의 노력을 인정하고 신뢰를 보여주는 것이 격려인데, 이러한 격려를 통해 사람들은 만족감과 내적 동기를 가지게 되고 기대에 부응하기 위해 매사에 열정적으로 임하게 된다.

어느 작은 회사에 다니는 평범한 회사원이 있었다. 그는 늘 많지 않은 월급을 받아 아내에게 주는 게 미안했다. 어느 날 그는 적은 월급에 대해 사장에게 항의하기로 마음먹고 아내에게 그 사실을 알리고 출근했다.
하지만 회사 일이 너무 바빠 그런 말은 꺼내지도 못한 채 집으로 돌아왔다.

집에 돌아온 그는 아내 서랍에서 두 장의 카드를 발견했다. 카드 하나에는 "우와~, 월급인상 축하해요."라고 적혀 있었고, 다른 카드에는 "월급인상이 안 됐지만, 당신의 능력을 믿어요."라고 적혀 있었다. 그 카드를 몰래 읽은 그는 아내의 배려에 감동했고 더 성실하게 열과 성을 다해 일해 그 회사에서 가장 인정받는 유능한 직원이 되었다.

긍정적인 기대와 관심을 누군가에게 꾸준히 전하게 되면 결국 그 사람에게 좋은 영향을 미치게 된다는 것을 피그말리온 효과Pygmalion effect라고 한다.

1968년 미국 하버드대학의 로젠탈 교수는 이 피그말리온 효과를 입증하기 위해 한 초등학교에서 실험하였다. 한 반의 학생들을 대상으로 지능을 검사했다. 그 후 결과와는 별도로 무작위로 20%의 학생을 제비뽑아서 해당 교사에게 이 학생들의 지능이 높다고 거짓 정보를 준 뒤 명단을 건넸다. 이에 교사는 적절하게 20%의 학생들에게 기대를 내비치고 격려하게 되었는데, 신기하게도 재차 지능검사를 해 보니 20%의 무작위로 선정되었던 학생 실험군의 지능이 실제로 향상된 것을 볼 수 있었다. 이 실험은 교사의 기대와 격려가 학생들의 성적향상에 영향을 미친다는 사실을 입증한 실험이 되었다.

반대로 스티그마 효과Stigma effect라는 것도 있다. 부정적으로 낙인찍히면 실제로 그 대상이 점점 더 나쁜 형태를 보이고, 또한 그 대상에 대한 부정적인 인식이 지속하는 현상이다. 그러니 한 번의 실수나 실패로 인해 부하직원에게 낙인을 찍는 일은 없어야 할 것이다.

 - 격려의 시작은 상대방을 존중하는 것이다.
 - 격려는 작은 성공을 알아차리고 인정해 주는 것이다.
 - 리더의 따뜻한 격려 한마디는 사람의 인생을 바꿀 수 있다.

"지금 나를 잡으려고 군대까지 동원하고 엄청난 돈을 쓰는데, 나 같은 놈이 태어나지 않는 방법이 있다. 내가 초등학교 때 선생님이 '너 착한 놈이다.' 하고 머리 한 번만 쓸어 주었으면 여기까지 오지 않았을 것이다. 5학년 때 담임선생님이 '이 쌍놈의 새끼야, 돈 안 가져 왔는데 뭐 하러 학교 와, 빨리 꺼져!' 하고 소리쳤는데 그때부터 마음속에 악마가 생겼다."

1990년대 말 몇 년간이나 국민을 불안에 떨게 하고 온 나라를 떠들썩하게 한 희대의 탈옥수 신창원의 고백이다. 그 담임선생님이 "지금은 좀 힘들지만 넌 잘할 수 있을 거야. 힘내!"라고 따뜻한 말 한마디만 했더라면 어떻게 되었을까? 가슴이 먹먹해진다.

제10강
사회성
[Social Position도 직함이다!]

　요즘 기업과 기관에서 가장 화두인 '워라밸Work Life Balance'은 일과 생활의 균형을 강조하고 독려하는 운동이다. 지금까지 많은 직장인은 대부분 시간을 직장에서 보낸 탓으로 개인의 삶의 질 향상을 위한 시간은 감히 생각하지 못했다. 하지만 이제 세상이 좋아져서 퇴근 시간이나 주말 등에 거의 상사와 회사의 눈치를 보지 않고 자율적으로 직장생활을 하는 경우가 많아졌다.

　워라밸을 구성하는 것은 가정과 일터, 그리고 사회라는 세 축이다. 그중에서 가장 중요한 것은 두말할 나위 없이 가정이다. '가화만사성家和萬事成' 가정이 화목하면 모든 일을 이룰 수 있다고 하지만 대부분 직장인은 가정을 돌볼 시간조차 거의 없었다. 바보스럽게도 우리는 아내의 원성과 아이들의 불만을 그저 직장생활의 훈장처럼 치부했다.

최근 다행스럽게도 미국이나 유럽의 직장인처럼 동호회나 각종 취미활동을 하는 인구가 폭발적으로 늘어나고 있다. 그만큼 여유가 생겼다는 의미이다. 짧은 시간 집중적인 근무 뒤에 찾아오는 여유와 여가가 있는 삶이 오히려 업무성과와 생산성에 훨씬 더 도움이 된다는 연구결과는 얼마든지 찾아볼 수가 있다.

관리자들은 바로 이 지점에 주목해야 한다. 일을 의자와 엉덩이의 맞선 시간으로 착각하는 관리자가 아직도 많다. 본인들의 생활 역시 일 중독자Workaholic의 모습이다. 어쩌면 일을 하는 게 아닌지도 모른다. 쉬는 방법을 모른다는 편이 정확할 것이다. 일을 하지 않고 놀면 무슨 죄인 취급이라도 당하는 것처럼 생각할 정도로 노이로제Neurose에 빠져 있을 수도 있다.

- 리더의 삼위일체는 가정과 일, 친구와 커뮤니티이다.
- 잘 놀아야 한다. 잘 쉬어야 한다.
- 리더를 완성 짓게 하는 것은 가정과 좋은 친구, 그리고 사회성이다.

잘 놀아야 한다. 어처구니없게도 일만 하는 사이 친구들을 다 잃어버린 지경까지 온 관리자들이 있다. 친구는 위안과 즐거움의 존재 이상으로 자신에게 항상 조언하는 사람, 그리고 바른 방향을 잡아주는 고마운 존재다. 도저히 할 수 없는 말도 친구는 할 수 있다. 그러는 사이에 직장생활과 리더로서 활동하는 데 친구로부터 엄청난 도움을 받는다.

일 때문에 사회와 단절된 삶을 사는 경우도 많이 본다. 그래서 불행하게도 어떤 관리자는 Social Position이 없다. 종교, 동호회, 동문동창회 등 수많은 사회활동을 다 포기해 버린 것이다. 일로 쌓인 스트레스를 종교를 통하여 위안받거나 각종 커뮤니티 활동을 통하여 삶의 질을 얼마든지 윤택하게 할 수 있는데 말이다. 특히 관리자에 있어 이러한 사회활동은 참으로 중요하다. 조직의 리더로서 당당하게 활동하는 데 있어 사회에서 맺는 인연들은 상상 이상의 엄청난 자양분이 된다.

리더로서의 특별함·차별성 등은 조직에서 상대적 우위를 점할수 있는 큰 무기이다. 그런데 아이러니하게도 이 무기의 장착은 회사 안이 아니라 커뮤니티에서 얻어진다. 조직 안에서는 절대로 풀리지 않을 것 같은 문제가 커뮤니티 동료의 팁Tip 하나로 해결될 수 있는 것이 그저 고마울 따름이다.

인생은 아폴론(이성)과 디오니소스(감성) 사이의 균형에서 행복을 느낀다. 긴장과 이완 사이에서 여유가 생긴다. 관리자부터 삶의 균형을 찾아야 조직이 활력을 얻는다.

제11강
사과
〔死不認錯(쓰뿌런추어)〕

친구 아버지의 부고를 다른 친구를 통해 전해 듣고 고민한다.

'가야 되나 말아야 되나? 어떡하면 좋지? 대판 싸우고 10년이 지
났는데 지금 찾아가면 조문(弔問)은 고사하고 다른 친구들 보는 앞
에서 문전박대(門前薄待)나 당하지 않으려나?'

용기를 내어 찾아갔더니 친구는 뜨거운 눈물을 흘리면서 그
때 자기가 잘못했다고 두 손을 꼭 잡는 것이 아닌가? "아니 내가
더 잘못했어." 이렇게 쉽게 서로 미안하다면 될 것을 10년씩이
나…. 두 친구의 사과와 화해는 친구 아버지가 돌아가시면서 준
선물이리라.

사과는 인간이 가장 하기 힘들어하고 싫어하는 것이다. "死不

認錯(쓰뿌런추어)" 절대로 자기 잘못을 인정하지 않는다는 중국말이다. 중국 현지에서 사업을 하거나 공장을 가동하고 있는 대표나 공장장들이 하는 이야기 중 하나가 중국 직원들은 절대로 자기의 잘못을 인정하지 않는다는 것이다. "잘못했어요!" 하면 그만인데 이런저런 변명만 죽 늘어놓아 속을 뒤집어 놓는다는 것이다.

중국인의 사과는 사실을 모호하게 왜곡하거나 다른 사람의 탓으로 돌리며 위기를 모면하는 습관들이 몸에 배어 수천 년을 내려와 그들만의 독특한 사과 문화가 만들어진 것이다. 사과와 잘못을 인정하지 않는 중국인들은 사실 나름의 이유가 있다. 절대 왕권 시절에 잘못을 인정하는 것은 바로 자기의 목이 뎅강 날아갈 뿐만 아니라 가문의 몰락을 가져오기 때문에 절대 잘못을 인정 못 한다는 것이다.

또 다른 이유는 모택동이 홍위병들을 동원하여 수백만 명을 죽인 무시무시한 문화대혁명 때문이라고 한다. 자기의 잘못을 인정하지 않아도 잡혀가 죽임을 당했는데, 하물며 잘못을 인정하는 경우는 스스로 목숨을 내어놓는 것이기 때문에 절대로 잘못을 인정하지 않는 것이다. 이것이 사회 전반적 분위기가 되었다고 한다. 함부로 잘못을 인정했다가는 자칫 자기의 목숨까지 위태로워질 수 있기 때문이다. 중국인들의 경험에는 절대 사과하지 말라는 교훈이 자리 잡고 있다.

- 사과는 인간이 가장 하기 싫어하는 것 중의 하나이다.
- 사과에는 큰 용기가 필요하며, 가능한 한 빨리 해야 한다.
- 리더가 하는 사과가 가장 정직하고 아름답다.

　자본주의의 꽃 기업, 기업의 일터에서 중책을 맡은 관리자들은 항상 사업의 실패에 대한 엄청난 스트레스에 시달리고 있다. 문제가 터지면 조직으로부터 바로 책임추궁이 이어진다. 관리자 반열에 올라온 사람들은 어떤 문제에 대한 책임, 사과, 변명을 어떻게 하는 것이 좋은지 경험으로 알고 있다. 선배들의 실패와 성공을 직접 보고 느꼈기 때문에 자신이 조직에 어떻게 처신해야 하는지 몸에 배어있다.

　그런데 윗선이 아니라 자기의 부하들에게 실패와 문제에 대해 처신을 해야 한다면 경우는 크게 달라진다. "내가 어떻게 부하들에게 내 잘못이라고 얘기할 수 있어?"

　부하들은 이미 다 알고 있다. 당신이 변명해 봐야 아무 소용이 없다는 것이다. 부하들도 문제의 본질과 실패의 상황을 파악하고 있다는 것이다. 솔직하고 정직한 사과가 전화위복을 불러 온다. 리더가 가장 하기 힘들고 어려운 말이 부하들에 대한 사과라고 한다. 리더의 솔직한 사과는 의외로 다음과 같은 몇 가지 좋은 일을 불러온다.

첫째, 직원들의 로열티를 얻을 수 있다.

둘째, 직원들이 책임 상황에서 벗어나기 때문에 일에 몰입할 수
있다.

셋째, 가족 같은 관계로 승화된다.

넷째, 성과는 어느 조직보다도 높게 나타난다.

가장 못된 리더는 자기의 잘못을 부하에게 전가하거나 뒤집어
씌우는 사람이다. 아니 놈이다.

제12강
개인사
[호구조사를 하라!]

"좀 놀면 안 되나요, 회사에서?"라는 독특한 기업문화를 가진 기업이 있다. 사원을 배려하다 못해 웃겨 죽일 수도 있는 이 '개념 사규'가 보통 직장인들에게 심금을 울려주고 대리만족을 시켜준다. 일하다 머리가 잘 안 돌아가면 사옥 지하의 수영장에 가서 수영하고, 당연히 수영한 시간은 주 35시간 근무시간에 반영이 된다. 꿈의 직장이라 불리는 이 회사는 한국의 구글, 제니퍼소프트이다.

제니퍼소프트에서 하지 말아야 할 33가지

1. 전화통화 시에 "지금 어디예요? 뭐 하고 있어요? 언제 와요?"라고 묻지 마요. 감시할 의중도 없잖아요.

2. "회의 중인데 좀 있다 전화할게." 아니거든요! 가족 전화는 그 어떤 업무보다 우선이에요.

3. 근무 외 시간에 가능하면 전화하지 마요. 사랑을 속삭일 게 아니라면!

4. 퇴근할 때 눈치 보지 마요. 당당하게 퇴근해요.

5. 우르르~ 몰려다니며 같은 시간에 점심 먹지 마세요. 같이 점심 먹는 것도 때로는 신경 쓰여요. 시간은 자유롭게. 먹고 싶은 것을 먹어요.

6. 비즈니스 정장을 입기 위해 애쓰지 마요. 편하고 자유롭게 자신의 개성을 맘껏 뽐내요.

7. 출장 후, 초콜릿 사 오지 마요. 그거 사기 위해 신경 쓰는 누군가에겐 부담되어요.

8. 회식을 강요하지 마요. 가고 싶은 사람끼리, 자유롭게 놀아요.

9. 타인에게 휘둘리지 마요. 내 인생의 주인공은 나예요.

10. 실패를 두려워하지 마요. 도전은 우리의 것. 책임은 회사 대표의 것이에요.

11. 대충 하지 마요. 디테일이 중요해요.

12. 사무실에서만 일하지 마요. 때론, 카페에서도 일해요.

13. 퇴근 후 일하지 마요. 우리에겐 휴식과 가족과 나눌 사랑이 힘이 되요.

14. 너무 일만 하지 마요. 가끔 놀아도 돼요.

15. 회의 중에 침묵하지 마요. 침묵은 부정이래요. 항상 말해줘요.

16. 농담이라도 상대방을 비웃지 마요. 당신은 웃지만, 상대방은 상처받아요.

17. 서로에게 반말하지 마요. 항상 서로 존중해요.

18. 형식에 얽매이지 마요. 본질에 집중해요.

19. 슬금슬금 돌아앉지 마요. 함께 나눈 이야기 속에 좋은 아이디어도 창의성도 발현되어요.

20. 혼자 하지 마요. 함께 하면 힘이 돼요.

21. 감정 표현을 망설이지 마요. 고마워요! 함께 할까요? 이렇게 표현해요.

22. 구성원이 힘들면 외면하지 마요. 이야기 들어주고 토닥토닥 감싸줘요.

23. 내가 혼자 다 했다고 자만하지 마요. 우리 함께 한 일이잖아요.

24. 뒤에서 이야기하지 마요. 눈을 맞추며, 이야기해요.

25. 인상 쓰지 마요. 웃어 봐요.

26. 정원에 풀 뽑지 마요. 잡초제거는 회사 대표의 몫이에요.

27. 경쟁하지 마요. 서로 협력해요.

28. 식사 거르지 마요. 꼭! 꼭! 챙겨 먹어요.

29. 자신을 한정 짓고 제한하지 마요. 언제나 오픈 마인드!

30. 억지로 하지 마요. 하고 싶은 일을 하며, 가슴 뛰는 삶을 살아요.

31. 사유와 공부를 게을리 말아요. 공동체의 의무에요.

32. 이것이 끝이라고 생각하지 마요. 계속 고민해요.

33. 회사를 위해 희생하지 마요. 당신의 삶이 먼저예요.

이 하지 말아야 할 33가지는 평범한 직장인들에게 있어 그야 말로 '꿈의 직장'으로 보일 수밖에 없다. 이것은 좋은 성과로 나타났다. 현재 제니퍼소프트는 국내 애플리케이션 성능관리 솔루션 분야 1위 업체로 시장 점유율Market share 70% 이상을 차지하고 있다.

- 조직 로열티(Loyalty)의 바로미터는 팀원의 개인사를 챙기는 것이다.
- 공식 3을 기억하라. 첫째 가정, 둘째 Social position, 마지막이 회사이다.
- 리더는 팀원 개인사 다 알기 시험에 만점을 맞아야 한다.

친한 사람을 표현할 때에는 "그 사람 집에 밥숟가락이 몇 개인지 다 안다."라고 한다. 팀원 집의 밥숟가락이 몇 개인지는 잘 몰라도 부하직원의 가족 수는 최소한 알아야 하지 않겠는가? 아기가 있는지? 있으면 몇 명인지? 아들인지 딸인지? 이름은 뭔지? 부모님은 생존해 계시는지? 부모님은 함께 사는지? 팀원들의 호구조사戶口調査도 제대로 하지 않고 어떻게 함께 일을 도모한단 말인가?

자기에게 개인적인 관심 한 번 안 두는데 어떻게 팀원이 자기의 배를 보여주겠는가? 팀원과 좋은 관계를 맺고 싶다면, 팀의 성과를 높일 마음이 있다면 팀원의 개인사個人史를 챙겨라. 팀원 생일 날짜부터 결혼기념일, 학교, 고향, 취미, 동호회, 좋아하는 음식….

"김 대리 축하해! 네~에? 의성의 갈릭garlic(마늘) 소녀들이 최고네! 야~ 은메달을 따다니···. 마늘 소녀들 덕분에 오랜만에 제대로 웃어봤어. 김 대리가 의성 출신이잖아? 아~네. 역시 의성 출신들은 인재들이 많다니깐. 나도 앞으로 마늘 좀 먹어야겠는데 의성 마늘! 하하."

"저 양반이 왜 저러지? 날 촌놈이라고 만날 무시하는 줄 알았는데, 어! 나를 좋게 보고 있었던 거야? 그리고 내가 그쪽 출신인 줄 어떻게 알았을까? 평소 나에게 관심을 많이 가지고 계셨나 보네. 갑자기 팀장님을 미워한 내가 부끄러워지네. ㅠㅠ"

축하
[와튼 스쿨Wharton school과 축하]

'오늘도 저희 대한항공과 함께해 주셔서 대단히 고맙습니다. 이
비행기는 ㅇㅇ까지 가는 대한항공 ㅇㅇ편입니다. 목적지인 ㅇㅇ공
항까지의 비행시간은 ㅇㅇ분으로 예상하고 있습니다.'

상투적인 스튜어디스stewardess 기내방송이 끝났다. 그리고 다시
한번 기내에 스튜어디스의 낭랑한 목소리가 울려 퍼졌다.

"잠시 축하의 안내를 드리겠습니다. 와튼 스쿨(Wharton school)이
주관하고 한국능률협회가 주최하는 제1기 와튼 스쿨 최고경영자
(Executive) 과정의 미국 현지 교육과 수료식에 참가하신 한국의 경
영자 여러분! 그리고 동행하신 경영자님들의 배우자님과 가족 여
러분께 저희 대한항공 임직원 일동은 진심으로 축하의 말씀을 드
립니다.

세계 최고의 경영대학원인 필라델피아 와튼 스쿨(Wharton school)의 현지에서 개최되는 최고경영자 교육과 수료식(Closing ceremony)을 통하여 한국경제의 무궁한 발전과 경영자님들께서 경영하시는 기업 기업마다 명실상부 글로벌 기업으로 우뚝 서시길 저희 대한 항공 임직원 일동은 고개 숙여 기원합니다. 모쪼록 안전하고 편 안한 일정과 뜻깊은 시간 되시길 바랍니다. 감사합니다."

스튜어디스의 기내 안내(축하)방송이 끝나자마자 기내는 술렁거 리기 시작했다.

"아, 이게 무슨 안내야? 우리가 가는 미국 수료식을 어떻게 알 고 축하 방송을 해 주지? 야! 신기하네."

기내의 여기저기서 경영자님들의 놀라워하는 모습과 기분 좋 은 표정들이 보였다. 사모님들도 난생처음 듣는 일이라 하나같 이 깜짝 놀라워했다. 모두 사뭇 고무되었다. 훌륭한 프로그램인 줄은 어느 정도 알았지만 '이 정도일 줄이야?'라는 표정이다.

드디어 제1기 와튼 스쿨 Executive 과정의 국내 수업이 마무 리되고 미국 필라델피아의 와튼 스쿨 본교에서 CEO 라운드 테 이블 수업과 수료식을 위해 인천국제공항에 집결했다. 필자는 서울대, 고려대, 베이징대, 연세대 등 국내외 메이저 대학과 10 여 개의 CEO 프로그램을 운영한 경험이 있기에 여느 수료식이

나 현지 수업에 대한 기대와 평판은 어느 정도 알고 있었다.

그런데 와튼 스쿨 Executive 과정의 수료식의 분위기는 차원이 달랐다. 바쁜 CEO들이 한가하게 수료식을 위해 일주일 정도의 시간을 할애한다는 것은 현실적으로 힘든 일이었다. 55명 정원 중에서 50명 가까이 참석, 게다가 미국 수료식에 CEO들과 동행하는 사모님들이 30명이 넘었고, 젊은 CEO들께서는 자제들의 꿈을 키워 주기 위해 사모님과 함께 열 몇 명의 아들과 딸들을 대동시킨 것이다. 뉴욕행 비행기 300여 좌석의 탑승 인원 중에서 운영 스텝까지 포함하여 100명이 훌쩍 넘는 인원이 우리의 수료식 참가 일행이었다.

참석하신 CEO분들은 대부분 국내 대학의 최고경영자 교육 프로그램을 최소 4~5개 이상은 경험하고 있었던 터라 자연스럽게 기존 최고경영자 교육과 비교되고 그 중요성에 대한 변별력을 가지게 되었다.

이와 같은 참가 규모에 경영자분들이 더 놀라워하고 자랑스러워하는 광경을 보면서 탑승을 하려는 찰나에 번뜩이는 무언가가 확 떠올랐다. '그래! 이 엄청난 행사와 이렇게 뜻깊은 프로그램의 출발을 그냥 이대로 보낼 순 없지?' 그리고 막 적어 나갔다.

다 적은 스크립트Script를 기내 스튜어디스를 불러 전하면서 자초지종自初至終을 설명하였더니, 그녀는 바로 자기의 캡틴Captain

을 데리고 오는 것이 아닌가? 몇 분간 설명 끝에 캡틴이 흔쾌히 답변했다.

"우와! 정말 뜻깊고 축하해 드릴 만한 수료식이네요. 그리고 저도 어느 정도는 알고 있었답니다. 오늘 이 비행기에 그룹 회장님들과 대기업의 CEO님들이 많이 탑승한다는 것을 알고 어느 때보다도 서비스에 정성을 다하려고 하던 참이었어요. 네, 본부장님! 제가 본부장님께서 직접 적어주신 이 스크립트Script를 그대로 멘트announcement 하겠습니다."

'아직 와튼 스쿨도 가지 않고 수료식도 하지 않았는데, 기내에서의 축하 멘트 몇 마디에 이렇게들 감동하다니….' 순간 감사의 눈물이 핑 돌았다.

- 축하는 사람의 마음을 빼앗는 훌륭한 도구이다.
- 축하는 상대방을 배려하는 가장 화려한 꽃이다.
- 리더의 축하는 부하의 삶의 질을 윤택하게 한다.

필라델피아의 현지 수료식은 대성공이었다. 수료식 때 미국 국가는 1절만 틀었고, 애국가는 4절까지 불렀다. CEO들의 저마다 결의에 찬 모습에 눈물을 주룩주룩 흘리면서 애국가를 부르던 모습은 아직도 필자의 가슴을 두근거리게 한다.

와튼 스쿨 Executive 과정은 미국과 계약한 10기까지 아주 성공적으로 운영이 되었다. 와튼 스쿨Wharton school의 영향으로 국내에 해외 유수 대학의 Executive 프로그램들이 많이 들어왔다. 그렇지만 무슨 연유인지는 잘 모르겠지만 대부분 2~3기를 넘기지 못하고 과정이 사라지고 말았다.

기내에서의 축하 멘트 한마디가 경영자들을 움직였다. 갑자기 애국자가 되고 자신이 경영하고 있는 회사의 발전을 공개적으로 기원해 주었으니 말이다. 그것도 옆에 자신의 처妻와 가족家族이 함께 있는 기내機內에서…. 와튼 스쿨 Executive 과정은 한국 경영자 교육의 새로운 지평地坪을 열었다는 평가를 받고 있다.

축하祝賀는 사람에게 동인動因이 된다. 자기 딸이 학교에서 작은 상을 하나만 받아도 마치 장원급제라도 한 양 온 가족이 고깔모자 쓰고 케이크를 자르며 축하해 준다. 그런데 부하직원의 승진이나 우수사원 선정에는 너무도 무심하다. 무표정한 얼굴로 그저 형식적인 축하 한마디에 그치고 마는 그 심보는 도대체 어디에서 나왔나? 심지어 축하해 주기보다는 오히려 기를 죽인다.

아들과 딸에게 축하해 주는 만큼 당신의 부하직원들에게도 그렇게 해야 한다.

제**14**강

감춤
〔신비주의〕

"우리 팀장님 전 직장은 어디야? 어느 학교 나왔고 전공은 뭐지? 그리고 어디에 살아? 가족은 있어? 혹시 결혼도 안 한 싱글?"

신비주의를 구사하는 상사가 있다. 철저히 베일에 싸여 있어 국가정보원에서도 그에 대한 조회를 포기할 정도다. 자신이 마치 인기 연예인이나 되는 것처럼 왜 신비주의를 구사하는지 그 이유를 모르겠다.

구성원으로서 모든 것이 궁금하다. 너무나 말수가 적고 무뚝뚝해서 대놓고 물어볼 수도 없다. 술이라도 같이 할 수 있으면 취중에 상사의 정보를 포착할 수도 있을 텐데 그럴 기회마저 없다.

이러한 은둔형의 상사를 만나면 조직 생활이 참 답답해진다. 특히 업무에 있어서 더욱 그렇다. 업무지시를 제대로 해 주지 않아서 그저 알아서 처리해야 하는 경우가 많아 울화가 치밀 때가 한두 번이 아니다.

"야 팀장이 왜 저래? 우리 팀에 팀장이 있긴 있는 거야? 도대체 뭘 하고 뭘 생각하는지 알 수가 없어 숨이 막힐 지경이야! 차라리 사라졌으면 좋겠어. 맞아 없어도 돼! 가만히 있는데도 일만 잘 돌아가잖아."

- 팀 구성원은 식구와 같다. 온전한 식구라면 식구끼리는 감추는 것이 없다.
- 친구의 모든 것을 다 알고 있는 것처럼 동료를 알면 알수록 좋아진다.
- 리더란 자기 배를 먼저 보여주는 사람이다.

필자가 개발한 조직 활성화 교육 중에 '다 알기'란 팀 워크숍 프로그램이 있다. 교육대상은 오로지 함께 일을 하는 팀원이다. 팀원끼리 서로의 가족, 친구 및 사회생활, 취미 등을 워크시트를 통하여 재미있게 맞추어 나가는 프로그램이다. 워크숍 동안 동료들의 정보를 잘못 쓰고 맞추느라 웃음이 끊이지 않는다.

그런데 놀랄 일은 동료들이 일하는 업무 내용을 기술하고 자기와의 업무 연관성에 대해 표현하라고 하면 갑자기 서로들 아주 난감해진다. 동료의 업무를 구체적으로 잘 모르고 있다. 약

40% 정도만 동료의 업무를 파악하고 있는 것을 발견하였다.

팀의 존재 목적은 한 파티션 안에 모여 팀장을 중심으로 동질적인 업무를 협업하여 시너지를 내는 데 있다. 그런데 서로의 업무도 잘 모르고 있는데 무슨 시너지를 낼 수 있는가 말이다.

"술과 친구는 오래 묵으면 묵을수록 좋다."라고 한다. 잠시 만나 친구가 되었다가 오래가지 못하고 헤어지는 경험을 우리는 참 많이 하고 있다. 친구의 집에 밥숟가락이 몇 개인지 다 알 정도가 되면 평생을 같이 갈 수 있다. 그러나 은둔형의 팀장은 자신의 존재를 드러내기 싫어하는 성격 때문에 체계적인 부하육성이나 역동적인 업무활동 등 팀 경영에 있어 절대로 다이내믹한 행동을 하지 않는다. 그래서 시간이 지나면 지날수록 조직 발전을 저해하고 큰 해를 끼칠 수 있다.

이러한 상사는 진실을 감추거나 왜곡한다. 평소 역동적으로 일을 추진하지 않았으니 성과가 좋을 리 없다. 그래서 업무성과를 부풀려 보고하거나 자신의 실수를 고의로 감추는 행위를 하게 된다. 그런데 정말 불행한 것은 이 모든 내용을 구성원들이 다 알고 있다는 것이다.

조직은 투명 유리와 같다. 절대 감출 수 없다.

돈
〔입은 닫고 지갑을 열어라〕

필자가 모 산업교육협회의 본부장 시절 때 정부의 교육 프로 젝트를 수주하여 40여 명 가까운 RARearch Assistant들을 뽑아 일한 적이 있었다. 프로젝트 기간이 1년 정도였기 때문에 대학 장기 휴학을 한 학생들을 뽑아 RA의 역할을 부여했다.

면접을 보면서 휴학을 하게 된 사정을 알게 되었는데, 그들은 대부분 집안 사정 때문으로 휴학을 하고 있었고 아르바이트를 통하여 스스로 등록금을 마련하려고 하는 멋진 청년들이었다. 그들의 사정은 옛날 필자가 힘들었던 대학 생활을 자연스럽게 떠올리게 했다.

"아, 이 친구들의 포부와 비전도 들어 볼 겸 함께 점심을 해야지."

한 번에 3~5명의 RA들에게 돌아가면서 점심을 사 주었는데 만만치 않은 금전이 들어갔다. 그들에게는 한 달에 한 번 돌아올까 말까 하는 공짜 점심이겠지만 정작 본인은 매일 점심을 사야 하는 처지에 사실 점심값에 대해 조금 고민이 들긴 했었다. 그 당시 초등 5학년 둘째 딸의 일주일간의 용돈이 5천 원이었다. 월급쟁이로서 매일같이 점심값으로만 2~3만 원의 돈은 사실 큰 부담이었다.

그렇지만 내가 신입사원 때 거의 매일같이 상사들에게 점심을 얻어먹은 것을 생각하면 내가 베푼다는 것보다도 그것을 돌려준다는 생각이 들어 한결 기분이 좋아졌다. 점심을 먹고 공원을 산책하면서 청년들에게 업무의 불편과 애로 사항을 들었고 그들이 생각하고 있는 업무의 개선 아이디어는 사업에 크게 도움이 되었다. 신입사원도 아니고 인턴 학생들이라 크게 기대하지 않고 업무지시만 하면 된다고 생각했는데 그들은 달랐다.

일의 방식도 바꿔 보았다. 인턴 학생들이 정규연구원의 지시를 받아 각자 업무처리를 하던 것에서 조를 짠 후 협업Co-work을 하며, 누구나 인정할 수 있는 인센티브Incentive 제도도 만들었다. 교육생 모집인원, 교육 진행 만족도, 교육생 혹은 해당 기업 담당자로부터의 감사 메일 접수 등을 가지고 정량적으로 평가를 하였고 반응은 대단했다. 조마다 서로 1등을 차지하기 위해 노력하는 등 정규연구원도 무색할 정도의 열정을 보였다.

얼마 지나지 않아 작은 기적이 일어나기 시작했다. 전년도 대비 500% 이상의 깜짝 놀랄 실적이 나타났다. 사장님께서도 젊은 청년들에게 놀라고 고마워 수시로 고기도 사 주시고 개인별 급여를 30만 원이나 대폭 인상해 주셨다. 개인별로 인터뷰를 해 본 결과, 학생들은 이 급여로 남은 대학 기간의 등록금을 충분히 충당할 수 있어 너무나 기쁘다고 하면서 크게 감사했다.

연말이 되어 실적을 살펴보니 전년도 약 3억 4천만 원의 매출에서 약 26억이라는 놀라운 성과를 창출했다. 이들의 실적에 회사가 깜짝 놀라고 말았다. 그 후 그들은 대학을 졸업하고 모두 보란 듯이 멋진 직장을 잡았다. 이제는 중견 직장인으로서 국내는 물론 세계 곳곳에서 활동하고 있는 소식을 접하면서, 한 사람 한 사람 얼굴을 떠올리며 그들에게 고마움을 전한다.

- 돈은 인간관계의 윤활유이며, 부하에게 입보다 지갑을 여는 것
  이 좋다.
- 일의 노예가 되어서는 안 되지만, 돈의 노예는 더더욱 안 된다.
- 리더가 베푼다는 것은 돈이 좋은 화학작용을 하게 하는 것이다.

여직원들에게 짜장면 한 그릇도 사주지 않는 팀장, 항상 밥값은 더치페이Dutch pay, 1차 팀 회식은 법인카드로 결제하고, 2차는 보통 삼삼오오 마음 맞는 직원끼리 호프집에서 맥주 한 잔을 하는데 평생 맥주 한 잔 안 사주는 구두쇠 팀장.

"저 인간에게 점심 한번 공짜로 먹어보면 소원이 없겠네. 아니 됐어. 얻어먹으면 목구멍으로 잘 안 넘어갈 거 같아. 먹고 체하면 더 손해야. 포기하자고."

지독한 구두쇠, 짠돌이 별명을 달고 사는 관리자들이 꽤 있다. 월급이 많고 적고를 떠나서 만 원짜리 한 장에 파르르 떠는 꼴불견 상사. 당신이 팀원이었을 때 상사로부터 얼마나 많은 점심을 얻어먹었는가? 최소한 일부는 돌려줘야 한다. 좀생이 짠돌이 소리를 들어야겠는가?

베풀어라! 주면 반드시 돌아온다. 한국 속담에 "되로 주고 말로 받는다."라고 했다. 이 얼마나 남는 장사인가? 요즘 어디에서 어떤 비즈니스로 10배의 이익을 남길 수 있겠는가? 더욱이 베풀면 자신이 먼저 행복해진다. 사회사업가분들 특히 남을 돕는 사람들은 하나같이 말한다.

"조그만 선행이랄까, 계속하다 보니 무엇보다도 내가 더욱 감사하게 되고 행복해집니다."

감사의 인사를 받아야 할 분들이 스스로 감사하게 된다는 것은 우리가 잘 이해하지 못하는 '베풂의 역설'이다.

제16강
칭찬
〔칭찬 고구마〕

"오늘 패스 멋졌어! 컴퓨터 같은 패스야. 역시 네가 우리 팀에서 최고!"

프로축구팀 라커룸의 선수 캐비닛에 붙어 있는 포스트잇의 한 내용이다. 그런데 캐비닛마다 포스트잇이 빠짐없이 다닥다닥 붙어 있다. 하나같이 격려와 칭찬 메시지들. 이러한 긍정 메시지들이 한국 프로축구에 기적의 역사를 만들어냈다. 2013년 프로축구 최초로 FA컵 4회 우승과 2년 연속 K리그 종합우승을 차지한 포항 스틸러스 구단이다. 포항 스틸러스는 2007년도 K리그 우승 이후 한 번도 이렇다 할 성적을 내지 못하고 만년 하위였다. 그러던 팀에 황선홍 감독이 부임하여 특별한 변화를 불어 넣었다. 바로 긍정소통의 칭찬 운동. 못 미더운 선수들에게 그는 한 가지 실험을 했다. 바로 '칭찬 고구마 실험'이었다.

평범한 고구마 화분 2개를 숙소 안에 두고 한쪽 고구마에는 칭찬을 다른 고구마에는 부정적인 말을 하게 했다. 매일 선수들은 한쪽 고구마에 "이 못생긴 놈아, 넌 안 돼! 넌 맨 날 왜 이 모양이야. 쯧쯧." 하며 비난을 퍼부었고, 다른 쪽 고구마에는 "사랑스러운 고구마야, 너 참 잘생겼구나. 넌 너무 매력적이야. 네가 최고!"라고 칭찬했다. 결과는 놀라웠다. 매일 악담을 들은 고구마는 싹도 제대로 나지 않고 겨우 나온 줄기는 기형이 되어버렸다. 반면 칭찬을 들은 고구마는 싹도 아주 많이 틔우고 줄기도 실하고 탐스럽게 쑥쑥 잘 자라났다.

칭찬과 격려는 먼저 황 감독이 솔선수범하였다. 매일 모든 선수에게 빠짐없이 칭찬의 메시지를 보내고 독려했다. 선수들은 처음에는 멋쩍어하면서 하나둘 칭찬을 하기 시작했다. 시간이 지날수록 자신이 인정받고 존중되는 것을 느끼고 서로서로 칭찬하고 격려하기에 바빠졌다. 그러는 사이에 지는 경기보다 이기는 경기들이 쌓이기 시작했다. 급기야는 외국인 선수 단 한 명 없는, 33명 전원 토종선수만으로 도저히 불가능할 것 같은 일을 이루어내고 말았다. 켄 블랜차드Ken Blanchard가 말한 "칭찬은 고래도 춤추게 한다."는 것을 황 감독은 직접 선수들을 통한 실천적 리더십으로 증명했다.

필자는 경영컨설턴트 직업상 연중 많은 기업을 방문하여 다양한 계층의 구성원들과 인터뷰를 하게 된다. 그들은 하나같이 칭찬과 인정에 목말라하고 있었다.

"일이 힘든 것은 단련이 되어 참을 수 있어요. 업무가 산더미 같
이 쌓여도 우리는 익숙해서 별로 걱정을 안 하죠. 까짓것 하나하
나 해 나가면 되죠. 그런데 좀 아쉬운 것이 하나 있어요. 하루에
칭찬 한마디 못 듣고 집에 가요. 상사가 칭찬 좀 해 주면 어디가
덧나나요? 돈이 드나요."

사람은 자신이 칭찬받길 원하면서도 정작 타인을 칭찬하는 데
에 인색하다. 조직문화 컨설팅을 수행하면 반드시 관리자를 대
상으로 인터뷰를 한다. 평소 동료나 부하에게 칭찬을 어느 정도
하는 편이냐고 물어보면, 그들은 하나같이 자신은 '칭찬장이'이
라고 떠들어 댄다. 참 아이러니하다. 다들 '칭찬장이'면 사무실은
칭찬으로 매일 도배가 되어야 한다. 그런데 막상 사무실은 썰렁
하다 못해 춥다. 부하들은 하루에 단 한 번도 칭찬을 못 듣고 퇴
근한다는데, 그럼 그들은 도대체 누구에게 칭찬한 것인가?

- 칭찬은 고래도 춤추게 한다.
- 칭찬은 사람의 인생을 바꿀 수 있는, 인간이 만들어 낸 가장 훌
  륭한 도구이며 발명품이다.
- 리더의 가장 큰 무기는 칭찬이다.

사람은 돈이 드는 일에는 아주 민감하지만, 칭찬에는 돈도 들

지 않는다. 그런데 왜 우리는 돈도 들지 않는 칭찬에 이다지도 인색한 것일까?

그 이유를 살펴보면, 3가지 정도로 정리할 수 있다.

첫째, 문화文化의 차이差異이다. 미국과 유럽인들을 만나 보면, 그들은 늘 미소를 머금고 입은 칭찬으로 가득 차 있다. 아주 사소한 일 같은데도 그냥 지나치는 법이 없다.

"그뤠잇(Great)!"
"원더풀(Wonderful)!"
"딜리셔스(Delicious)!"

입에서 나오는 말뿐이 아니다. 표정이나 제스처에서도 칭찬의 랭귀지Language를 얼마든지 읽을 수 있다. 거리를 지나가면서 모르는 사람을 봐도 그냥 지나치는 경우가 없다. 살짝 미소를 지어 준다거나, 들릴락 말락 하는 소리로 '하이'를 날려준다. 생각지 못한 공짜 선물에 갑자기 기분이 좋아진다.

우리는 어떤가? 지나가다가 눈이라도 마주치면 멱살잡이에 주먹다짐까지 해서 경찰서에 잡혀간다.

둘째, 칭찬에 대한 착각錯覺이다. 본인은 누구보다 칭찬을 잘한다고 생각한다. 정말 그럴까? 관리자들에게 심층 인터뷰를 하면서 그들의 칭찬 모습과 내용內容, 칭찬 빈도頻度 등을 분석하면, 자신이 칭찬에 대해 이렇게 인색했나를 새삼 깨닫고 스스로 뉘우치는 모습을 보곤 한다.

셋째, 칭찬에 대한 학습學習이 잘 안 되어 있다. 우리는 어릴 때부터 칭찬을 얼마나 듣고 살아왔는가? "요즘 하루에 칭찬을 어느 정도 듣나요?"라고 물어보면, 다들 유쾌하지 않은 표정을 짓는다. 고기도 먹어 본 사람이 잘 먹는다고 하지 않던가? 어렸을 때부터 칭찬을 들은 기억이 별로 없다. 지금도 상사들로부터 칭찬을 들어본 적이 거의 없다. 어떻게 칭찬이란 것이 몸에 밸 수 있겠는가?

칭찬은 반드시 연습練習이 필요하다. 평소 칭찬을 잘 않던 사람이 막상 칭찬하려 들면 처음에는 입이 오글거려서 잘 떨어지지 않는다. 하다 보면 느는 법이다. 팀 회의를 하기 전에 전원이 한마디씩 칭찬을 하고 회의를 시작하는 규칙規則을 정해 보자. 처음에는 서로들 어색하고 쭈뼛댈 것이다. 하지만 이 과정이 지나게 되면 회의 분위기가 싹 달라진다.

처음에는 칭찬할 거리가 없다고 하던 구성원들이 동료의 칭찬할 거리를 찾느라 분주하고 애쓰는 모습을 보면 참 재미있다. 전에는 회의 때 의견 충돌이 심해서 큰소리를 치거나 심지어 싸우는 일도 종종 있었지만, 서로들 칭찬을 주고받는 사이가 되고 난 다음은 얼굴을 붉히거나 싸울 일이 없어진다.

'장이'라는 말은 한자의 '장인匠'에서 왔다. 그 분야에 능통한 사람, 최고의 전문가를 말한다. '칭찬장이'가 되어보자. '칭찬장이'가 되는 방법은 의외로 쉽고 간단하다. 두 가지만 기억하자.

첫째는 칭찬의 빈도頻度. 하루에 열 번의 칭찬을 들었다고 짜증내고 싫어할 사람은 아무도 없다. 지혜로운 엄마와 아빠는 하루에도 수백 번씩 아기에게 칭찬한다. 성공한 사람의 대부분은 어렸을 때 인정과 칭찬을 많이 받은 사람들이다.

둘째는 팩트Fact에 입각한 칭찬이다. 형식적이고 그저 그런 칭찬은 칭찬이 아니다. 뭘 잘했고 뭐가 좋다는 것인지 칭찬의 내용을 구체적으로 전달하라.

'칭찬장이'의 지위地位를 획득하는 순간, 당신의 주위에 많은 사람이 다가온다.

"도가니로 은을, 풀무로 금을, 칭찬으로 사람을 단련하느니라."
— 성경 잠언

제17강
회식
〔부하의 취향대로 따라가라〕

"팀장님! 저 오늘 할머니 제사가 있어서….”
"어, 그래? 그럼 이따가 참석 못 하겠네?"
"아, 네, 죄송합니다."
"거 참 이상하네? 저 친구 교회 다니는 줄 알았는데…. 요즘은
교인도 제사 지내나?"

회식 날은 갑자기 종교가 바뀐다. 8~90년대까지만 해도 회식
은 모처럼 고기를 포식하는 날로 여겼다. 회식 날짜가 잡히면 다
들 고기 먹을 욕심에 남녀 가리지 않고 단단히 준비했다. 부끄럼
이 없고 나서기 좋아하는 친구들은 대놓고 너스레를 떨었다.

"오늘 제대로 고기 한번 먹어야지. 이 과장님! 제가 오늘 돼지
한 마리 먹겠습니다."

"그래 한번 먹어 봐! 요즘 김 대리가 야근에 주말까지 쉬지도 못했는데 오늘 포식 한번 하자고." "네, 과장님 오늘 제 배 속에 들어올 삼겹살은 지금 뭐하고 있을까요? 하하~."

그런데 '회식=고기'라는 등식은 깨진 지 이미 오래다. 요즘에 고기 못 먹는 사람은 없으니 말이다. 예전에는 회사나 부서에 회식이 고지되면 그날이 오기를 은근히 기다려졌는데 요즘은 회식하면 아예 사색이 되니 알다가도 모를 지경이다.

아무리 1인 가족 시대가 다가오고, '혼밥·혼술'이 유행을 해도 우리 사회에서 차마 익숙지 않은 것이 혼자 고기 먹는 일이다. 고기를 먹는다는 것은 원시시대부터 공동체의 일이었다. 공동으로 사냥을 하고 칼로 자르고, 공로나 연배에 따라 지도자가 고기를 배분한다. 묘하게도 고기를 먹는 행위 속에는 원시로부터 유래한 공동체와 조직의 문화가 녹아 있었다.

- 회식자리는 상사가 그저 들어주고 부하의 비위를 맞추는 자리이다.
- 회식은 동료의 또 하나의 재능과 자질을 발견할 수 있는 시간이다.
- 지혜로운 상사는 회식문화를 일보다 더 가치 있게 만드는 사람이다.

회사의 회식 역시 마찬가지다. 회식의 목적은 팀 동료들이 한자리에 모여 음식을 먹으며 열심히 일한 구성원을 격려하고 팀의 결속과 단합, 그리고 사기진작과 친목 강화를 하고자 하는 데 있다.

그런데도 구성원들이 회식을 극도로 회피하려 하며, 회식의 본뜻이 왜곡되고 빛이 바랜 이유는 무엇일까?

첫째, 듣기 싫다. 듣기 싫은 꼰대 같은 상사의 얘기를 사무실을 벗어나서도 몇 시간 동안 또 들어야 한다. 한 마디로 아귀지옥이다. 이 지옥에서 조직을 탈출시키는 방법은 간단하다.

사무실에서는 부하가 상사에게 비위를 맞추었다면, 회식 장소에서는 상사가 부하들의 비위를 맞춰라!

둘째, 너무나 일방적이다. 예전보다 참 많이 좋아졌지만, 아직도 장소를 정하고 메뉴를 결정하며 2차를 강제하는 등 대부분 상사의 취향에 따르게 된다.

부하들의 의견을 묻고, 부하들이 먹고 싶은 음식이 있는 곳으로 가라! 회식의 주인공은 부하들이다.

셋째, 재미가 없다. 먹고 마시고 재잘거리는 동안 구성원들은 동질감을 느끼고 함께 있는 동안 따뜻한 동료애를 느끼게 된다.

영화 〈베테랑〉에서 강력반의 팀장 오달수는 늘 투덜대면서도 "팀은 방귀 냄새까지도 똑같아야 해!"라며 칼부림이 일어날 위험 장소까지 부하들과 뛰어든다. 그런 동질감을 보여줄 수 있으면 서도 전혀 '위험하지 않은' 장소가 바로 회식이다.

> 회식은 조직과 부하들에게 상사와 하나라는 동질감을 느끼게 해
> 줄 최고의 이벤트다! 꼰대 짓으로 이벤트를 말아먹지 말라!

넷째, 회식은 새로운 도전이고 업무의 연장이다. 사무실을 떠나 새로운 장소에서 동료들을 보는 것도 나쁘지 않다. 사무실 안에서 볼 수 없었던 동료의 민낯을 발견할 수 있는 재미가 쏠쏠하다. 그리고 사무실에서는 말하기 거북했던 것도 살짝 알코올의 힘을 빌려 어필할 수 있고 사이가 좀 틀어져 고민하던 것을 툴툴 털어낼 기회도 된다.

> 회식은 동료들의 진면목을 알아내고 사적 거리를 좁혀 조직의 응
> 집력을 강화할 절호의 기회다.

모르는 사실이 있다. 정작 중요한 일과 업무는 동료들과 모임 이나 회식 장소에서 도모되고 풀리는 일이 의외로 참 많다. 심지어 따분하고 고답적이기 그지없는 교수들 사회에서조차 학회의 백미는 회의 후 회식이라는 말까지 나온다. 노벨상을 만들어 낸 수많은 물리학의 법칙들은 학회가 아니라 옥스퍼드 주변의 맥주

펍pub에서 나왔다는 말까지 있다. 조직도 마찬가지다. 그런데도 직원들은 회식을 떠올리면 짜증부터 나기 때문에 의외로 획득되는 회식의 열매를 잘 모른다.

열매가 잘 맺히는 관건은 '기다려지고 참석하고 싶어 안달이 나는 회식 문화 만들기'에 달려 있다. 100% 상사의 몫이다. 재미있는 회식 만들기는 존경받는 리더가 가져야 할 또 하나의 덕목이다.

"회식에서 상사는 한 번 말하고, 두 번 들어주고, 세 번 웃어라!"

제18강
부정적인 글
〔부정적인 글의 앙금〕

"받은 상처는 모래에 기록하고 받은 은혜는 대리석에 새기라."

미국 건국의 아버지 벤저민 프랭클린이 한 말이다. 상대로부터 받은 좋지 않은 것과 좋은 것을 어떻게 판단하고 어떻게 대처해야 하는지에 대한 지혜가 담긴 명언이다. 글로 남긴다는 것은 아주 중요하거나 커다란 의미가 있을 때 실행한다.

조직 관리를 하다 보면 어쩔 수 없이 안 좋은 얘기를 해야 하는 상황이 온다. 이럴 때 관리자들은 자기도 모르게 실수를 하는 경우가 생긴다. 글의 힘을 간과한다. 간단히 불러서 좋게 주의 시키든가 잘못된 부분을 지적하여 공감시키고 이해를 얻으면 될 일을 바쁘다는 핑계와 직접 대면하는 것이 불편할까 싶어 그만 글로 남기는 것이다.

이메일이나 문자를 통해 네거티브Negative한 내용을 말하는 것은 큰 실수이다. 부하는 그 내용을 읽어보고 또 읽어 볼 것이다. 그러면서 "일하다 보면 실수도 할 수 있는데 뭘 이것 가지고 조목조목 따지듯이 이메일을 보내고 말이야!" 생각할 것이다. 부정적인 글은 본의 아니게 부하직원의 가슴을 후벼 판다. 그리고 영원히 기억한다. 나아가 그는 자신의 잘못을 인정하고 성찰하기는커녕 부정적인 내용을 보낸 당신을 자신의 뇌와 가슴에 각인시키고 증오할 것이다.

  – 말은 흩어지지만, 글은 영원히 남는다.
  – 어쩔 수 없이 부정적인 메시지를 던져야 할 때는 반드시 말로
    하라.
  – 리더가 지나서 가장 크게 후회하는 것이 부정적인 글을 보낸
    것이다.

직접 불러서 대면하라. 단둘이 살갑게 눈을 맞추면서 얘기를 한다면 어느 부하가 반감과 반항을 하겠는가? 십중팔구 다음과 같이 반응할 것이다.

"네 팀장님 제가 좀 경솔한 거 같습니다. 이러한 일은 사전에 팀장님께 보고 드렸어야 했는데, 앞으로 주의하고 더 신경 쓰겠습니다. 죄송합니다."

말로 한 것은 시간이 갈수록 그 내용이 점점 희미해져 간다. 처음에는 분명 듣기에 좋지 않았는데 점점 시간이 가면서 기억이 아련해진다. 그리고 내용을 곱씹을라치면, '맞아! 나도 분명 잘못한 것이 있어.' 하게 된다.

글로 남긴다는 것은 상대의 마음을 후벼 파는 것과 같다. 상대는 더욱 반감을 지닐 것이다.

> "그냥 불러서 싫은 말 좀 하면 될 일이지. 이렇게까지 글까지 보내야 하나? 그래 알았어. 두고 보자고. 넌 그렇게 잘났어? 넌 그렇게 완벽해?"

상사가 좋은 의도로 하려고 한 것이 그만 안 보낸 것만 못한 결과를 낳았다. 흔히들 부부싸움은 '칼로 물 베기'라고 한다. 말로 격하게 좀 싸우고 나서 몇 시간 혹은 며칠간 서먹서먹하다가 이내 관계가 자연스럽게 회복된다. 부부싸움을 글로 하는 경우는 거의 없다. 글로 싸운다면 법정으로 갈 확률이 높아질 것이다.

말에는 앙금이 가라앉을 틈이 별로 없다. 왜냐면 말은 시간이 지나면 지날수록 공중으로 흩어지고 그 기억이 희미해져 버리기 때문이다. 나쁜 글은 글 자체가 영원한 앙금이다. 칭찬은 가능하면 글로 하라. 그 효과는 배가 된다. 실행해 보라. 기대 이상의 반응에 당신은 매우 놀랄 것이다.

부하의 보고서를 돌려주며 보고서 갈피에 "오 차장의 보고서는 지금까지 내가 본 것 중에서 최고야!*^^*"라고 적은 포스트잇을 끼워 넣어 보라. 주간 판매계획서를 보고한 이 과장에게 "미남 이 과장! 바쁜 가운데서도 이렇게 전략적이고 상세한 계획서를 만들다니…. 역시 이 과장이 우리 팀을 먹여 살려주는군! 고마우이~, 조만간 한잔 하자구. 훌륭한 이 과장!" 하고 문자로 살가운 멘트를 날려보자. 내일 아침 부하직원의 충성스럽고 밝은 얼굴을 마주할 것이며, 이심전심以心傳心의 소소한 즐거움을 둘만 알고 느낄 것이다.

말로 칭찬하기를 창피해하거나 꺼리는 상사들이 제법 있다. 대부분은 아니겠지만, 나이가 많고 좀 보수적인 상사들은 칭찬을 어색해한다. 자기 아내에게도 평생 "좋아해. 사랑해."라는 단한마디도 안 해 본 분들이 어떻게 살갑게 부하에게 칭찬 멘트를 막 날릴 수 있겠는가? 이해가 안 되는 것도 아니다. 이러한 상사들은 글로 표현하는 방법을 구사해 보라. 글로 하는 편이 훨씬 좋다는 것을 상대 부하의 표정을 보고 잘 알 수 있을 것이다.

현재 나이가 좀 많은 관리자 세대가 예전에 연애할 때, 연인과의 커뮤니케이션 수단은 오로지 편지였다. 연애편지를 부정적으로 쓰는 경우는 없을 것이다. 어떻게든 자신의 진심을 알리려고 온갖 미사여구美辭麗句를 동원하여 자신을 어필Appeal하였을 것이다. 연인과의 관계를 좀 더 좋게 하려고 아낌없는 칭찬과 아부를 했음이 틀림없다.

리더는 구성원과 커뮤니케이션할 때 문자, 스킨십, 회의, 대면
보고, 포스트 잇, 이메일 등 여러 커뮤니케이션 채널과 도구를 상
황에 따라 유효적절하게 잘 활용해야 한다.

구성원이 처해 있는 상황과 입장을 세세히 살펴야 하는 것은
리더의 책무이자 몫이다. 살피고 나서 어떠한 커뮤니케이션 도
구를 쓸까? 판단하고 실행하라. 그러면 당신은 굿 커뮤니케이터,
존경받는 상사로 우뚝 설 것이다.

제19강
인정
〔핸콕 – 굿잡~!〕

인정받고 싶은 것은 인지상정이다. 대통령도 유치원에 다니는 어린아이도 인정받으려고 산다고 한다. 왜 비싼 돈 들여가며 만날 여론조사를 해서 대통령 국정 지지도 같은 것을 알아내겠는가? 대통령도 국민에게 인정받으려고 최선을 다한다. 유치원 아이도 선생님에게 칭찬받으려고 온갖 귀여운 행동을 다 동원한다.

인정은 사람을 강건하게 해 주는 묘한 매력을 발산한다. 무미건조한 조직 생활이 계속되어 삶에 무력감이 느껴질 때, 갑자기 상사로부터 인정받는 한마디를 들으면 세상을 다 가진 것 같다. 인정은 왜 이다지도 강력하게 사람을 기분 좋게 만들까? 특히 윗사람으로부터 평가받는 인정은 더욱 사람을 역동적으로 움직이게 하고 충성심을 갖게 한다.

우리나라 굴지의 모 기업 인사담당 차장과 조직문화에 관한 상담을 하던 중에 오히려 자기 자신의 조직 생활의 어려움을 호소하여 살짝 당황한 적이 있었다.

"우리 회사의 조직문화도 참 문제가 많은 것 같은데요. 그런데 먼저 저부터 별 재미를 못 느끼겠어요. 처음에는 저도 이 조직에 와서 2~3년간 참 열심히 했었죠. 그런데 시간이 지나면 지날수록 점점 불만이 쌓이고 나도 모르게 속으로 불평하는 자신을 발견하게 되었어요. 성찰까지는 아니더라도 자신을 곰곰이 돌아봐도 왜 그런지 답을 찾기 힘들었는데 이제야 그 답을 알 것 같습니다. 제가 모시고 있는 상무님의 태도와 평소의 마음 씀씀이 때문에 낙담한 저를 알게 되었어요. 쉽게 말해 무슨 일을 하든지, 아니면 아무리 고생을 해서 결과물을 내놓아도 그 흔한 '수고했어. 역시 김 차장이야!'라는 간단한 말 한마디 듣지 못했어요. 그런데 제가 뭐 좀 잘못한 일이라도 있으면 바로 질타를 하죠. 그럴 땐 정말 어이가 없어지고 회사를 그만둘 마음이 확 생겨요. 요즘 점점 의욕이 떨어지네요. 전 직장에서도 사실 이 부분 때문에 이 회사로 왔고 열심히 일했는데 어쩌죠?"

월 스미스 주연의 영화 〈핸콕〉에서 주인공 핸콕이 진정한 영웅이 되도록 충고를 아끼지 않는 컨설팅 전문가 제이슨 베이트맨은 한 가지 조언을 한다.

"굿잡(good job)!"

경찰이나 시민들이 선제 조치로 뭔가를 했을 때 칭찬해주라는 것이다. 그러면 그들도 핸콕을 진정한 영웅으로 여기며 더욱 친근하게 여길 것이라는 조언이다. 별로 훌륭하지도 않고 뭐 그리 대단한 것도 아닌 것 같은데 핸콕은 가는 곳마다 "굿잡!"을 남발한다. 좀 가식적인 것 같은데도 참 듣기에 좋은 말이다. 더구나 옆에 있는 사람들의 기분까지 좋아지게 한다.

- 인정은 사람을 동인(動因)하게 하는 강력한 무기이다.
- 인정에서 중요한 것은 상호인정이다.
- 인정은 리더가 부하에게 주는 가장 좋은 선물이다.

리더의 인정認定 한마디 한마디는 조직을 역동적으로 바꾸고 일할 맛 나는 분위기를 만드는 결정적인 역할을 한다.

단, 리더는 인정을 남발하면 안 된다. 구성원들이 인정받으려고 항상 목말라 있는 분위기를 이끌어 가야 한다. 또 인정은 반드시 구체적인 성과에 대한 근거를 가지고 해야 한다. 그리고 인정에는 영혼이 듬뿍 묻어 나오는 리더의 진정성이 가미되어야 한다.

제20강
재미와 유머
[웃겨야 인재를 얻는다]

용기 있는 사람이 미인을 얻는다는 말은 옛말이다. 옛날에는 미인에게 들이대는 것이 남자의 미덕이고 용기 있는 표상처럼 부러움을 샀지만, 요즘 그랬다간 큰코다칠 수 있다. 요즘 여성들에게 가장 많은 인기를 누리는 사람들이 바로 개그맨이다. 그래서인지 개그맨의 와이프들은 대부분 미인이다.

유머는 요즘 리더들에게도 절실히 요구되는 덕목이다. 리더여! 제발 유머 감각을 지니자. 유머도 공부해야 한다. 그냥 웃기면 '웃기는 놈'이 된다. 상황에 맞게 웃겨야 유머 있는 사람이 된다. 유머는 약방의 감초다. 유머 한 방으로 무미건조하던 조직이 마시멜로처럼 촉촉하고 말랑말랑해지는 것을 볼 수 있다.

모임도 유머는 필수다. 유머 있는 사람은 어디에 가나 꼭 볼 수 있다. 태생적으로 끼를 타고난 사람도 많지만, 상당수 사람은 남들 몰래 꼭 유머를 준비한다. 항상 인기가 있고 인정받는 사람은 다 이유가 있는 법이다. 심지어 좋은 연설도 유머가 빠지면 듣는 맛이 반감된다. 훌륭한 연사는 항상 연설할 주제에 맞는 유머를 잊지 않는다.

> – 유머는 관계의 질을 높이며 기계의 윤활유와 같다.
> – 유머는 타고난 것보다 계속된 연습이다.
> – 현대 리더의 품격의 완성은 유머이다.

인간은 365일, 인생 내내 재미Fun를 추구한다. 생일, 축제, 콘서트, 스포츠 관람, 휴가, 명절, 결혼, 모임, 술, 음식, 게임 등 쉬지 않고 재미를 추구한다.

Fortune US 100 Best, 유럽 일하기 좋은 100대 기업을 선정하는 도구인 신뢰 지수Trust Index에는 재미Fun 수준을 평가하는 항목이 있다. 매년 세계 60여 국가에서 조사하고 발표하는 Fun 지수에서 상상외의 결과가 나와 아연실색하지 않을 수 없다.

미국이 Fun 지수에서 세계 1위를 거의 놓치지 않고 있다는 사실이다. 믿을 수가 없다. 개인주위가 팽배하고 공동체 의식이 거의 없을 것 같은 미국이 어떻게 재미지수 점수가 세계 1위를 할 수 있을까?

더 경악스러운 것은 우리나라의 Fun 지수가 거의 세계 꼴찌 수준이라는 점이다. 두레, 품앗이 등 수천 년간의 자랑스러운 공동체 문화가 이어져 오고 있고, 국가나 조직의 협동 정신과 대동단결을 늘 자랑해왔는데, 어떻게 재미지수가 꼴찌가 나온단 말인가?

재미는 동료애라고도 하는데 이것은 친밀도, 호의, 공동체 의식 등으로 나누어진다. 그런데 이 3가지 요소 중에서 특히 우리의 공동체 의식이 세계 꼴찌라는 것은 충격적이다. 산업사회가 된 지 불과 5~60년 만에 한국 기업의 공동체 의식은 처참히 깨졌다.

동료Companion라는 단어는 로마 군대에서 나왔다. 빵을 함께 먹는 사람들이라는 뜻이다. 접두사 com은 together의 뜻이고 라틴어 pan은 bread의 뜻이다. 즉 한솥밥을 먹는 사람들, '식구'와 뜻이 같다. 남도 아니고 식구인데 동료애 지수가 이렇게 나오다니…, 우리는 언젠가부터 동료를 동료로 보지 않고 경쟁해 눌러야 할 상대로 생각하기에 이른 것이다.

집안에서 가장에게 즐겁고 화목한 가정을 만들 의무가 있다면, 조직 생활에서 리더에게는 재미있게 조직을 이끌 의무가 있다. 재미있는 리더에게는 항상 구성원들이 모여든다. 위엄만 있고 수구꼴통의 보수적인 리더한테 다가갈 구성원은 없다. 설사 몇 명 있더라도 인사의 불이익을 생각하여 어쩔 수 없이 다가오는 '아부꾼'이다.

　노동에 스트레스가 없으면 운동이고, 운동에 스트레스가 더해지면 노동이다. 리더는 조직의 긴장과 스트레스를 풀어줄 유머로 무장되어 있어야 한다. 촌철살인의 유머로 조직원들의 배꼽을 뽑아버리자!

제2편

리더의
품격

국가는 국격國格으로 나타나고, 상품은 품격品格에 따라 값이 매겨지고, 인간은 인격人格으로 존경의 잣대가 달리 매겨진다.

"리더는 마지막에 먹는다."

미 해병대의 관습이다. 혹독한 훈련과 군기로 소문이 나 있는 해병대일지라도 먹을 때에는 부하 병사를 먼저 챙기고 장교는 나중에 먹는다.

리더는 행동으로 부하를 돌보며 자신을 희생하는 모습을 보여줘야 한다. 리더의 품격은 그냥 얻어지는 게 결코 아니다. 리더는 도와주는 사람이다. 리더는 베푸는 사람이다. 리더는 희생하는 사람이다. 리더로서 도리와 행동을 제대로 할 때 자연스럽게 품격 높은 훈장이 가슴에 달릴 것이다.

품격 있는 리더를 당할 자는 이 세상에 없다. 품격은 어떤 것과 비교하여도 우월하고 빛이 난다. 업무지식과 역량을 겸비하고 품격까지 갖추었다면 당신은 이미 성공한 사람이고 존경받는 대열에 합류한 것이다. 품격 있는 리더는 부하들의 롤모델이며 회사의 꽃이며 자부심이다.

나는 어떤 품격을 가진 리더인가?

제21강
약속
〔유대인의 계약〕

　유대인들의 비즈니스 계약契約은 혀를 내두를 정도로 철저한데다 조건이 상세하고 냉정하다. 셰익스피어William Shakespeare의 『베니스의 상인』에서도 유대인 고리대금업자 샤일록의 무서운 계약 내용이 나온다.

　안토니오는 자기의 배를 담보로 샤일록으로부터 돈을 빌린다. 그리고 만약 돈을 갚을 수 없으면 자기 심장의 살 1파운드를 제공한다는 증서를 써 준다. 그러나 안토니오는 계약을 어기게 되고 생명을 잃을 위기에 처한다. 이때 남장을 한 친구의 연인인 포오셔가 베니스 법정의 재판관으로 위장하여 "샤일록은 1파운드의 살은 잘라가되 피는 단 한 방울도 흘려서는 안 된다."고 선언함으로써 안토니오는 위기를 모면하며, 샤일록은 패소하여 재산까지 몰수당한다. 유대인의 냉정하고 철저한 계약이행을 풍자한 소설이다.

소설 속에는 당시 유대인에 대한 유럽인들의 반감이 극단적으로 드러나 있지만, 실제로 상거래에서 유대인의 신용은 정말 믿을 만하다. 유대인은 모든 계약을 '하나님과의 약속約束'이라고 믿는다. 따라서 한번 계약한 일에 대해서는 어떤 일이 있어도 반드시 이행하는 철저한 관습을 지녔다. 유대인을 '계약契約의 백성百姓'이라고 부르는 까닭도 여기에 있다.

나폴레옹Napoleon은 "약속約束을 지키는 최고의 방법은 약속하지 않는 것이다."라고 했다. 약속을 지키는 것이 얼마나 힘든지에 대한 재미있는 메시지이다.

『한비자韓非子』 32편의 「외저설外儲設」에도 다음과 같은 이야기가 나온다.

증자의 아내가 아이를 데리고 시장에 갔다. 따라온 아이가 자꾸만 울자 그녀는 이렇게 말했다.

"집에 가거라. 집에 가 있으면 엄마가 빨리 장 보고 돌아가서 돼지를 잡아 삶아주마."

아내가 시장에서 돌아와 보니, 증자가 돼지를 잡고 있었다. 깜짝 놀란 아내가 말리며 말했다.

"아이를 달래려고 그냥 한 말입니다."

증자가 말했다.

"어린아이에게 특히 실없는 약속을 해서는 안 됩니다. 애들은 무지하며 모든 것을 부모에게 배웁니다. 그런데 지금 아이를 속이면, 아이에게 거짓말을 가르치는 것이 됩니다. 어미가 아이를 속이고, 그래서 자식이 어미를 믿지 않게 된다면 앞으로 어찌 교육을 시킬 수 있겠습니까?"

그리고 증자는 돼지를 삶았다.

증자 본인이 돼지고기를 먹고 싶은 사심도 좀 있었겠지만, 약속은 약속이다.

- 약속은 신뢰(信賴)를 측정하는 의식이다.
- 약속을 잘 지킨 사람이 실패한 것을 본 적이 없다.
- 리더의 약속은 '금과옥조(金科玉條)'여야 한다.

리더는 먼저 신중하게 생각하고 검토한 후에 약속해야 한다. 지킬 가능성이 없는 약속은 사전에 잘 판단하고 하지 말아야 한다. 실없는 약속, 약속의 남발, 지키지 못할 약속 등 신중하지 못한 약속으로 신뢰를 잃는 리더들이 참 많다.

구성원들은 리더의 약속을 절대로 간과看過하지 않는다. 이 약속은 리더에 대한 결정적인 평가의 잣대가 된다. 리더로서의 윤리, 정직, 공정, 공평에 결정적인 영향을 끼친다. 구성원들의 기억은 항상 정확하다. 리더의 행동을 바라보고 있는 구성원은 한두 명이 아니기 때문이다. 대부분 잊고 있는 가운데에도 어느 누군가 한 명은 기억해 내기 마련이다. 가장 두려운 대상은 상사가 아니라 바로 부하직원이다.

약속은 반드시 이행하라. 어떤 상사는 자기가 한 약속을 이행하면서도 구성원들에게 없었던 일을 새로 하는 것처럼 생색을 낸다. 구성원 입장으로 보면 당연한 일인데, 마치 자기가 하지 않아도 될 일을 하는 것처럼 부하들에게 희생하는 것인 양 떠들어댄다.

중국 역사에서 위대한 업적으로 칭송받는 '정관貞觀의 치治'를 이룩한 당 태종은 후대를 위해 다음과 같은 영令을 선포했다.

"앞으로 모든 황제는 죄수에게 사형을 집행하기에 앞서 3일 동안 단식(斷食)을 한 후에 그 사형 여부를 판단하도록 하라."

당 태종이 왜 이러한 영을 선포했을까? 그 앞에는 다음과 같은 일화가 있었다.

어느 날 당 태종이 장안(長安)의 감옥을 순시하게 되었는데 290명의 사형수(死刑囚)들을 접하게 되었다. 곧 사형을 당할 이들이 측은해진 당 태종이 사형수들에게 말했다. "만약 너희들이 정해진 날에 돌아오겠다는 약속을 지켜준다면 너희들을 몇 개월간 집에 다녀오도록 해주겠다. 약속을 지키겠느냐?" 당 태종의 제의에 깜짝 놀란 사형수들은 약속을 꼭 지키겠다고 엎드려 말하며 각자

자기 집으로 갔다. 몇 개월이 지나고 드디어 돌아올 정해진 날이 되었고 단 한 명도 빠짐없이 290명 전원이 돌아왔다. 당 태종은 크게 감격했다. 자기가 죽을 곳으로 하나같이 제 발로 돌아온 것이다. 당 태종은 고민에 빠졌다. 그리고 290명 사형수 전원을 풀어주었다. 이렇게 약속을 지킬 줄 아는 죄수들이라면 이들이 다른 양민(良民)들과 무엇이 다르다는 말인가? 이 사건 이후에 당 태종은 사형수에 대한 사형 결정에 더욱 신중하게 되었다. 아이러니하게도 죄수들의 약속이 리더의 마음을 움직인 것이다.

성공한 사람들 중 약속을 터부시하거나 약속을 지키지 않은 사람이 과연 있는가? 약속은 지켜야 한다. 약속을 지키는 순간 또 하나의 신뢰信賴의 탑이 쌓인다.

무시
[악마의 씨앗]

무시를 당하는 순간, 그 무시는 뼈에 사무치게 되고 뇌의 깊은 곳에 오래도록 저장된다. 언젠가 그 무시는 수십 배, 수백 배의 강력한 힘으로 부메랑이 되어 돌아온다. 당신이 쉽게 내뱉은 말 한마디에 부하직원은 치를 떨면서 밤잠을 못 이룬다.

필자는 개를 오랫동안 키워왔기 때문에 그들의 습성을 좀 아는 편인데, 강아지 집단을 살펴보면 섬칫한 경우를 가끔 보게 된다. 약하고 못난 강아지를 힘센 강아지가 공격하면 다른 강아지들이 마치 약속이나 한 듯이 약한 강아지를 떼로 못살게 군다. 갓 난 강아지들도 덩치와 힘에 의한 서열이 바로 매겨지기 때문에 젖이 가장 잘 나오는 자리는 가장 강한 강아지가 차지한다. 힘이 없는 강아지는 바로 다른 강아지들의 공격을 받는다. 언뜻 보면 장난처럼 보일 수 있으나 그들에게는 결코 장난이 아니다.

심지어 몇 마리가 한 마리를 계속해서 공격하여 죽는 경우까지 생긴다.

　인간집단에서도 비슷한 사례들이 쏟아져 나온다. 학교에서 힘센 학생이 약한 학생을 찍어 괴롭히면 다른 학생들도 덩달아 가담하여 못살게 구는 것을 보고 화난 적이 있을 것이다. 조직 안에서 특히 상사가 약자인 부하를 무시하거나 괴롭히면 다른 직원들까지 자기도 모르게 은근히 그를 무시하고 한심한 사람으로 취급해 버리는 경우를 볼 수 있다.

　　– 무시의 결과는 반드시 큰 대가를 치르기 마련이다.
　　– 나쁜 사람만 누군가를 무시하는 것이 아니라, 보통 사람도 은연중에 무시를 달고 산다.
　　– 리더의 무시는 악마의 씨를 뿌리는 행위이다.

　리더들이 가장 경계해야 할 대목이 바로 인사이다. 자기는 그냥 무심코 지나갔는데 알고 보니 인사를 무시하는 상사가 되어버렸다. 부하직원들은 자기를 좋아하게 하고 인정받기 위해 눈에 보일 정도로 상사에게 어필한다. 그런데 보통 상사들은 잘 느끼지 못하는 편이다. 인사에서 특히 이러한 실수 아닌 실수가 많이 나온다. 아침 출근길에 부하직원이 분명 인사를 했는데 주위 차 소리 등으로 인해 알아듣지 못하고 그냥 지나쳤을 때, 회사 내 복도를 지나가면서 자기도 모르게 뭔가 골똘히 생각하면서 지나가는 바람에 부하의 환한 얼굴과 가벼운 인사를 못 보고 무시하는 상사로 낙인이 찍히는 것이다.

업무에 대해서 제대로 된 피드백을 해주지 않아 무시하는 상사로 오해를 받는 때도 있다. 피드백은 부하에 대한 직접적인 관심 표현이다. 그런데 보고서를 올리거나 개선안을 올렸을 때 시간이 지나도록 피드백이 없으면 부하는 무관심을 넘어 무시를 당한다고 생각한다. 부하로서는 업무 의욕이 크게 반감될 수밖에 없다.

끝으로 대놓고 무시하는 경우이다. 특정 부하가 무엇을 하든 핀잔을 주고 아예 상종을 안 하겠다는 표정과 행동을 하는 상사가 있다. 최악의 상사라고 아니할 수 없다. 조직이 제대로 굴러갈 리가 만무하다. 조직 분위기가 어두워지고 부하들은 모두 눈치 보기에 급급해지며 상사에게 찍히고 무시당하지 않으려고 실력보다는 아부로 승부를 거는 오판도 하게 된다.

"이거 할 수 있겠어? 내가 못 믿겠어. 내가 김 대리를 어떻게 믿어? 바쁘니까 나가 봐!"

순간 부하의 가슴에는 악마의 씨가 자란다.

말 경영
〔입술의 30초, 마음의 30년〕

여자는 하루에 약 6천 마디의 말을 하고 남자는 약 2천 마디의 말을 한다는 통계가 있다. 통계가 어느 정도 맞는다면 여자는 남자보다 3배나 말을 더 많이 하는 셈이 된다. 자세히 살펴보면 남자나 여자나 하루의 일과 중에는 똑같이 2천 마디 정도의 말을 한다고 한다. 그럼 어디에서 3배의 차이가 나타날까? 그것은 바로 일과 후에 큰 차이를 보인다. 남자는 일과 중에 2천 마디를 뱉었기 때문에 더는 말하기를 귀찮아하는 데 반해, 여자는 일과 후에도 여전히 말을 하려고 한다. 즉, 남자는 침묵으로 피곤을 풀고 여자는 말로써 피곤을 푼다고 할 수 있다.

- 말이 없다는 것은 자신감의 결여일 수 있다.
- 묵언수행(黙言修行)은 혼자 있을 때 하는 것이다. 조직은 소통이 기본이다.

– 말이 없는 리더는 동료와 부하직원과의 관계도 멀어진다.

"말을 많이 하면 결국엔 필요 없는 말이 섞여 나온다. 원래 귀는
닫도록 만들어지지 않았지만 입은 언제나 닫을 수 있게 되어 있
다." (인디언 격언)

바닷가 횟집에는 '좌광우도'라는 말이 있다. 광어와 도다리를
확인할 때 쓰는 말이다. 좌측에 눈이 모여 있는 생선은 광어이고
우측에 눈이 모여 있으면 도다리라고 판단하면 100% 맞는다고
한다. 그런데 이 맛있는 생선들이 왜 눈이 각각 한쪽으로 돌아간
것일까? 두 놈이 서로 자기가 잘났다고 까불다가 그만 상대방 뺨
을 후려쳐 눈알이 한쪽으로 돌아가 버렸다는 안타까운 후문後聞
이다. 태생이 그렇게 생겨 먹은 생선이겠지만, 해학 속에도 말을
경계하고자 하는 뜻을 담아낸 우리 선조들의 의도를 읽어낼 수
있다. 말에 대한 경계의 코드는 생선의 유래뿐만 아니라 우리 문
화 곳곳에 녹아 있다.

말하기 좋다 하고 남의 말 하는 것이
남의 말 내 하면 남도 내 말 하는 것이
말로써 말 많으니 말 말을까 하노라
— 〈작자 미상〉

간혹 본의 아니게 '말이 많은 여편네'라고 할 때가 있다. 아줌

마들의 통화는 끝이 없다. 남편에게 전화통화만 한다고 핀잔 들으면 그제야 아쉬워 전화를 끊으면서, "얘! 우리 자세한 얘기는 만나서 하자."라고 한다. "헐~, 그럼 지금까지 1시간이나 한 얘기는 뭐지? 된장찌개가 졸다 못해 타는 줄도 모르고…."

때론 침묵이 금이 된다. 가볍다는 말을 들어 기분 좋은 사람이 있는가? "말이 많으면 쓸 말이 적다."라는 속담이 있다. 말로 흥한 사람은 말로 망한다. 말이 많다 보면 반드시 실언이 수반된다. 한번 뱉은 말은 주워 담을 수 없다.

특히 한국에서 말이 많은 사람은 가볍고, 경솔하며 신중하지 못한 사람으로 낙인이 찍힌다. 조직에서 행동(실천)보다 항상 말이 앞서고 말이 많다면 어떤 조직에서 그 사람을 중히 쓸 것인가? 본인이 사장이라면 그 사람을 임원으로 발탁하겠는가? 천만의 말씀이다. 한국에서 임원으로 승진하자면 성직자보다도 더 힘든 관문을 통과해야 한다고 한다.

－ 말이 많으면 쓸 말이 적어진다.
－ 리더의 '촌철살인(寸鐵殺人)'은 구성원을 즐겁게 주목시키는 작
  은 무기다.
－ 리더는 언제나 자기가 뱉은 말에 책임을 져야 한다.

말을 독점하면 적이 많아진다. 적게 말하고 많이 들어라. 들을수록 내 편이 많아진다. 귀를 훔치지 말고 가슴을 흔드는 말을

해라. 듣기 좋은 소리보다 마음에 남는 말을 해라. 내가 하고 싶은 말보다 상대방이 듣고 싶은 말을 해라. 하기 쉬운 말 보다 알아듣기 쉽게 이야기해라. 말을 혀로만 하지 말고 눈과 표정으로 말해라. 비언어적 요소가 언어적 요소보다 더 힘이 있다.

입술의 30초가 마음의 30년이 된다는 말이 있다. 나의 말 한마디가 누군가의 인생을 바꿀 수 있다. 혀를 다스리는 것은 나지만, 내뱉어진 '말'은 나를 다스린다. 함부로 말하지 말고, 한번 말한 것은 책임져라.

제24강

민감
〔이찌닝마에─人前〕

"대인(大人)은 말했다 해서 무조건 신의를 지키지도 않으며, 어떤
일을 행함에 무조건 과단성 있게 하는 것도 아니다. 오직 의(義)가
있는 바에 따라 말하고 행할 뿐이다."

— 『맹자(孟子)』 「이루하(離婁下)」

대인배大人輩의 필수조건은 이해심과 아량, 융통성을 갖추면서
도 의義를 지키는 사람이다. 이것을 뭉뚱그려 우리는 아량이 넓고
관대한 사람이라 일컫는다. 아량雅量이 넓다는 것은 마음이 너그
럽고 속은 깊은 것을 뜻하는데, 대인배는 이해심이 많고 속이 깊
으면서 시원시원한 성격을 가진 사람을 좋게 표현할 때 쓰는 신
조어이다.

반면 소인배小人輩는 그릇이 작고 마음 씀씀이가 좁은 간사한
사람을 뜻하는데 속된 말로 '찌질이'와 '졸장부拙丈夫'로도 불린다.

제2편. 리더의 품격 **117**

조직에서 일일이 간섭하고 따지는 상사를 하나같이 'ㅇ주임'이라는 별칭으로 부른다. 그런데 재미있는 것은 팀원들은 이미 상사를 주임으로 강등시켜 부르고 있는데 정작 당사자는 모르고 있다는 점이다. 상사를 소인배와 '찌질이'로 취급하는 재미로 자기들끼리 술자리라도 하는 날이면 상사, 아니 주임은 제대로 안줏거리가 된다. 그날 상사는 귀가 너무 간지러울 것이다.

주임이란 닉네임은 일 잘하고 세밀하게 처리하는 실무자를 칭할 때 흔히 쓰는 직급이다. 이와 같은 별칭으로 불리는 상사들은 어떤 일을 일일이 간섭하고 챙겨서 부하로서는 아주 힘들고 괴로울 수밖에 없다. 또 자기가 하는 일을 격려해 주는 것은 고사하고 믿어주지 않는 것 같아 부하로 하여금 의욕까지 잃게 만든다.

리더는 때로는 곰이 되어야 한다. 급하고 초조할수록 배는 산으로 갈 확률이 높아진다. 느긋하게 한발 물러서서 보면 안 보이던 것도 보인다.

리더는 지원과 보살핌, 그리고 간섭과 참견의 사이에서 밸런스 있게 행동해야 한다. 지나친 지원과 보살핌이 부하에게는 간섭과 참견으로 비칠 수 있고 오히려 독이 될 수가 있다는 것이다.

젊은 리더임에도 불구하고 이부진 신라호텔 사장은 2015년 서울 시내 면세점 후보 기업 면접 당시 부하직원들을 향해 "너무 걱정하지 마세요. 잘되면 다 여러분 덕이고, 떨어지면 제 탓이니까요."라며 직원들을 격려한 일로 두고두고 미담이 되었다. 여성

경영자에 대한 편견을 깨고 일을 맡기면 직원에게 격려하고 보살피며, 리더가 책임지는 대인배의 모습이라 할 수 있다.

- 불완전한 사람들이 모여 있는 곳이 조직이다.
- 민감하고 까칠하면 순망치한(脣亡齒寒)의 결과를 초래한다.
- 곰 같은 리더, 대인배로 불리자.

일본에는 '이찌닝마에一人前'라는 말이 있다. 성인으로서 3가지 요건을 갖췄다는 것을 의미하며 한 마디로 부하의 역량을 인정한다는 덕담으로 쓰이고 있다. 구체적인 뜻은 모든 일에 책임감 있게 임하며, 당당히 가족을 보살피기 위해 정진하고, 공동체의 일원으로서 어려움이 닥쳤을 때 임기응변을 발휘하여 문제를 해결하는 동시에 어느 곳에서도 말과 행동에 책임을 질 줄 아는 사람을 뜻한다. 가정의 가장으로나 조직의 구성원으로서나 믿음직한 인간형의 표상이다. 그래서 일본에서는 부하직원과 후배들에게 "이제 자네도 이찌닝마에가 되었군." 혹은 "이찌닝마에가 되어라."라며 덕담을 한다.

부하의 능력을 믿지 않고 부하를 가볍게 취급하는 것은 '순망치한脣亡齒寒'의 엄청난 결과를 초래한다. 입술이 없으면 이가 시리다. 부하들을 인정하지 않으면 어느 순간 독불장군이 되어 버린다. 산에는 수많은 수종이 어울려 있다. 키가 큰 나무, 작은 나무, 잘생긴 나무, 못생긴 나무 등 다양한 나무가 모였기 때문에 산이 아름답게 보이는 것이다.

조직공동체도 마찬가지이다. 남녀, 나이, 직급, 고유 업무와
코-워크co-work를 하는 업무 등이 서로 조화를 이루어 성과를 창
출하는 것이다. 좀 둔감한 상사가 되자. 일이 좀 맘에 들지 않더
라도 진득하게 볼 줄 알고 이해하는 리더가 되자!

**자신이 젊고 직급이 낮았을 때 항상 완벽했던가를 돌이켜
보자!**

폭언
〔수탉의 벼슬〕

조선 시대 사대부의 상징이었던 정자관의 끝은 수탉의 볏을 닮았다. 이는 고구려 이전의 고조선 시대부터 벼슬을 하는 사람이 닭의 깃을 모자에 꽂았던 데서 유래가 되었다고 한다. 닭의 볏은 아주 붉고 화려할 뿐만 아니라 태양숭배를 해왔던 우리 선조들이 이것을 매우 귀하고 신성하게 여겨 지금의 '벼슬'로 자리매김한 것이다. 그래서 신분이 상승하는 과정을 벼슬이 높아진다고 하고, 평민이 과거에 합격하여 관직에 나가는 것을 벼슬살이라고 표현했다.

조직 생활에서의 벼슬살이는 바로 리더로 올라간다는 뜻으로 이해해도 무방하다. 리더로 발탁되기 위해서는 수많은 노력과 준비를 해야 한다. 간부로 승진하게 되면 회사, 가족 및 친지와 친구 등 많은 사람으로부터 축하를 받는다. 참 기분이 좋고 우쭐

해진다. 이때가 자기 자신을 가장 경계해야 할 때이다. 많은 사람이 인정하고 부하직원이 저마다 고개를 숙일 때 리더는 자기 통제의 끈을 놓지 말아야 한다.

- 한번 뱉은 말은 주워 담을 수 없다.
- 폭언은 어떠한 상황에서도 절대 정당화될 수 없다.
- 리더의 폭언은 자신의 인격을 갉아먹고 구성원 인격을 죽이는 것이다.

리더는 자기가 맡은 조직의 절대 강자다. 아무도 자기의 권위에 도전할 수가 없다. 점점 권력의 맛에 취해간다. 특히 윗선이나 주위로부터 견제를 받는 경우가 거의 없을 때는 고삐 빠진 망아지가 되기 쉽다.

자기도 모르게 언어의 표현이 강해지고 말이 거칠어진다. 평소에 인품이 높다고 평가받던 사람도 감투 하나에 변해버린다. 권위와 위엄을 나타낸다는 것이 자꾸만 부정적인 언어 표현으로 변질되어 자신도 모르게 폭언을 하게 된다. 평소에 자기성찰을 하지 않는 상사들은 절대 자기의 폭언을 감지할 수 없다. 그렇다고 스스럼없이 다가와서 조언을 해 주는 이는 더욱 없다. 시간이 갈수록 강도는 점점 세지고 자신의 성격도 점점 부정적으로 변해간다.

"아이~ 씨! 이거 뭐야? 왜 이런 결과가 나왔어. 이걸 일이라고 한 거야? 머리는 그냥 장식으로 달고 있어? 일을 이따위밖에 못 해? 됐어 하지 마!"

언어폭력·인격살인 수준의 폭언 때문에 퇴사하는 직원들이 줄을 서고 있다. 모 회사 직원의 하소연 이유는 의외로 다른 데 있다.

"업무목표 달성이 힘든 것이 아니에요. 그건 누구나 다 받고 있는 스트레스이고 그래서 견딜 수 있어요. 그런데 솔직히 하루 이틀도 아니고 사사건건 트집을 잡고 이어지는 막말에는 더는 회사 다니고 싶은 생각이 싹 사라진다고요."

조선 시대 벼슬로 이야기를 시작한 김에 조선 시대 시조 한 수를 패러디하며 이야기를 마무리할까 한다.

계급이 높다 하되 사람보다 높을소냐
사람 위에 사람 없고 사람 밑에 사람 없다
존중코 화합해가면 어이 아니 좋으리
〈지방근, 革新居士, 2018〉

거만
[마부의 반성]

말이 거만하고 인상이 거만하고 걸음걸이가 거만하고 모든 것이 거만하다. 이러한 사람은 불행하게도 조직에 꼭 있다.

거만한 사람을 살펴보면 두 가지 유형이 나타난다.

첫째로, 정말 꼴도 보기 싫을 정도로 거만한 유형이다. 자신이 거만하면 할수록 상대가 특히 부하직원들이 자신을 우러르고 존경한다고 생각한다. 참 한심하기 짝이 없다. 최근의 조직 안에는 이런 거만한 상사가 많이 줄어든 게 사실이다. 하지만 아직도 거들먹거리고 무시하는 태도를 지닌 이가 많다. 자신이 좀 큰 성과라도 내면 그 정도는 더욱 심해진다. 또 승진, 영전이라도 하면 그 콧대는 하늘을 찌른다. 자신의 눈앞에서는 다들 머리를 조아리는 사람밖에 안 보이고 다들 마음에 드는 말만 하겠지만, 그들이 돌아서서 하는 태도와 말들은 어떻게 감당하겠는가? 단 한

번이라도 상상해 봤으면 이 같은 행동은 하지 않을 것이다. 어떤 사람은 상사로서 어느 정도는 거만해야 부하직원들이 경외심敬畏心을 가진다고 착각하는 부류部類가 있다. 그것은 위엄威嚴이지 거만倨慢이 아니다.

둘째로, 거만한 사람의 또 다른 유형類型은 자신이 거만한 행동을 하고 있는지조차 인지認知하지 못하는 부류이다. 자신의 얼굴 인상이 상대방과 부하직원들에게 어떻게 보이는지 전혀 알지 못한다. 항상 무시와 불만이 가득 찬 얼굴, 자신은 그냥 자신의 스타일로 걷고 있을 뿐인데 상대에게는 봐주기 힘들 정도의 거만한 걸음걸이와 꼴불견인 자신을 발견하게 되었다면 과연 어떤 심정이 들겠는가? 모난 돌은 정을 맞게 마련이다. 정을 맞을 걸 알고도 거만하고 모나게 행동하는 돌은 없을 것이다.

춘추전국시대春秋戰國時代에 강대국强大國이었던 제나라에 안영晏嬰이라는 존경받는 재상宰相이 있었다. 그는 상당한 권력權力을 가졌지만 늘 검소하고 겸손謙遜하였다. 그런데 그에게는 수레를 끄는 마부馬夫가 한 사람 있었는데, 수레를 몰 때마다 수레 위에서 마치 자신이 재상인 양 의기양양하게 거들먹거렸다. 지나가는 행인行人들이 재상을 향해 머리를 조아리는 것을 마치 자신을 보고 하는 것으로 착각한 듯 행동은 점점 더 도가 지나쳤다. 이를 보다 못한 마부의 아내가 마부에게 결별訣別을 통보했다. 깜짝 놀란 마부는 아내에게 헤어지자는 이유를 물었다,

"당신이 모시고 있는 안영 재상님은 키가 여섯 자도 채 안 되는데도 제나라의 재상이 되어 천하(天下)에 이름을 떨치고 있습니다. 더욱이 그분은 항상 조심스럽게 행동하며 어디에서든지 자신을 낮추고 겸손합니다. 그런데 당신은 키가 여덟 자나 되건만 겨우 남의 마부 노릇을 하면서도 의기양양하고 매사에 거들먹거리는 태도를 보입니다. 이것이 제가 헤어지자고 하는 이유입니다."

아내의 말에 마부는 크게 반성反省하고 자신을 성찰省察했다. 이후 마부의 행동은 완전히 달라졌다. 아내의 따끔한 충고忠告를 받고 스스로 절제하며 자신의 행동에 신중하고 겸손한 태도로 사람들을 대했다. 마부의 행동이 예전 같지 않은 모습에 은근히 놀란 안영은 그에게 까닭을 물었다.

자초지종을 듣고 난 안영은 크게 기뻐하며 나라에 마부를 추천하여 대부大夫의 자리를 주었다. 일개 수레를 끌던 마부가 대부라는 고위관료高位官僚가 된 것이다.

- 거만(倨慢)함은 점점 사람의 모습을 지워가는 지우개다.
- 잘난 체하는 리더는 인성(人性)의 한쪽에 구멍이 나 있는 사람이다.
- 리더의 친절(親切)은 사람을 머물게 하는 마력(魔力)을 발휘한다.

리더는 자신이 위엄威嚴을 갖췄다고 스스로 착각을 하는 경우가 있다. 리더는 위엄과 거만의 경계境界를 분명히 살펴야 한다.

상대방과 부하직원들은 절대로 리더의 이러한 태도를 지적하지 않는다. 아니 지적할 수 없다. 하나는 지적하기 두려워서 못하는 것이고, 하나는 조언할 생각이 아예 없기 때문이다.

정치 1번지 종로鐘路에 소재하는 피맛골(避馬골)은 수백 년 동안 서민庶民들에게 큰 위안이 되어 준 골목이다. 피맛골은 지금의 행정구역인 종로1가에서 6가까지 이어진 뒷골목을 가리키는 말이다. 조선 시대 대궐을 드나드는 귀족과 양반들이 말을 타고 종로로 행차할 때면 서민들은 모두 머리를 조아리고 엎드려 절을 해야만 했다. 바빠 죽겠는데 한두 명도 아닌데다가 매번 양반들의 거들먹거리는 꼴을 보려니 짜증이 났을 것이다. 특히 눈비라도 올라치면 맨땅에 머리를 처박고 옷까지 다 진흙탕에 묻혀야 하는 것에 몸서리를 쳤다.

이에 그들은 거만한 양반들과 조우遭遇하지 않기 위한 꾀를 냈다. 더는 대로大路로 다니지 않고 뒷길을 이용한 것이다. 점점 많은 서민이 이 뒷길을 이용하자 그에 따른 골목 상권이 번창하게 되었다. 국밥집과 해장국집, 서민의 음식인 고갈비(고등어구이)집, 막걸리 한 사발에 시름을 잊을 수 있는 선술집이 길을 이어 생겨났고, 드디어 이 피맛골은 서민들만의 해방구解放區가 되었다. 그들이 단지 귀족과 양반이 무서워 피하지는 않았을 것이다. 똥이 무서워서 피하는 사람은 없듯이 말이다.

잘난 체하지 마라. 무용담武勇談을 말하지 말라. 구성원들은 당신의 아들, 딸이 아니다. 무용담은 상사나 동료, 부하가 전할 때 비로소 그 빛을 발휘한다.

"어! 우리 팀장이 요즘 왜 저래? 뭔가 좀 달라진 거 같은데, 우리 부장님이 언제부터 이렇게 살가운 분이 되셨을까?"

부하직원들의 평판評判과 인정認定은 의외로 진솔하고 정확하다. 만일 당신이 개과천선하여 업무역량이 뛰어난 데다가 겸손한 인간미까지 겸비한다면 지금까지 경험하지 못했던 조직 생활의 멋진 맛을 보게 될 것이다.

자신을 절대적으로 의지하고 따르는 부하직원들을 보는 것은 리더의 삶의 커다란 행복幸福이고 선물膳物이다. 한편으로 이것은 자신이 사회社會와 조직組織에 리더로서 존재存在하는 이유理由가 된다.

제**27**강

험담
〔뒷담화〕

"남을 욕하는 자는 반드시 자신이 모욕당하는 일이 생긴다."

중국의 속담이다. 칭찬에 발이 달렸다면, 험담에는 날개가 달려 있다. 내가 한 말은 반드시 당사자의 귀에 들어가게 마련이다. 특히 험담이 전해지는 속도는 훨씬 빠르다.

부하직원의 일을 다른 부하직원에게 험담하는 상사만큼 이 세상 최악의 상사는 없다. 험담의 내용이 맞고 안 맞고의 문제가 아니다. 험담 그 자체가 문제로 증폭되는 것이다. 그리고 험담의 내용은 말이 전해질 때마다 눈덩이처럼 커진다. 험담의 대상자가 아닌 부하직원은 자신도 험담을 당할 상상을 하면서 점점 움츠러들게 된다. 조직의 역동성이 한순간에 쪼그라든다. 험담을 멈추라. 자신의 혀를 통제해야 한다. 자신의 신체에서 가장 다루기 힘든 부분이 바로 혀이다.

- 뒷담화는 금세 눈덩이로 커진다.
- 사고는 항상 뒷담화에서 생기고, 조직이 와해되는 징조는 뒷담
  화를 보면 알 수 있다.
- 험담하는 상사는 조직의 수치다.

입이 근질거려도 꾹 참아야 한다. 험담을 참을 수 있는 세 가지 방법이 있다.

첫째, 입을 다물어라. 아무리 뇌가 혀를 자극해도 입을 다물어야 한다. 상사가 입을 다무는 순간 조직은 평화의 길을 걷게 된다. "임금님 귀는 당나귀 귀다!"라고 외치고 싶으면 혼자 숲에 가서 마음껏 외쳐라.

둘째, 화제를 바꾸라. 부하직원의 잘못한 부분이 드러나거나 커뮤니케이션 도중에 알게 되었더라도 우선은 반응을 자제하고 모르는 척해야 한다. 그리고 자연스럽게 화제를 바꾸면 끝이다. 부하직원들은 동료가 잘못한 일을 들추어내기를 은근히 바란다. 동료에 대한 험담으로 내심 문제가 커지기를 바라면서 강 건너 불구경하듯이 즐긴다. 이럴 때 상사가 마치 아무 일도 없는 것처럼 행동하게 되면 부하들도 더는 문제로 생각하지 않고 오히려 동료의 잘못을 용서한 상사가 멋진 상사가 된다.

셋째, 부하직원을 용서하는 방법을 연구하고 개발하라. 자녀가 잘못을 저지를 때마다 회초리를 들고 다른 자녀에게 험담하는 부모는 없을 것이다.

일하다 보면 실수를 할 수도 있고 본의 아니게 잘못을 할 수도 있다. 너그럽게 이해하고 조용하게 용서로 다가가면 부하는 반성과 자기성찰을 할 것이다. 상사의 가장 큰 미덕은 바로 용서다.

역사상 험담을 하면서 성공한 사례는 단 한 가지, 단 한 명도 없다. '앞'에서 할 수 없는 말은 '뒤'에서도 하지 마라. 뒷말은 가장 나쁘다. 허물은 덮어주고 자주 칭찬하라.

제28강
식탐
〔태양왕 루이 14세〕

먹는 것에도 품격品格이 있다. 유독 식탐食貪이 있는 사람들이 있다. 이런 사람의 특징은 음식을 보면 참지 못하는 것을 표정만 봐도 알 수 있다. 어린아이라면 얼마든지 예쁘고 귀엽게 봐 줄 수 있다. 엄마 입장이라면 오히려 더 먹이고 싶고 먹는 모습이 너무나도 사랑스러울 것이다. 부모가 가장 행복할 때가 '자식 입에 음식이 들어가는 모습을 보고 있을 때'란 말이 있다.

그런데 가족이 아닌 사람이라면 사정은 확 달라질 수 있다. 그것도 자기들이 모시고 있는 상사의 모습이라면 '헉' 할 것이다. 상사의 눈과 얼굴에서 돼지 같은 식탐이 묻어나고, 게다가 먹는 모습까지 게걸스럽다면 밥맛이 확 달아날 것이다. 순간 상사의 품격은 온데간데없어진다. 더욱이 조심하는 것은 고사하고 계속해서 이런 모습을 보이면 어떻게 상사가 존경스럽게 보일 수 있을까? 두 번 다시 같이 식사를 할 생각이 없어지고 정나미가 달아나고 말 것이다.

유명한 화가畵家들이 그린 유럽의 명화名畵들을 보면 황제와 귀족들의 여러 가지 상황을 묘사한 그림을 많이 볼 수 있는데 거의 볼 수 없는 것이 딱 한 가지가 있다. 바로 그들의 먹는 모습이 담긴 그림을 찾아볼 수가 없다. 아마도 그들의 위상이나 이미지를 돋보이게 하는데 결코 먹는 모습은 도움이 되지 않는다고 판단하였으리라.

태양왕 루이 14세(1643~1715)는 프랑스 역사상 가장 강력한 왕이었다. 자신의 통치 권력은 신에게서 나왔으며 신성한 권리를 부여받았다고 주장한 절대군주였다. 그는 엄청난 식사량과 식사방법에서도 권위를 부렸다.

그는 치아는 위험한 질병의 원인이 된다는 터무니없는 의사의 간언에 속아 멀쩡한 이빨을 다 뽑아버렸다. 더욱이 윗니와 함께 입천장 대부분을 제거해 버렸기 때문에 그가 음식물을 먹을 때면 마시던 포도주가 코로 줄줄 흘러내리고 음식물의 찌꺼기가 코와 입 사이의 구멍에 달라붙어 입에서 항상 심한 악취가 났다고 한다.

루이 14세는 점심으로 커다란 접시에 오리, 토끼, 꿩, 종다리, 닭, 자고새 등 몇 사람이 먹고도 남을 엄청난 양을 먹었으며, 이빨이 없어서 거의 씹지 못했기 때문에 항상 소화불량에 시달렸고, 하루에 14~18번의 대변을 보았다고 한다. 이 또한 악취가 대단했으리라. 절대 권력을 가진 왕이라 아무도 뭐라고 할 수 없었겠지만, 그의 추태는 죽을 때까지 계속되었다.

사실 맛있는 음식 앞에서 태연한 척하는 것은 정말 힘들다. 그렇지만 대부분은 그런 모습을 보이지 않는다. 품격을 지키려고 무척 신경을 쓰는 것이다. 며칠 굶은 돼지처럼 쩝쩝거리며 게걸스럽게 먹는 모습은 보기에 참 민망하다. 정말 밥맛이 뚝 떨어진다. 밥맛 정도 떨어지면 그나마 다행이다. 품격이 떨어지는 것은 어떻게 주워 담을 것인가? 좋은 음식, 맛있는 음식이 나오면 잠시 '안단테Andante'를 생각하자. 그리고 온화한 미소로 부하직원에게 먼저 권해 보자. 당신의 품격은 금세 제자리를 찾을 것이다. 식탐을 너무 부리지 말자. 너무 많이 먹지 말아야 한다. 많이 먹으면 먹을수록 수명도 단축된다. 배부른 돼지보다 배고픈 소크라테스가 되자.

- 먹는 것에는 의식(儀式)이 있고, 품격(品格)이 있다.
- 식탐(食貪)은 사람을 가치(價値) 없게 만든다.
- 배부른 돼지보다, 배고픈 소크라테스가 되자.

식탁에서 지켜야 할 식사 예절, 사무실이 아닌 식탁에서 리더의 품격이 돋보이는 시간을 만들어보자.

첫째, 음식이 나오면 편안한 미소로 음식에 대한 기대와 칭찬을 하자. 그리고 맛있게 먹자고 권유, 부하직원은 이 사소할 것 같은 권유에서 자신이 인정받고 존중받고 있다는 것을 느낀다.

둘째, 음식을 먹으면서 자연스러운 대화를 유도하자. 먹으면서 하는 대화는 긴장감을 없애는 데 특효(特效)이다. 과학적으로도 증명된 것이 어금니로 씹는 행위를 하게 되면 긴장이 풀리는 물질이 자연스럽게 치아 사이에서 나온다고 한다. 단 음식물을 입에 가득 물고 얘기를 하는 것은 절대금물이다.

셋째, 식사 중 코를 "힝" 푸는 사람, 그리고 먹는 도중에 뭔가 끼었는지 손톱으로 이 사이에 끼인 음식물을 빼는 행동을 하고 아무 일도 없었다는 듯 다시 식사하는 모습에 인간미가 확 떨어진다.

넷째, 좋아하는 반찬만 골라 먹거나 반찬을 이리저리 뒤적이면 매너는 이미 담을 넘고 있는 것, 더군다나 먹던 숟가락으로 찌개를 휘적휘적 뒤적이면 당신은 앞으로 '혼밥'을 먹게 될 수도 있다.

다섯째, 유독 음식을 먹을 때 '쩝쩝' 소리를 내는 사람이 있다. 만일 대통령과 밥을 같이 먹는다면 그리고 자기가 좋아하는 연인 앞에서 그럴 자신이 있겠는가? 부하에게도 챙겨줘야 할 인격이 있다.

중국의 음식은 가히 세계 최고이다. 그들은 날아다니는 것은 비행기, 걸어 다니는 것은 책상다리 빼고 다 먹는다고 한다. 모든 것이 음식 재료이고 맛있는 음식으로 승화시킨다는 것이다. 중국의 산해진미山海珍味는 그 수를 셀 수 없을 정도로 많아 중국인들도 죽을 때까지 다 못 먹어보고 죽는다고 한다.

좋은 음식을 나누는 사람은 바로 리더이다. 식탁에서의 매너가 신사 숙녀의 품격을 완성한다. 품격 있게 먹는 것은 또 하나의 리더의 의식행위이다.

웃음
〔웃음의 과학〕

　박사학위를 받은 엘리트 개그맨으로 유명한 이윤석의 저서
『웃음의 과학』에는 인류가 어떻게 오늘날과 같이 웃게 되었는지
를 설명하고 있다. 원시시대에 짐승과 맞닥뜨리면 겁을 주기 위
해 입을 벌리고 이를 드러내다가, 막상 그 짐승이 연약한 동물임
을 알면 입술 꼬리가 올라가는 형태의 미소로 바뀌었는데 이것
이 인류에게 대대손손 유전되어 오늘날과 같은 웃음이 되었다고
한다.

　사람은 어렸을 때 하루 평균 300회 이상 웃지만, 40대 이상의
하루 평균 웃음 회수는 20회 미만으로 급격히 떨어진다. 왜 그
럴까? 특히 우리나라에서는 나이가 들어갈수록 쉽게 웃으면 주
위 사람들에게는 처신이 가볍다는 평가를 들을까 봐 스스로 자
제한다. 지금까지 우리 사회는 지레 아버지는 근엄해야 하고 상

사는 무뚝뚝해야 하는 것이 마치 미덕인 양 살아왔다.

이제 리더십의 변화가 크게 다가오고 있다. 살갑고 정겨운 리더십, 무섭고 근엄한 아버지가 아닌 살가운 아빠, 카리스마 넘치는 형님이 아닌 형의 따뜻하고 정다운 리더십이 대세이다.

미소는 상대방에게 전하는 가장 확실한 메시지이다. 옛날 부족 간 전쟁에서 목숨을 부지하는 것 중의 하나가 미소였다. 미소는 "나는 당신에게 적대감이 없다. 나는 당신을 존중한다."라는 가장 강력한 메시지였다.

- 미소는 적을 아군으로 바꾸어 버리는 가장 강력한 무기이다.
- 일로일로 일소일소(一怒一老 一笑一少)
- 리더가 보내는 미소는 부하를 배려하는 가장 좋은 싸인(Signature)
  이다.

자신의 건강을 위해 좋은 약을 사 먹고 좋은 음식을 찾아 먹으면서, 돈 하나 들지 않는 웃음에는 왜 인색할까? 웃을 일이 별로 없다 해도 억지로라도 웃으면 몸도 착각하여 여러 좋은 호르몬을 분출한다고 하지 않던가? 공자, 맹자, 순자, 노자, 장자보다 더 훌륭한 스승은 '웃자'라고 한다.

〈웃음의 십계명〉

1. 억지로라도 웃어라.

2. 함께 웃어라.

3. 힘들 때 더 웃어라.

4. 마음도 함께 웃어라.

5. 꿈을 이뤘을 때를 상상하며 웃어라.

6. 시간을 정해놓고 웃어라.

7. 즐거운 생각을 하며 웃어라.

8. 일어나자마자 웃어라.

9. 한번 웃고 또 웃어라.

10. 크게 웃어라.

좋은 일이 생겨 웃는 것이 아니라 웃다 보면 좋은 일이 생긴다고 하지 않던가? 항상 심각한 상사에게는 부하직원들이 다가오지 않는다. 아니 다가올 수가 없다.

인자한 미소를 짓고 따뜻한 웃음을 웃어보자! 따뜻한 정이 넘치는 리더로 기억될 것이다.

큰 소리
〔기차 화통〕

"기차 화통을 삶아 먹었나?"

누군가의 목소리가 유난히 크거나 특정 상대의 큰 목소리가 너무나 귀에 거슬릴 때 우리는 종종 이 말을 써 왔다. 기차 화통은 옛날에 운행했던 증기기관차의 운전실 앞쪽에 눕혀놓은 둥근 기둥과 같은 형태의 물건이라 한다. 기관차가 움직일 때 그 부분에서 귀가 찢어질 정도의 소음이 난 데서 유래되었다고 한다. 엄청난 크기의 기관차에서 나오는 소리가 지금의 몇 백 데시벨과 맞먹을 정도의 굉음이지 않았나 싶다. 오죽하면 예전 기관사 중에 난청이 많았다는 말도 종종 들리곤 한다.

서울도 안 가본 사람들이 남대문(숭례문) 문지방이 소나무인지 참나무인지 다투면 결국 승자는 목소리가 큰 놈이라고 하는 웃지 못할 얘기를 듣고 실소失笑를 한 적이 있다. 목소리 앞에는 장사가 없나 보다.

그렇다고 목소리가 커서 꼭 나쁜 것만은 아니다. 전쟁터에서 장수가 우렁찬 목소리로 "싸우자! 나를 따르라!"라고 쩌렁쩌렁하게 고함을 쳐야 하는데, 모기 목소리만 하다면 군사들 사기도 문제지만 이만저만 체면을 구기는 것이 아니다. 그래서인지 예전에 우리나라 육군사관학교 2차 면접 때에는 "전체~차렷! 열중~쉬어!"라는 구령을 붙여보게 하는 테스트도 있었다.

전쟁뿐만 아니라 스포츠에서도 상대방을 제압하려고 우렁찬 목소리로 큰 기합을 넣을 필요가 있다. 여자 배구팀에서 김연경 선수가 192cm의 장신으로 "아자! 아자! 파이팅!"하는 기합을 넣으면 왠지 경기 시작도 전에 이미 이긴 것 같은 기세가 느껴진다.

우리나라에는 지역에 따른 목청도 만만치 않다. 경상도 아줌마들의 대화를 잘못 엿들으면 마치 크게 싸우는 줄 알고 당혹스럽고 민망한 적이 있다. 목청 큰 사람이 싸움에서 이긴다는 우스갯소리를 종종 듣다 보면, 신라가 삼국통일을 한 원동력도 경상도 사나이들의 목청이 아니었을까 싶은 재미있는 생각이 든다. 황산벌에서 목청 자랑을 했을 계백 장군의 기세도 빼놓을 수 없을 테고….

그런데 요즘은 전국 일일생활권에다 매스컴의 발달로 인해 전라도, 충청도, 경상도의 사투리도 점점 듣기 힘들어지고 아줌마들의 그 구수한 목청 자랑도 다 사라져 가는 것 같아서 살짝 아쉬워진다.

이처럼 이따금 커다란 목청이 활기를 불어넣는 때도 있지만, 조직 생활에 있어서 목청 자랑은 금물이다.

한편 요즘 멀쩡한 도서관을 놔두고 카페를 찾아 공부하는 학생들을 종종 보게 된다. 조용한 도서관에서 공부가 잘될 것 같지만, 사람들은 의외로 카페 등 자연스러운 소음 속에서 심리적 안정감을 찾는다. 바로 '백색 소음' 때문이다. '백색 소음'이란 평소에 듣는 자연스러운 소음으로, 전체적으로 균등하고 일정한 주파수의 범위를 나타내는 소리이다. 시냇물 소리, 심장 박동, 파도 소리, 카페에서의 대화 등이 내는 주파수가 백색 소음의 범위이다.

이런 백색 소음은 주변의 소음을 중화시켜 차단하고 심신에 안정을 준다. 지난 2012년 3월 미국 시카고대의 『소비자연구저널Journal of Consumer Research』은 50~70dB의 소음이 집중력과 창의력에 도움이 된다는 연구결과를 내놨다. 일반적인 사무실이나 조용한 자동차 안에서 대화를 하는 수준의 소음이다. 남녀 간에 사랑을 나눌 때도 차분하고 조용한 목소리로 은밀하게 대화를 나눈다. 드라마를 보면 차 안에서 연인이 사랑의 대화를 나누는 장면이 많은 것도 음성과학 측면에서 볼 때 일리가 있음을 알게 된다.

일터에서도 마찬가지다. 상사가 부하직원에게 업무지시나 확인을 할 때 큰 소리보다는 상냥하고 낮은 소리로 하는 것이 훨씬 효과적이다. 자기를 존중한다는 생각이 들게 말해야 상사의 지시나 가르침이 더욱 설득력을 얻는다. 상사의 가치관과 철학에 더해 말하는 목소리의 톤까지 낮으면 신뢰가 더해지고 말하기의 품격이 완성된다.

반면 큰 소리로 문책을 하는 건 일에 대한 부하의 의욕과 사기를 떨어뜨리고 심지어 상사에게 반감을 갖게 만든다. 부드럽고 낮은 목소리가 호소력이 강하다. 고래고래 큰 소리 쳐봐야 본인만 성대결절에 걸릴 뿐이다. 논리로 설득하고 숫자로 증명하는 상사는 중요한 순간일수록 목소리를 낮춘다. 별생각 없이 내지른 상사의 목청으로 그간 쌓아온 조직의 분위기와 응집력이 한순간에 깨질 수 있다.

- 큰 소리는 한순간에 공든 탑을 무너뜨린다.
- 하수는 논리가 빈약할 때, 설득이 안될 때 큰 소리의 악수를 둔다.
- 리더의 큰 소리는 양떼를 향한 총질과 같다.

목소리의 '톤'이 높아질수록 뜻은 왜곡될 뿐이다. 흥분하지 마라. 낮은 목소리가 힘이 있다. 그 큰 소리는 화산처럼 모든 멋진 것들을 집어삼켜 버리고 만다.

Sexual harassment
〔3端 조심〕

법조계를 시작으로 문화계, 정치계까지 미투#Me Too 운동이 확산해 그동안 감추어져 있던 성희롱과 성적 괴롭힘Sexual harassment이 실상을 드러냈다. 드디어 정부에서 대책 마련을 위한 법과 규정을 만드는 일에 착수했다.

유명 정치인, 기업 회장 등이 Sexual harassment로 인해 하루아침에 명예를 잃고 화려했던 인생이 한순간 나락으로 떨어지는 것을 매스컴을 통해 보았다.

특히 회사 내에서 벌어지는 Sexual harassment는 개인의 문제를 떠나 조직 전체에 엄청난 파장과 악영향을 끼친다. Sexual harassment의 가해자는 회사 내의 징계는 물론이고 법적인 부분에도 무서운 결과를 초래한다. 직원의 범죄행위를 막지 못한 회사 역시 금전적인 손해는 물론 기업 이미지에도 돈으로 환산

될 수 없는 치명적 타격을 입게 된다.

- Sexual harassment의 제도적 장치가 마련되어야 한다.
- Sexual harassment는 개인의 문제는 물론이고 기업의 이미지
  에 치명타를 입힌다.
- Sexual harassment는 리더가 가장 경계해야 하는 대목이다.

대기업에서 임원이 되는 데 약 21년이 걸린다고 한다. 전 직원 가운데서 임원이 되는 확률은 0.1%밖에 되지 않는다는 조사 결과도 있다. 임원이 되기는 낙타가 바늘구멍으로 들어가기보다 어렵다. 이러한 엄청난 관문을 뚫은 임원들은 심지어 성직자들보다도 훌륭한 윤리테스트까지 통과했다는 평가를 듣는다.

임원후보자에 대한 검증 잣대는 참으로 엄격하다. 감사부서에서 그의 이력과 개인적인 부분에 대해 수많은 조사를 한다. 털 것을 다 털어보아도 먼지밖에 안 나올 때, 드디어 별을 다는 것이다. 그런데 이러한 관문을 뚫고 쟁취한 자리도 Sexual harassment로 인해 한순간에 날아가 버린다. 돈과 명예 등 모든 것을 잃어버린다.

남자는 3단을 경계해야 한다고 한다. 먼저 설단舌端, 혀끝을 조심해야 한다. 평소 말조심을 하라는 것이다. 권단拳端, 폭력과 도박을 경계해야 한다. 조단鳥端, 욕구를 위해 함부로 휘두르고

놀리지 말라는 것으로, 조鳥는 남자의 거시기의 이두吏讀식 표현
이다.

Sexual harassment는 공든 탑을 무너뜨린다. 리더가 가장 경
계해야 할 대목이다.

제32강
성급함
〔페스티나 렌테Festina lente〕

"페스티나 렌테(Festina lente) – 천천히 서둘러라"

이것은 역사가 수에토니우스가 저술한 『열두 명의 카이사르De vita Caesarum』에 나오는 말로 '서둘러라'라는 의미의 'festina'와 '천천히'를 의미하는 'lente'의 합성어이다.

천천히 하면 일을 제때에 성사하기 힘들고, 서두르다 보면 일을 그르쳐 낭패를 맞을 수 있다. 이 말을 자세히 들여다보면 어느 한쪽에 치우치지 않도록 독려하는 역설적인 지혜가 담긴 있는 것을 알 수 있다.

이 '페스티나 렌테Festina lente'는 초대 로마 황제 아우구스투스Augustus의 좌우명이었다고 한다. 율리우스 카이사르Julius Caesar가 암살되고 피비린내 나는 싸움이 계속되었는데 이를 종식한 옥타

비아누스는 시민들의 눈높이를 생각하면서 절대 서두르지 않고 그들이 원하는 것들을 하나하나 해결하였다.

이윽고 옥타비아누스는 '존엄자Augustus'의 칭호를 받게 되었고, 이 페스티나 렌테Festina lente의 철학哲學을 바탕으로 팍스 로마나Pax Romana(로마의 평화), 즉 정치政治의 안정과 문화文化와 경제經濟의 번창이 200년 동안 계속된 태평시대太平時代를 열게 되었다.

- 급하다고 바늘허리에 실 매어 쓰랴.
- 급히 먹은 밥은 체하기 마련이다.
- 리더의 여유와 진중(鎭重)함은 구성원들의 삶을 풍족(豊足)하게 한다.

우리 속담에 "급하다고 바늘허리에 실 매어 쓰랴."라는 말이 있다. 아무리 급해도 정해진 절차와 순서를 무시해서는 일을 바르게 할 수 없다는 메시지를 던져 주는 속담이다. "급하게 먹는 밥은 체하게 마련이다."라는 단순한 진리를 우리는 알고 있음에도 늘 망각하고 체한다.

리더는 경거망동을 특히 경계해야 한다. 급하면 중요한 것을 간과할 수 있다. 일의 도리나 사정을 신중히 생각하지 아니하고 경솔하게 행동을 함으로써 자칫 큰 대가를 치를 수 있다.

리더가 신중하게 판단하고 행동해야 하는 3가지 이유가 있다.

첫째, 급하게 서두르다 보면 일의 본질을 잊기 쉽다. 허겁지겁하다 보면 목적은 흐려지고 부화뇌동附和雷同하여 일을 그르치게 된다.

둘째, 서두르면 사리 분별을 못 하게 된다. 개한테 나무에 오르라고 할 순 없지 않은가? 나무 타기는 원숭이에게 맡겨야 한다. 서두르면 판단력이 급격히 떨어진다. 이 때문에 직원들의 재능을 무시하거나 알지 못하여 적재적소에 쓰지 못한다.

셋째, 조직 구성원들의 힘이 분산되어 지리멸렬支離滅裂하는 결과를 초래할 수 있다. 리더는 문제가 생겼을 때 빛을 발하는 존재이다. 조직에는 숱한 일이 터지게 마련이다. 일에는 필연적으로 문제가 수반隨伴된다. 리더는 신중하게 구성원들의 의견과 지혜를 모으고 방향을 제시해야 한다. 어떤 지혜로운 리더는 일부러 문제를 제시하고 그것을 시험하여 풀어나가는 학습을 유도케 하기도 한다.

과거 우리에게 고질병이었던 '빨리빨리' 문화는 바로 눈앞에 보이는 일을 해결하는 데에는 어느 정도 효율적이었고 단기간에 성과를 낼 수 있었다. 하지만 그런 식으로는 더 이상 미래발전을 꿈꿀 수 없다.

1990년대 북한에서 실행한 고난의 행군과 천리마 운동의 한 사례는 '천 삽 뜨고 허리 한 번 펴기'였다. 그러다가 모두 허리가 부러지고 만다. 영상에서 나오는 그들의 삽질은 정말 혹독하리만큼 처절하게 보였다.

필자는 시골 출신이라서 모내기의 처절함을 안다. 새벽 4~5
시에서부터 밤 8시가 넘어갈 때까지 매일같이 쉬지 않고 일을 한
다. 정말 허리가 내 허리 같지 않고 부러져도 몇 번은 부러질 것
같은 아픔에 시달린다. 품앗이의 풍습으로 인해 순번을 정해놓
고 한 달 이상 집마다 돌아가면서 모내기를 한다.

그나마 다행스러운 것은 중노동의 대가로 끼니 걱정은 없이
아침, 점심, 저녁 그리고 두 번의 새참을 포함하여 다섯 끼 정도
푸짐한 밥을 먹을 수 있다. 사실 이렇게 먹지 않으면 버티지 못
하기 때문이다. 새벽부터 밤늦게까지 죽을 정도로 일을 했지만,
수확량이라곤 겨우 끼니를 거르지 않을 정도다.

하루아침에 만들어 낸 것은 아니지만, 콤바인Combine의 발명으
로 노동생산성은 몇백 배, 몇천 배 이상 올랐다. 이제 드넓은 들
판에서 모내기는 한 두 사람만의 몫이 되어버렸다. 그들은 핸드
폰으로 직접 중국집에 전화하여 짜장면이나 짬뽕을 시켜 먹는
다. 통닭이 먹고 싶으면 역시 한 통화로 끝이다.

과거 품앗이로 한 모내기는 약 30여 명 일꾼에게 음식을 준비
하는 시간이나 금전적인 비용으로 볼 때 주인 입장으로 절대 만
만치 않다. 그보다 더 중요한 것은 수십 명 일꾼이 창출하는 성

과보다 콤바인이 100배, 1,000배 이상의 생산성을 달성한다는 것이다. 천 삽 뜨고 허리 한 번 펼 정도로 죽도록 일을 하지만 포클레인으로 단 몇 초 만에 퍼 올리는 한 삽이 한 사람이 죽을 지경으로 뜬 2,000삽보다도 훨씬 넘는 성과를 보인다면 혀를 내두를 수밖에 없다.

콤바인과 포클레인을 부리는 그들은 공동체 안에서 함께 노동하는 즐거움을 맛보지는 못한다. 하지만 단시간에 효율적으로 일을 처리하고 큰 성과를 창출함으로써 나머지 많은 시간을 가족 및 지인들과 행복하게 보낼 수 있다.

토끼가 거북이를 이기는 게 아니다. 천리마처럼 달리면 관절염만 걸린다. 미국·유럽의 대부분 직장이 여유를 가지고 일하는 모습을 보라. 여유를 가지고 생각하면서 일을 하면 죽기 살기로 하지 않아도 목표를 달성할 수 있다.

화
[6초의 마법]

매사냥의 문화가 남아있는 지역이 여럿 있다. 대한민국을 비롯해 몽골, 유라시아 대륙의 여러 국가가 그렇다. 인류 역사상 가장 위대한 정복자 칭기즈 칸Chingiz Khan(1162~1227)도 예외가 아니다. 칭기즈 칸은 언제나 매를 팔뚝에 얹고 다니면서 친구처럼 아주 좋아했다고 한다. 어느 날 칭기즈 칸이 부하들을 데리고 매사냥을 나갔다.

그날따라 넘치는 의욕에도 불구하고 그들은 한 마리의 포획물도 건지지 못하고 헤매었다. 사냥이 점점 길어지자 칭기즈 칸은 목이 타기 시작했다. 샘이나 시냇물을 찾았지만 다 말라버려 마실 물을 찾을 수 없었다.

그러다가 마침내 바위를 타고 흘러내리는 작은 물줄기를 발견하고 뛸 듯이 기뻤다. 그는 즉시 매를 내려놓고 늘 지니던 은잔을 꺼내 흐르는 물을 받았다. 그런데 그가 물을 마시려는 순간, 갑자기 매가 날아올라 은잔을 엎어 버렸다. 칭기즈 칸은 화가 좀 났지만, 워낙 애지중지하던 매였기에 아마 저도 목이 마르나 보다 생각하고 다시 물을 받아 마시려 했다. 그런데 이번에도 또 달려들어 물을 엎어 버리는 것이 아닌가?

마침내 칭기즈 칸은 화가 났다. 일국의 칸Khan이며, 부하들도 모두 지켜보고 있는데 새 한 마리도 제대로 다루지 못한다는 비웃음을 살까 봐 더욱 화가 치밀었다. '한 번만 더 그러면 죽여 버린다!'라고 마음을 먹었는데 다시 엎지르자 칭기즈 칸은 분을 참지 못하여 단칼에 매를 베어 죽였다. 잠시 뒤, 갑자기 이상한 생각이 들어 바위 위를 올라가 보았다. 그런데 깜짝 놀랄 광경이 펼쳐져 있지 않은가? 물속에 맹독을 지닌 독사가 죽어 있었다. 그대로 마셨다면 즉사할 수도 있었을 텐데 매는 그것을 알고 잔을 엎어 버린 것이다.

그는 매의 죽음을 애도하며 사체를 가지고 돌아와 금으로 만든 동상을 세워주고 한쪽 날개에는 "분노에 차서 행하면 반드시 실패하리라!"라고 새기고, 다른 쪽 날개에는 이렇게 새겼다. "좀 잘못하더라도 벗은 벗이다!"

세계 불교계의 상징적 인물인 베트남의 틱낫한Thich Nhat Hanh 스님이 저술한 『앵거Anger』에서 "분노감정을 판단하지 말고 갓난아기처럼 내면을 돌봄의 대상으로 여기고 잘 들여다보라! 화가 풀리면 인생도 풀린다."라고 조언한다. 요즘 분노조절 장애를 앓고 있는 사람이 많이 늘어났다고 한다. 순간적인 분노를 참지 못하고 사고를 치거나 범죄를 저지르게 되는 경우를 우리는 가끔 본다. 조직 생활을 하다 보면 화날 일이 참 많다. 그렇다고 그 분노를 참지 못하고 '욱'해 버리면 일이 해결되는 것은 고사하고 감당치 못할 일이 발생하기 마련이다. 화날 때는 다음을 기억하라.

- 6초만 꾹 참아라!
- 그 자리를 떠나라!
- 자기 주문을 외어라!

"참을 인忍 자字 세 번이면 살인도 면한다."라고 한다. 조직에서 6초를 참아보자. 화를 참거나 감정을 추스르는 순간 6초는 참 길게 느껴지지만, 평상시의 6초는 인지하지 못하고 지나가는 짧은 순간에 불과하다. 분노조절에 있어 6초는 마법의 시간이라고 한다. 세상살이에서 가장 중요한 것은 지식역량보다 인내이다.

세상에서 그 어떤 역량보다도 가장 강한 것이 바로 인내이다. 좀 잘못하더라도 나와 함께 가야 하는 팀원은 팀원이다. 참자.

제34강
호칭
[호칭을 보면 품격이 보인다]

　우리는 호칭에 길들여져 왔다. 요즘 즐겁고 격의 없는 직장문화 만들기를 위해 닉네임(대부분 영어 이름)을 부르는 회사가 많다. 어떻게 생각하면 엄연히 입사할 때 자기의 이름이 있는데 그걸 굳이 버리고 개명(?)을 한다는 것이고 보니 일제강점기의 '창씨개명'과 차원은 다르지만 서로 좀 낯간지러운 게 사실이다.

　우리나라의 성씨 수는 총 5,582개나 된다. 2000년도만 해도 불과 286개 성씨밖에 없었는데 결혼 이주, 외국인의 한국국적 취득 등이 폭발적으로 늘어나면서 창성창본創姓創本의 수도 엄청나게 증가하게 되었다.

　한국에는 참 특이한 성씨도 많지만 특이한 이름도 아주 많다. 예전이나 지금이나 특이한 이름 때문에 놀림 받는 일은 주위에서 많이 볼 수 있다. 그나마 지금은 법원에 개명 신청을 하여 자기가 원하는 대로 바꿀 수나 있지만, 예전에는 그마저 쉬운 일이 아니었다.

'지휘관, 김국군, 이건달, 박공순' 등 차마 웃지 못할 이름으로 마음고생 하는 분들이 아주 많았다. 필자도 이름 때문에 참 많은 놀림을 받아왔다. 워낙 이름이 특이해서 대학 시절에는 수업을 빼먹고 싶을 때 친구들에게 '대리출석'을 부탁하기조차 어려웠다.

그러나 특이하고 놀림 받는 이름일지라도 자기의 이름은 세상에서 가장 소중한 것이다.

　　– 호칭한다는 것은 상대를 존중한다는 것이다.
　　– 호칭은 조직에서 존재를 확인하는 것이다.
　　– 리더가 불러 주는 호칭은 호칭 이상의 의미와 인정이 담겨 있다.

요즘 일하기 좋은 일터라고 불리는 회사에서는 계급 간 호칭을 없애고 있다. "상무님! 부장님" 하는 어렵고 딱딱한 호칭보다는 상사든 부하든 간에 서로 이름 뒤에 '님'자를 붙여 부르는 기업이 많이 있으며, 외국계 기업이나 몇몇 대기업에서는 로버트, 릴리, 찰스 같은 닉네임을 지어서 마치 친한 친구의 이름을 부르듯이 호칭하는 회사도 볼 수 있다.

이러한 회사는 호칭만 자유롭고 자연스럽게 하는 것이 아니라 임원실과 팀장실도 없이 공동 사무실에서 아침에 출근하여 본인이 앉고 싶은 자리에 먼저 앉으면 그 자리가 그날의 자기 자리가 된다. 공동 사무실이라서 번잡하고 시끄러워서 일이 손에 잘 잡히지 않는 직원들과 중요한 기획이나 아이디어 크리에이션을 해야 하는 사람들을 위해 별도의 조용한 룸이 마련되어 있다.

스타벅스에서는 직원의 호칭을 '파트너' 월마트는 '동료Associate' 구글 직원들은 스스로 '구글러'라 칭한다. 월트디즈니와 삼성에버랜드에서는 직원을 '배우Cast'라 부른다. 자사의 독특한 문화를 대변하는 이 호칭들에는 직원을 '을'로 보지 않고 서로 동등한 관계인 동료와 파트너로 인식하고 존중하는 의미가 공통으로 숨어 있다.

아직도 우리나라 대부분 회사에서는 상무, 부장, 파트장, 과장 등의 직책을 그대로 부르고 있는데, 그 이유를 물어볼라치면 "내가 어떻게 해서 올라온 자리인데 나의 이름을 함부로 불러. 싹수없는…." 한다. 또 대부분 부하직원도 어떻게 상무님 부장님의 직책이 있는데 함부로 이름을 부를 있느냐고 반문한다.

우리나라 일터도 시간이 지나면 훨씬 편안하고 자유롭게 호칭을 할 수 있을 거라 기대한다. 하지만 중요한 것은 어떻게 부르고 불림을 당하는 것보다 호칭할 때의 예의와 배려이다. 특히 상사가 부하직원을 부를 때 아직도 우리의 일터에서는 하대한다는 생각을 떨칠 수 없다. 상사들은 친하고 별 거리낌이 없어서 그렇다고 하지만, 듣는 당사자로서는 썩 좋을 리가 없을 것이다. 그것도 단둘이 있는 데서 들어도 기분이 별로일 텐데, 부서 직원들이 다 보고 듣는 데서 함부로 된 호칭을 듣는다면 모멸감까지 들 수도 있을 것이다.

어느 정도 직장생활 경험이 있다면 상사로부터 호칭의 어감만 가지고도 자신이 인정받지 못하고 조직 안에서 존재감을 잃게 된다는 것을 느낄 수 있다. 상사가 지켜야 할, 그리고 실천해야 할 것이 바로 공정하고 공평한 호칭이고, 여기에 더해 인간미가 듬뿍 들어있는 살가운 어감이다.

"어이!"

우리나라에 약 300여(많게는 5,500) 성씨가 있지만 "어이"라는 성씨는 없다. 내가 왜 "어이"라고 불림을 당해야 하는가? 당신에겐 부모님이 지어주신 멋진 이름이 있고 회사 내에서 엄연히 직급도 있다. 당신이 만약 사장님이나 상사로부터 "어이"라고 불리면 좋겠는가?

존경받고 싶다면 본인부터 먼저 호칭에 신경을 써라.

경청
〔최고의 경청자, 오바마, 만델라〕

들어주는 것만으로도 상대가 말하려고 하는 내용과 무관하게 이미 50% 이상의 문제들이 해결되기 시작한다.

『탈무드』에는 "사람에게 하나의 입과 두 개의 귀가 있는 것은 말하기보다 듣기를 두 배로 하라는 뜻이다."라고 메시지를 던지고 있다. 잘 들어 주는 것은 말하는 상대를 존중한다고 표현하는 가장 강력한 메시지이다. 상대에게 눈을 맞추고 적절한 제스처 gesture와 애드립ad-lib을 쳐주는 과정에서 상대는 자신을 아주 가치 있는 존재로 느끼게 된다.

딸아이가 유치원 시절 때 막 글을 깨쳐 책 읽기에 아주 재미를 들이고 있었다. 틈만 나면 식탁에서 아빠와 엄마에게 자기가 읽은 유머 이야기를 들려주곤 했는데, 참 듣기가 힘들었다. 왜냐면 딸이 하는 유머 이야기는 전혀 재미가 없었기 때문이었다.

그렇지만 우리는 딸의 기를 죽이지 않으려고 인내를 가지고 들어주고 또 들어 주었다. 정말로 재미가 없었지만, 박장대소 해 주었다.

언제까지 웃어 주어야 하나? 슬슬 걱정되기 시작한 두어 달, 드디어 딸에게서 히트 유머가 나왔다. '말귀를 잘 못 알아듣는 사오정의 공양미 삼백 석' 유머였는데 정말 배꼽을 잡고 웃지 않을 수 없었다. 경청의 인내가 드디어 '잭팟'을 터뜨린 것이었다. 15년 정도가 지난 지금 큰딸은 일러스트레이터의 꿈을 키우며 아기 작가 생활을 막 시작했다.

만일 처음에 몇 번 딸의 재미없는 유머 얘기를 듣고 무시했다면, 딸은 슬퍼하고 자기를 인정해 주지 않는다고 아빠와 엄마에게 두 번 다시 이런 얘기를 하지 않았을 것이다. 하지만 그것을 들어주는 인내 덕분으로 세상에서 둘도 없는 부녀관계를 잘 유지하고 있다.

- 경청은 상대의 존재를 존중하고 인정하는 것이다.
- 들어주는 것은 그 결과를 떠나 이미 50% 이상의 솔루션을 제시한 것이나 마찬가지다.
- 리더가 가져야 할 첫 번째 덕목은 말을 잘하는 것이 아니라 먼저 듣는 것이다.

입보다 귀를 상석에 앉혀야 한다. 유사 이래로 세 치 혀 때문에 망한 사람은 많아도 귀 때문에 망한 사람은 없다.

경영의 신으로 추앙받고 있는 마쓰시타 고노스케松下幸之助 회장은 교세라의 이나모리 가즈오 회장, 혼다자동차 창업주인 혼다 소이치로 회장과 함께 일본에서 가장 존경받는 3대 기업가 가운데 한 사람이다. 그는 아버지의 사업 실패로 초등학교를 4학년밖에 다니지 못했다. 그는 잘 배우지 못했기 때문에 늘 주위 사람들을 선생님처럼 생각하고 그들의 말에 귀를 기울였다고 한다. 그는 경청하고 배울 수 있었던 덕분으로 오늘의 자신이 있을 수 있었다고 하면서 경청을 통하여 배운 것을 하늘이 주신 3가지 은혜 중 하나라고 감사하였다고 한다.

버락 오바마Barack Hussein Obama는 미국의 첫 흑인 대통령이자 지역운동가 출신의 최초대통령이라는 두 가지 타이틀을 지니고 있다. 그는 상원의원 시절에도 소신 있고 똑똑한 사람들을 한 테이블에 모아 놓고 열정적인 토론을 벌이며 특히 자신과 정치철학이나 생각이 다른 사람들의 의견을 듣길 좋아했다.
그에게는 '최고의 경청자'라는 닉네임이 하나 더 있다. 미국에서 대통령 자리는 백인들의 전유물이나 다름이 없었다. 그런데 오바마는 이 불가능한 공식을 깨버렸다. 경청을 통하여 정적들도 내 편을 만드는 마법을 부린 것이다.

그는 미국 최초의 흑인 대통령이 되어 "하면 된다."는 것을 몸소 보여줌으로써 사람들에게 큰 용기를 심어주었다. 그는 재임 기간은 물론이고 퇴임 후에도 가장 존경받는 대통령으로 추앙받고 있다. 그의 가장 강력한 무기는 생각이 다른 사람들의 의견을 경청한 것이다.

남아프리카 공화국 최초의 흑인 대통령이자 흑인운동가인 넬슨 만델라Nelson Mandela는 종신형을 선고받고 27년간 복역하면서 세계인권운동의 상징적인 존재가 되었다. 그는 회의나 토론장에서 먼저 자기 생각이나 지론을 말하지 않았다. 참석한 사람들이 무엇을 말하려는지 듣기 위해 노력했다고 한다. 그런 과정에서 자신이 말하려고 하는 사안이나 문제점들이 대부분 그들의 입에서 표출되었으며, 만델라는 그저 경청한 사안들에 대해 동의하기만 하면 된다는 것을 깨달았다고 한다.

스티븐 코비의 자기계발서 『성공하는 사람들의 7가지 습관』 중에서 습관 5는 "먼저 이해하고 다음에 이해시켜라"이다. 상호 존중하는 환경을 조성하고 문제를 효과적으로 해결하기 위해서는 타인의 말을 경청하고 열린 자세를 가져야 한다. 이로써 상대도 같은 태도를 보이도록 유도할 수 있다.

"한 번 말하고, 두 번 듣고, 세 번 생각하라."

제36강
부정
〔에디슨의 긍정에너지〕

"그거 되겠어요?"

필자가 모 컨설팅 펌에 20여 년 가까이 종사했을 때 동료 본부장의 입에 밴 말이다. 매사에 부정적이다. 어느 옛날이야기가 떠오른다.

어느 아버지가 세 아들을 불러 소를 지붕 위로 올리라고 지시한다. 둘째와 셋째 아들은 "아버지 왜 그러세요? 아버지 혹시 낮술 드셨어요? 왜 멀쩡한 소를 외양간이 아니고 지붕 위에 올리란 말이에요 제정신이에요?"라면서 따르지 않았다. 첫째 아들은 "네, 아버지 잘 알겠습니다."라고 하면서 끙끙거리며 소를 지붕 위로 끌어 올렸다.

그러자 갑자기 폭풍우가 내리붓고 홍수가 났다. 순식간에 저지대에 있던 마을은 물에 잠기고 휩쓸려 나갔다. 아수라장이 된 여기저기에 닭과 돼지와 소들이 떠내려가고 있었다. 다행히 노인의 집 지붕 위에 있던 황소는 화를 면할 수 있었다.

소는 농촌에서 재산 목록 1위의 소중한 존재이다. 노인은 위기를 예측하고 선행관리를 아들들에게 지시한 것이다.

조직에서 생활하다 보면 말도 안 되게 상사나 부서장이 일을 시킬 때가 있다. 그때 한 발짝 물러서서 '왜?'라는 것을 3번 정도는 생각해 보자. 무슨 이유가 있겠지? 내가 모르는 특별한 목적이 있겠지?

때론 상사가 안 될 확률이 높다는 걸 알면서도 시키는 경우가 있다. 그런데 말이 떨어지자마자 "그거 되겠어요?"라고 부하직원이 대들면 상사는 그 직원에게 줄 기회를 박탈할 수밖에 없을 것이다.

다른 직원한테 똑같은 말을 했을 때, 긍정적인 직원은 "예! 한번 해 보겠습니다. 하다가 잘 안 되면 팀장님께 조언을 구해도 되겠습니까?"라고 할 것이다. 당신이 오너라면 어느 쪽에 점수를 줄 것인가?

혹시 안타깝게도 해보고 실패를 했더라도 그 직원은 실패한 것이 아니다. 도전적이고 긍정적인 직원으로 자기도 모르게 이미지가 포지셔닝 된다. 하지 않아서 결과가 제로인 것과, 해본 후 결과가 나쁜 것과는 천지 차이이다. 상사의 평가도 달라진다.

- 성공하는 사람들은 공통되게 긍정의 달란트를 가지고 있다.
- 부정적인 사람을 가까이하지 말라, 그로부터 얻을 것은 아무것도 없다.
- 나쁜 보스도 부하들에게는 '하면 된다.'라고 한다.

GE의 창립자 에디슨도 전기를 발명할 때까지 약 1,800회 가까이 실패를 했다고 한다. 에디슨은 그것을 실패라고 규정짓지 않았다. 단지 또 한 번의 실험이고 도전이라고 생각했다. 우리는 보통 서너 번 정도 해보고 안 되면 포기를 한다. 해 보지 않고 포기하는 것에 비하면 충분히 칭찬받을 만하지만….

만일 에디슨이 서너 번 정도 도전하고 포기했다면 우리는 전기 선물을 받지 못했거나 훨씬 세월이 흐른 뒤에 혜택을 받았을지도 모르는 일이다. 에디슨이 세계 최고의 과학자이자 경영자로 추앙받을 수 있는 비결은 바로 긍정이다. '안 되면 되게 하라!'의 군대의 슬로건이 떠오르는 것은 왜일까?

부정적인 사람에게는 사람이 꼬이지 않는다. 당신 같으면 긍정적인 사람과 관계를 맺고 싶지 부정적인 사람과 섞이고 싶겠

는가? 아직도 인간의 눈으로 봐서 이해가 되지 않는 것이 한둘이
아니다.

지금도 불가사의한 일들이 얼마나 많이 일어나고 있는가? 긍
정적인 생각과 행동을 하는 순간 신의 섭리는 작용한다.

부정적인 자신을 경계하라. 당신 안의 적을 물리쳐라!

제37강
걸음걸이
〔타이거 스텝〕

동물마다 각각 신체 조건에 어울리는 최적의 걸음걸이가 있다. 산중의 왕 호랑이에게는 타이거 스텝이 있다. 어깨와 다리의 간격을 최대한 좁혀 1자 형태로 보폭을 유지하며 걸어가는 타이거 스텝에서 호랑이의 균형감각과 긴장된 근육의 폭발력이 나온다. 산군山君다운 위엄이 걸음걸이로부터 비롯된다.

화려한 스포트라이트를 받으면서 런웨이 스테이지에서 균형 잡힌 늘씬한 몸매와 걸음걸이로 관객들을 매료시키는 패션모델. 그들 중의 한 명이 나라면 얼마나 멋지겠는가? 누구나 한두 번쯤은 상상해 봤을 것이다.

요즘은 자신의 외모와 이미지 관리를 위해 많은 돈과 시간을 들이고 신경을 쓴다. 매력적인 뒤태, 근육질의 든든한 보디Body,

그리고 다이내믹한 걸음걸이는 자신감의 상징이다. 그들은 매일 무수한 시선이 자신에게 꽂히고 있다는 사실을 알면서 묘한 쾌감을 느낀다.

리더에게도 리더의 스텝이 있다. 늘 어깨가 축 늘어져 있고 굽은 등에다 처진 엉덩이, 그리고 탄력 없는 팔자 걸음걸이가 당신의 뒤태라면 어떤 생각이 들까? 끔찍하다. 대부분 사람은 자신의 걸음에 대해 인식하지 못하고 무의식적으로 편하게 걷는 데에 익숙해져 있다. "자네 걸음걸이가 왜 그래? 힘이 너무 없는 것 같아. 왜 신발을 질~질~ 끌고 다녀?" 아주 친한 동료나 친구가 아니면 이러한 지적은 할 수 없을뿐더러 보고도 못 본 체한다.

문제는 이런 뒤태와 워킹 자세가 미관상은 물론이고 건강에도 나쁘다는 것이다. 균형 잡힌 체형과 매력은 바른 걸음걸이에서 나온다. 당당하고 멋진 걸음걸이는 모델들만의 전유물이 아니다. 당신은 매일 조직 안에서 상사와 동료 그리고 부하로부터 일거수일투족을 감시당하고 있다. 과연 당신은 어떤 뒤태와 걸음걸이로 평가받고 있을까?

뒤태가 멋진 사람은 걸음걸이에서 자신감이 넘쳐 나온다. 다이내믹한 워킹은 틀어지고 처진 체형도 바로잡고 균형 잡힌 몸매를 만들어 성적 매력도 되찾을 수 있다.

– 균형 잡힌 몸매와 매력적인 뒤태는 바른 걸음걸이에서 나온다.

– 모델의 워킹이 되어라.

– 리더의 다이내믹한 워킹은 든든한 버팀목의 상징이다.

워킹은 오른발과 왼발이 적절한 시차를 두고 교차하며 무게중심을 이동하는 것이라 정의된다. 자, 그럼 전문가들이 말하는 간단하고 올바른 워킹법을 배워 보자.

첫째, 전문가의 도움을 받아 본인의 걸음걸이에 대해 점검을 한다. 어깨높이가 안 맞거나 골반이 좀 틀어져 있거나 다리가 O자형으로 되어 있거나 하는 나쁜 자세들이 나타난다. 이러한 체형분석을 통해 올바른 워킹 자세를 연습하고 요가 등의 다양한 운동요법을 겸하여 노력하면 기대 이상의 체형 교정 효과를 볼 수 있다.

둘째, 모델처럼 균형 잡힌 걸음걸이를 연습한다. 걸음걸이의 시작은 발이 아니라 무릎을 스치듯이 교차하며 한쪽 무릎이 반대쪽 무릎보다 앞으로 먼저 나가고, 다음으로 무게중심이 앞으로 이동하면서 자연스럽게 발을 앞으로 내딛게 하는 것이 요령이라고 한다. 내디딜 때 무릎을 쭉 펴주면 된다.

단, 남자는 11자 워킹을 하는데 차렷 자세에서 오른발은 오른발 라인대로 왼발은 왼발 라인대로 나가면 된다. 여자는 1자 워킹으로 오른발과 왼발이 서로 교차하여 하나의 선위에 올려놓는 것이다.

올바른 걸음걸이는 건강미의 상징이며 자신감의 표출이다.

리더의 든든한 매력과 풍기는 아름다움은 지적인 면과 인간미로도 나타나지만 자기도 모르는 사이에 은밀하게 표출되고 있는 것은 정작 앞에서는 보이지 않는 뒤태와 걸음걸이이다.

모델의 워킹이 되어라. 다이내믹한 걸음걸이의 주인공이 되어보자.

제38강
패션
〔패셔니스타 벤저민 프랭클린〕

미국 100달러 지폐의 주인공, 건국의 아버지로 추앙받는 벤저민 프랭클린은 "나를 위해서는 잘 먹어야 하고 남을 위해서는 잘 입어야 한다."라고 설파했다. "신사, 숙녀 여러분!"이라고 하면 누가 떠오르는가? 어떤 훌륭한 분이 연상되는가? 바로 나다. 내가 신사이고 숙녀이다. 먼 나라의 얘기도 아니고 영화 속의 주인공도 아닌 내가 훌륭한 사람이고 신사 숙녀여야 한다.

우리는 모임이나 경사慶事에 초청받아서 참석할 때 여느 때보다 머리에 잔뜩 신경을 쓰고 가장 좋은 옷을 입고 잘 닦은 구두를 신고 간다. 집을 나서면서부터 자기도 모르게 사람들을 의식한다. 식장에서 지인들로부터 "야! 오늘 멋진데~"라는 소리라도 들을라치면 세상을 다 가진 기분이 든다.

공연장에 놀러 갈 때도 아무렇게나 꾸미고 대충 입고 가는 사람은 없다. 전혀 모르는 사람들이 모이는 곳에 가는데도 말이다.

하물며 회사는 수십 명, 수백 명 이상의 사람들이 모여 매일 각자 최고를 자랑하는 합동 공연장이다. 직장은 다 아는 사람들의 공개 공연장이다. 말투 하나하나, 인상과 표정 그리고 차려입은 모습에 대해 매일 매일 자기도 모르게 평가를 받고 있다. "10점 만점의 10점"은 받지 못해도 최소한 7~8점은 받아야 하지 않겠는가? 명색이 팀장인데….

- 옷을 못 입은 자는 미덕을 헐벗은 자이다. (벤저민 프랭클린)
- 패션은 외적 표현과 커뮤니케이션의 완성이다.
- 패션 감각은 리더의 또 하나의 요구조건이다.

지금은 며칠간 잠복근무하여 덥수룩한 수염과 머리, 점퍼 쪼가리를 입은 특별 수사본부의 형사님이 결코 미덕이 될 수 없다. 신사와 숙녀는 반듯한 외모에 잘 손질된 헤어스타일Hair style에 잘 차려입은 옷을 입고 세련된 구두를 신은, 예절과 신의를 갖춘 교양 있는 사람에 대한 존칭이다. 자기를 잘 가꾸어야 한다. 옷을 잘 입어야 한다. 너무나 오래 입어서 누런 와이셔츠와 소매 끝이 닳은 양복. 이건 절약이 아니라 지지리 궁상이다. 나를 위해서 정말이지 잘 입어야 한다. 인생의 주인공은 나다.

꼭 비싼 옷을 입고 새 옷을 걸치라는 말이 아닌 것쯤은 알 것이다. 요즘은 잘 찾아보면 좋은 옷을 얼마든지 구할 수 있다. 백화점이나 아울렛은 거의 연중 세일 행사를 하고 있다. 시간을 투자하고 좀 더 발품을 팔면 당신도 패셔니스타Fashionista가 될 수 있다.

이것도 싫다면 멋진 패션 감각이 있는 배우자를 만나는 수밖에 없다. 아니면 큰돈을 들여 코디네이터를 고용하든지…. 그도 안 되면 예쁜 스타일의 옷을 권해주는 애플리케이션도 많다. 요즘 스마트폰이 괜히 100만 원이 아니다. 스마트폰을 100배 활용해라!

요즘은 밝은 분위기와 일하기 좋은 직장을 만들려는 취지로 정장이 아닌 자율 복장으로 출근하는 회사가 많다. 지금까진 정장 몇 벌과 와이셔츠 몇 장이면 무난했는데 자율 복장 전환으로 인해 서로들 패션에 신경 쓰느라 고민이 참 많다. 내 몸에 잘 어울리는 옷을 입는 것도 많은 시행착오와 연습이 따른다. 이런 연유로 패션치장에 드는 비용도 만만치 않게 늘었다. 그렇지만 꾸미는 즐거움, 잘 차려입어 느끼는 만족과 행복을 생각하면 기꺼이 감수할 수 있다.

팀장님 오늘 멋진데요.*^^*
당신은 지금부터 패셔니스타(Fashionista)! 매력적인 리더로 거듭났다.

제39강
구두
[신사의 품격]

구두는 구두 이상의 자존심이다. 잘 닦은 번쩍이는 구두를 신으면 기분이 좋아지고 한층 걸음걸이가 가벼워진다. 무언가 잘 모르지만 일에 자신감이 붙는다. 사람들과의 대화도 매끈 해진다. 왜일까? 구두는 자신의 인간적 위엄을 지키려는 신사 Gentleman의 품격이기 때문이다.

구두닦이 아저씨는 세상을 구두를 통해 바라본다고 한다. 항 상 지나가는 사람들의 구두만 눈에 들어온다. 흙 묻은 구두, 광 택이 없어진 구두, 먼지가 뽀얀 구두, 구두 굽이 다 닳은 구두…. 구두닦이 아저씨는 사람들의 구두 상태를 보고 그 사람의 직업 이나 사회적 지위를 어느 정도는 가늠한다고 한다. 살짝 무섭고 두려워진다.

예전에는 새 구두 사기가 많이 힘들었다. 그래서 큰 식당이나 장례식장에서 구두가 없어지는 일이 심심찮게 발생하였다. 팩트 Fact는 구두를 '훔쳐간 것'이 아니라 새 구두와 '바꿔 신고 간' 것이다. 그나마 인정머리 있는 도둑인가? 요즘도 가끔 식당에서 "구두를 잃어버리면 책임을 못 집니다."라는 문구를 볼 수 있다. 구두를 담을 비닐봉지를 나눠주는 식당도 있다.

필자도 모 그룹사에 입사하여 신입사원 환영식을 어느 큰 불고기 전문점에서 했는데 회식을 마치고 나서 아무리 찾아도 내 구두는 보이질 않았다. 손님들이 다 나가고 그 식당이 문을 닫을 때까지 기다려 내 구두를 찾았으나 보이지 않았다. 아니 한 켤레가 있긴 있었다. 몇십 년은 신었을 똥 구두 한 켤레….

취직기념으로 큰마음 먹고 멋진 구두를 한 켤레 장만했는데, 딱 하루만 신고 새 구두가 탐난 사람에게 몰래 교환 당한 것이다. 똥 구두를 신고 집에 오는 기분이 말할 수 없이 안 좋았는데, 지금 와서 생각해 보면 이해할 만도 한 것 같다. 똥 구두 주인님 이제 용서합니다. 지금은 새 구두 장만하여 잘 신고 있겠죠?

- 잘 닦은 구두는 구두 이상의 자존심이다.
- 구두는 패션의 완성이다.
- 리더의 구두는 신사(Gentleman)의 품격을 나타낸다.

구두는 패션의 완성을 담당한다. 잘 차려입은 옷에다 번쩍번쩍 빛나는 구두까지 받쳐준다면 그야말로 금상첨화다. 패션의 완성, 품격의 완성, 나아가 자신감의 완성이다. 구두는 관리자의 자존심이다.

"건강한 신체에 건강한 정신"이라는 명언처럼 존경받는 관리자의 첫 번째 조건을 이행하라. 먼저 구두를 닦아라. 그다음에 내면의 역량을 발휘하라. 고객을 처음 만나는 결정적인 순간에 오랫동안 닦지 않은, 주저앉은 구두코를 보여 줘야겠는가? 음료수를 흘린 자국이 있는, 음식물 찌꺼기 묻은 구두를 보았다면 과연 믿음이 가겠는가?

공교롭게도 신발을 벗고 식사를 해야 하는 곳에 가서 또 당신의 이미지와 자존심을 구겨야 하는가? '구두도 우중충하게 신고 다니는데 과연 나와 일을 얼마나 매끄럽게 잘할까?'라고 생각할 게 뻔하다.

CSCustomer Satisfaction경영에서는 '100−1=0'이라고 한다. 여러 부분을 충족했지만 하나의 결함 때문에 비즈니스를 망친다는 것이다.

아휴! 구두 좀 닦을 걸, 닦는 데 얼마 하지도 않는데… 이거 창피해서.

잘 닦은 구두 덕분에 구두 닦는 분들의 수입과 아이들의 용돈이 좀 올라갔으면 좋겠다. 번쩍거리는 내 구두에 파리가 앉다가 슬라이딩하여 이마가 깨지는 걸 보고 씨~익 웃어보자.

제40강
겸손
〔소왕昭王의 겸손〕

연燕 나라 소왕昭王은 왕위에 오르자 스스로 몸을 낮추고 남을 후대해서 어진 자를 불러들였다. 그는 제齊나라에 당한 수모를 갚기 위해 곽외郭隗 선생을 찾아가 물었다.

"제나라가 우리나라의 내란을 틈타 침입하여 나라가 위태로워졌습니다. 우리 연나라는 작고 힘도 모자라 복수하기에는 부족하다고 여기나, 그래도 능력 있는 사람들을 모아서 나라를 함께 일으켜 선왕의 치욕을 씻어야 한다고 봅니다. 이것이 나의 소원입니다."

곽외 선생은 이렇게 말하였다.

"제왕(帝王)은 스승과 함께 사귀며, 왕자(王者)는 친우와 함께 사귀며, 패자(覇者)는 신하와 함께 사귀며, 나라를 망칠 자는 역부들과 함께 사귄다고 하였습니다. 몸을 굽혀 남을 스승으로 모시고 제자가 되어 학문을 배우면 자기보다 백 배 나은 자가 찾아오는 법입니다. 그다음 먼저 달려 나와 일하고 나중에 쉬며, 먼저 묻되 나중에 아는 척하면 열 배 나은 자가 찾아옵니다. 남이 달려 나가 일할 때 나도 달려 나가 일하면 자기와 같은 자가 찾아옵니다. 의자에 앉아 지팡이에 기대어 거드름이나 피우고 눈을 부라리면서 일만 시키면 그저 마구간 잡부 정도나 찾아오겠지요. 미워하고 방자하고 핑계 대며 꾸짖기만 할 줄 아는 자에게는 노예들이나 겨우 찾아오는 법입니다.

이상은 예로부터 내려오는 도에 복종하여 선비를 모으는 방법입니다. 왕께서는 진실로 나라 안팎의 인재를 널리 모으시려거든 그 문하에 몸을 굽혀 찾아가십시오, 천하가 왕이 그렇게 겸손히 어진 자를 구한다는 것을 알게 되면 훌륭한 선비들이 틀림없이 우리 연나라에 몰려올 것입니다."

소왕이 다시 물었다.

"그럼 제가 우선 누구에게 먼저 찾아가는 게 좋을까요?"

곽외는 이렇게 비유를 들었다.

"제가 옛날얘기를 하나 해 드리지요. 옛날 어떤 임금이 일천 금으로 천리마를 구하려 하였지만 3년이 넘도록 구하지 못하였습니다. 그때 궁중에서 청소하는 자가 임금에게 찾아가 '제가 구해 오겠습니다.'라고 하더라는 것입니다. 왕이 그를 보냈더니 과연 석 달 만에 천리마를 구하였습니다. 그러나 그 말은 죽은 말이었고 그자는 죽은 말을 오백 금에 말머리를 사서 돌아와 임금에게 보고하는 것이었습니다. 임금은 크게 노하며 꾸짖었습니다. '내가 구하는 것은 산 말인데 죽은 말을 어찌 오백 금이나 주고 사 왔단 말이냐?' 그러자 그 청소부의 대답은 이러하였습니다. '죽은 말도 오백 금이나 주고 사는데, 하물며 살아 있는 말이야 어떻겠습니까? 천하가 틀림없이 대왕은 말을 살 줄 안다고 여기고 곧 좋은 말이 모여들 테니 두고 보십시오.' 과연 1년이 넘지 않아 천리마가 3필이나 들어왔습니다. 지금 대왕께서 진실로 선비를 모으고 싶거든 저로부터 시작하십시오. 저 같은 자도 섬김을 받는다면 하물며 저보다 어진 자들이 가만히 있겠습니까? 어찌 천 리가 멀다 하겠습니까?"

이에 소왕은 곽외 선생을 위해 집을 지어주고 스승으로 모셨다. 그로부터 악의가 위나라로부터, 추연이 제나라로부터, 극신이 조나라로부터 찾아오고 많은 인재가 다투어 연나라로 몰려들었다. 연왕이 죽은 자를 조문하는 일이나 백성의 생활을 빈틈없이 살피며 백성과 고락을 함께하자 28년 만에 나라는 부강해지고 군대는 안락하면서도 싸움을 두려워하지 않았다. 이에 연나라는 악의를 상장군으로 삼고 진, 초, 삼진 등과 연합하여 제나라를 토벌하였다. 제나라는 대패하고 민왕은 도망하였다. 연나라는 직접 제나라의 서울 임치를 점령하여 보물을 빼앗고 궁전과 종묘를 불살라 버렸다.

겸손은 인간이 갖추기 가장 힘든 덕목이다. 벼도 익으면 자연스럽게 고개를 숙이는데 사람은 위로 올라갈수록 어깨에 힘이 들어가고 고개가 자꾸만 뻣뻣해지며 얼굴은 거만해진다. 왜일까? 진정한 겸손은 몸을 낮추지 않아도 될 때 낮추는 것이다.

- 벼는 익을수록 고개를 숙인다.
- 진정으로 용기 있는 사람만이 겸손할 수 있다.
- 몸을 낮추는 자만이 남을 다스릴 수 있다. (명심보감)

훌륭한 리더로 성장하려면 자기의 능력과 역량도 중요하지만, 주위에서 도와주는 사람들이 더 중요하다. 도와주는 사람들이 몰려오게 하는 방법은 겸손이다.

제3편

리더의
업무역량

성경에 '심은 대로 거둔다.' '눈물을 흘리며 씨를 뿌리는 자는 기쁨으로 거두리로다.' 라는 구절이 나온다. 하루아침에 열매를 맺는 나무는 없다. 좋은 나무가 되고 풍성하고 달콤한 열매를 맺기 위해서는 혹독한 눈보라와 심한 폭풍우를 견뎌내고 한여름의 뜨거운 햇볕까지 참아내야 하듯이 부단한 노력과 역량이 없으면 성과를 기대할 수 없는 법이다.

"콩 심은 데 콩 나고, 팥 심은 데 팥 난다." 리더는 매일 씨를 뿌리고 부단하게 가꾸어 열매를 따게 하는 사람이다. 뿌리지 않은 데서 결코 거둘 수 없으며, 가꾸지 않은 데서 풍성한 수확은 절대 기대할 수가 없다.

리더가 가져야 하는 요구역량은 참 많다. 리더의 요구역량과 성과는 일치하며 늘 비례한다. 운이 좋아서 한두 번 정도는 성과를 낼 수도 있을 것이다. 운도 한두 번이다. 언제까지 운에 매달리고 요행을 바랄 수는 없지 않은가?

요구역량은 매일 새로운 무기를 장착하듯이 하나하나 겸비해 나가야 하며, 기존에 가지고 있는 역량일지라도 가만히 두어서는 안 된다. 두는 순간부터 녹이 슨다. 나와 내 조직을 위해 매일 역량을 갈고 닦아야 한다.

나는 지금 어떤 씨를 뿌리고 있는가? 그리고 어떤 열매를 기대하는가? 나는 과연 얼마나 큰 그릇인가?

공유
[조조와 여백사]

조조가 동탁에게 패하여 쫓겨 다니다가 다행히도 조조의 아버지인 조숭의 절친한 지인이었던 여백사의 집에 가서 은신하게 된다. 여백사는 장차 황제가 될 조조를 알아보고 크게 환영했고 정성을 다해 조조를 극진히 받들었다.

조조는 쫓겨 다니느라 누리지 못한 사람다운 대접에다 따뜻한 밥을 먹고 오랜만에 좋은 잠자리에서 잘 수 있었다. 몇 날 며칠을 잠 한숨 자지 못하고 도망 다니는 신세였기 때문에 조조는 자리에 눕자마자 바로 잠에 곯아떨어졌다.

한참 잠을 자고 있는데 바깥에서 이상한 소리가 들렸다. 쫓기는 처지라 늘 조심하지 않으면 죽을 수도 있는 위기가 닥치기 때문에 조금의 이상한 낌새라도 있으면 눈과 귀를 동원해 극도로 경계하지 않을 수 없었다. 그런데 아니나 다를까 문밖에서 칼 가는 소리가 들리지 않는가?

'그럼 그렇지! 이놈이 나를 죽이려고 칼을 갈아? 나를 안심시켜 놓고 내가 잠든 사이에 나를 죽이려고 감히 이놈이.'

조조는 화를 참지 못하고 칼을 빼 들어 여백사를 가차 없이 죽였다. 그리고 나서도 분을 삭이지 못해 여백사의 남은 8명의 가족까지 몰살시켜 버렸다. 그런데 이성을 되찾고 순식간에 일어난 참살의 현장을 돌아보다 보니, 바로 옆에 돼지 한 마리가 묶인 채 발버둥을 치고 있지 않은가? 아차! 순간 조조는 일이 크게 잘못되었다는 것을 느꼈다. 여백사는 조조를 대접하기 위해 돼지를 옆에 묶어 놓은 채 칼을 갈고 있다가 참변을 당한 것이다. 지금도 중국은 귀한 손님에게 돼지를 잡아 대접하는 풍습이 있는데 그 당시도 그랬다.

"맞아! 자는 사람을 죽이겠다고 방문 앞에서 시끄럽게 칼을 갈 사람이 어디 있겠는가?"

조조는 심신이 쇠약해진 데다 잠까지 자고 있었던 관계로 판단 착오를 한 것이다.

"으음…. 이 일을 어째? 은혜를 살인으로 갚다니?"

정보를 공유하지 못한 대가는 너무나 컸다. 일가족이 몰살당하는 대참사가 일어나고 만 것이다. 후에 황제가 된 조조는 너무나 죄책감이 들어 그곳에 여백사를 기리는 사당을 지어주었다고 한다. 그런데 사당이 무슨 소용이란 말인가? 죽고 없어졌는데…. 조조가 잠들기 전에 여백사가 "장군님 편히 쉬세요. 주무시는 동안 제가 돼지를 잡아 맛있는 요리를 준비하겠습니다."라고 한마디만 했었다면, 아마 여백사는 훗날 빛나는 재상의 자리를 꿰차게 되었을 것이다.

특히 조직의 리더는 공유를 잘해야 한다. 세상의 모든 짐을 진 것처럼 항상 심각한 상사가 있다. 당신은 십자가를 진 예수가 아니다. 때로는 회사와 조직 내의 좋지 않은 내용도 공유할 수 있어야 한다. 리더로서 혼자서 끙끙 앓고 고민해야 할 부분도 분명 있겠지만, 혼자 고민하는 것보다 구성원들에게 공유하여 해결책을 구하는 것이 훨씬 더 좋은 결과를 가져올 수도 있다. 어느 쪽이 더 현명한 리더인가?

- 공유는 조직을 발전시키고 건재하게 하는 강력한 선물이다.
- 공유는 하면 할수록 사람의 마음을 내 편으로 만든다.
- 리더와 부하 관계의 질은 공유로부터 시작한다.

시너지 효과Synergy effect는 단일한 기능이 다중으로 상호 작용하게 되어 얻는 효과로 '상승효과'라고도 한다. 공유된 정보는 조직 에너지의 폭발력을 강화하는 촉매이다. 산수에서 1 더하기 1은 2이지만 인간관계에서는 다르게 나타난다. 인간관계는 산술적으로 이해하기 힘든 2 이하가 되거나, 2천, 2억 이상의 엄청난 시너지가 나타나기도 한다. 운이 안 좋게도 삶에서 나쁜 사람을 만나면 큰 손실을 보거나 큰 낭패에 빠진다. 다행히도 좋은 사람을 만나면 2 정도가 아닌 2천, 2억 이상의 큰 시너지를 창출할 수 있는 것이 바로 인간과 산수와 다른 점이다.

마음이 맞는 사람 3명이 모이면 건국建國도 한다고 하지 않던가? 유비, 관우, 장비의 도원결의桃園結義가 주는 깨달음을 당신도 익히 알 것이다. 300명, 1,000명이 나라를 만드는 것이 아니다. 그런데 하물며 우리 조직에서 5명, 10명의 팀 구성원들이 마음만 맞는다면 그리고 공유를 잘한다면 무엇을 도모하지 못하겠는가?

마음이 맞는 전제 중에 가장 중요한 것이 바로 '공유'이다. 공유는 사람을 가깝게 한다. 공유는 신뢰를 창출한다. 공유는 시너지Synergy를 배가시킨다. 공유하는 순간 신의 섭리가 작용한다. 공유하면 할수록 오해와 곡해가 사라지고 사람의 마음을 내 편으로 만드는 마력을 발휘한다. 그렇지만 우리는 공유를 참 힘들어한다. 아니 공유하기 싫어한다. 마치 공유를 하면 자신의 노하우를 다 빼앗기고, 자신이 선점해야 할 자리나 위치가 불안해지고 자신이 획득해야 할 파이가 작아진다고 생각한다. 기우를 떨쳐버려라.

공유는 하면 할수록 영화배우 '공유'처럼 인기 있는 리더가 될 것이다.

문제 회피
〔꿩의 해결책〕

꿩은 야생에서 서식하는 조류들 가운데 덩치가 아주 큰 편에 속한다. 장끼(수꿩)는 닭보다도 몸집이 커서 먹을 게 많다. 필자는 시골 출신이라 젊었을 때 꿩을 잡아먹을 기회가 종종 있었다. 그 당시에는 다들 형편이 안 좋아서 고기를 먹을 기회가 많지 않았다. 고기를 돈 주고 사 먹기 힘든 시절이었기에 꿩고기는 자연이 주는 큰 선물이곤 했다.

꿩은 몸이 무거워서 위험에 닥쳤을 때 바로 날지 못하는 치명적인 단점을 가지고 있다. 비행기처럼 이륙하는 데 상당한 노력, 즉 수십 회 스텝을 밟아 가속을 붙여야 한다. 그런데 갑자기 포수가 나타나 꿩을 잡으려고 하면 미처 비행 준비를 못 하고 허겁지겁 도망을 간다. 바로 날 수 있으면 목숨을 건질 텐데, 그럴 시간이 없다. 꿩의 걸음이 아무리 빨라도 포수의 걸음을 이길 수는 없다.

그때 꿩의 창의력(?)이 발휘된다. 풀숲에 대가리를 처박는다. 도망을 다니다 애가 타면 도망가는 것을 포기하고 몸을 숨긴다. 닭의 머리가 좋지 않다며 머리 나쁜 친구에게 '닭대가리'라고 대놓고 무시해서 종종 싸움이 일어나기도 한다. 그런데 '꿩 대가리'도 만만치 않다. 꿩은 자신의 그 작은 대가리를 풀숲에 숨기면 자기 몸뚱이가 다 숨겨진 것으로 착각한다. 포수는 비싼 실탄의 낭비와 큰 수고 없이 큰 선물을 받게 된다. 그날 저녁에 배고픈 포수 가족의 식탁 위에는 맛있는 꿩 요리가 올라와 있을 것이다.

문제問題는 해결解決하라고 생기는 것이다. 문제가 생기지 않기를 바랄 수는 없다. 대통령 가정이라고 문제가 없고 못사는 가정이라고 문제가 많다는 것에 누구나 동의할 수 없을 것이다.

– 문제는 공평하게 온다. 관건은 어떻게 해결하는가이다.

– 일은 곧 문제를 수반한다. 일하지 않으면 모든 것이 문제가 된다.

– 사람들은 문제를 회피하거나 도망간다. 그러나 리더는 문제를 즐겨야 한다.

대기업은 문제가 없고 소기업은 문제투성이라고 생각할 수도 있다. 사람 사는 세상에는 항상 문제가 나타난다. 그 문제란 놈이 언제 찾아올지, 얼마나 클지에 다소 차이가 있을 뿐이다. 사전에 선행관리를 잘하고 좀 더 신경을 쓴다면 문제에 봉착할 확률이 현저히 낮아지기는 한다. 관건은 문제의 해결방안이다.

갈등葛藤은 '칡 갈葛' 자에 '등나무 등藤' 자로 표현되는 단어이다. 칡을 캐어 본 사람이거나 수십 갈래로 꼬이고 뒤엉킨 등나무를 한 번이라도 본 사람이라면 결코 풀기가 쉽지 않다는 것을 느낄 것이다. 리더가 존재存在하는 이유가 여기에 있다. 조직의 갈등을 어떻게 풀어나갈 것인가? 포기하지 말고 도망가지 말라! 도망간다고 문제가 해결된다면 나부터 도망갈 것이다.

문제해결에는 2가지 방법이 있다.

첫째, 문제를 직시하라. 그리고 문제에 정면으로 부딪쳐라! "신은 인간이 극복할 만한 문제만 주신다!"고 한다. 난관에 봉착했더라도 절대 포기해서는 안 된다. 하늘이 무너져도 솟아날 구멍이 있다고 하지 않던가? 문제를 정면으로 대응하는 순간 신의 섭리가 작용한다.

둘째, 시간적인 대응이다. 곪아가는 환부를 내버려 두면 나중에는 돌이킬 수 없는 결과를 맞게 된다. 지혜로운 리더는 먼저 시간적 측면을 고려하면서 방법을 찾을 것이다.

"문제에 봉착하면 노인 3명을 찾아가라!"라는 중국속담이 있다. 노인 3명은 오래 살면서 어떤 문제라도 다 경험을 해봤을 것이고, 문제 극복의 솔루션을 가지고 있다는 뜻이다. 관리자는 노인 3명처럼 많은 문제와 경험을 해 온 사람이다. 시간이 날 때마다 자신의 성공 경험과 실패 사례를 직원들과 공유해야 한다.

당신은 리더이다. 꽁무니를 빼지 말고 당당히 맞서라! 문제를 극복하는 순간 인생에 또 하나의 문이 열린다! 문제는 해결하라고 있는 것이다.

워커홀릭Workaholic
[보고서 들고 앰뷸런스]

"저기~ 저기~요. 119~ 119 좀… 119! 제발…."

오늘은 컨디션이 영~ 좋지 않아 좀 일찍 퇴근해야겠다. 어제 일도 좀 있었고….

오랜만에 저녁 7시에 사무실을 나왔다. 몸은 피곤하지만 그래도 오랜만에 일찍 퇴근하는 기분이 좋았다. 3호선에서 9호선을 갈아타고 가는데 점점 몸이 극도로 피곤해져 왔다. 평소에 좀처럼 지하철의 자리를 탐내지 않았는데, 오늘따라 어서 자리가 나길 기다리고 있었다. 이윽고 노량진역!

사람들이 많이 내린다. 내 앞에 자리가 생겼다. 휴 다행이다~. 이제 앉아서 갈 수 있겠는걸. 얼른 가서 먹고 잠 좀 자야지.

그런데 피곤하던 몸이 갑자기 숨을 못 쉴 것처럼 가슴이 콱 막히고 아주 강하게 통증이 일어났다. '왜 이러지? 뭐지?' 하는 순간 어젯밤의 일이 떠올랐다.

어제 직원들과 모처럼 회식을 하였는데 평소와는 다르게 컨디션이 안 좋아 10시 정도에 자리에서 먼저 일어났다. 직원들도 평소와 다른 나의 모습에 갸우뚱하며 "그럼 들어가서 쉬세요."라고 인사를 건넸다.

그런데 지하철에서 지금과 같이 숨이 차고 통증이 일어났다. '아! 심장 관련된 큰 문제가 생겼구나.' 생각하면서 바로 자리에서 일어나 전철 문 앞으로 갔다. 혼자서 여의도성모병원으로 달려갈 심산이었다. 고통을 겨우 참으면서 문이 열리고 몇 발짝도 못가서 그만 쓰러졌다. '정신은 말짱한데 가슴이…, 가슴이 너무 아프다.'

"학생! 학생~! 119, 119 좀 불러줘요."

몇 명의 승객들 중 젊은 청년을 가리키며 119를 불러 달라 사정을 했다. 모 협회에서 본부장으로 재직하다가 미국계 회사의 CEO로 오게 되고 한 달이 채 되지 않아 일이 닥친 것이다. 책임감과 사명감에 석 달 정도 밤낮없이 일했다. 청춘을 불살랐던 이 협회에 마지막 성과를 내려고 몸부림치고 회사에 오자마자 사업계획 작성과 역동적인 사업 전개를 했다.

지하철 대리석 바닥에 쓰러져 누워 있으면서, 아! 이러면 안 되는데, 안 돼…. 딸아이들과 집사람의 얼굴이 스쳐 지나간다. 드디어 119가 오고 목숨을 건졌다. 그 이후로 나의 워크 라이프의 밸런스는 갖춰지기 시작했다. 죽을 것 같은 경험을 하고 난 다음 말이다.

오츠 슈이치의 『죽을 때 가장 후회하는 스물다섯 가지』 중 열번째 후회가 「죽도록 일만 하지 않았더라면」이다.

일만 한다고 생산성이 높아지고 성과가 파격적으로 나타나지 않는 것을 우리는 각종 통계 데이터를 통해 잘 알고 있다. 그런데 왜 일에 빠져 있는가? 한국의 노동생산성은 미국이나 독일의 절반밖에 되지 않는다. 잘 놀아야 한다. 잘 쉬어야 한다. 여유와 여가는 중장기적으로 볼 때 더 큰 생산으로 돌아온다.

- 일하는 시간과 성과는 반비례한다.
- 여유와 여가는 생산성을 배가시키는 마력을 가지고 있다.
- 리더여, 죽도록 일만 하지 말라.

S그룹의 부장의 슬픈 사연이다. 어느 회사의 관리자보다도 열심히 일한 게 죄다. 퇴직하고 보니 아이들도 성장하여 놀아 주지 않는다. 아내도 "언제 당신이 날 챙겼냐고 일이 마누라였지"라고 한다. 만날 친구만 만나러 나간다.

밖에 나가도 마찬가지다. 십수 년 만에 동문회에 나갔다. 동기들을 보니 반가웠다. 그런데 싸늘하다. "어이! 김 부장, 여긴 웬일이야? 모임에 코빼기 한번 비추지 않던 자네가…. 우리보다 회사가 더 중요하잖여~"

아! 열심히 일한 대가가 이거란 말인가? 처자식에게 외면당하고 사회로부터도 왕따를 당한 현실을 누가 어떻게 보상해 줄 수 있겠는가 말이다.

일벌레와 도전에는 많은 차이가 있다. 일벌레는 일에만 빠져 있고 일에서 벗어나면 불안해서 견딜 수 없는 사람이다. 반면에 도전하는 사람은 일의 양을 떠나서 늘 다음 단계의 목표를 가지고 나아가는 사람을 말한다.

일벌레는 일하지 않으면 견딜 수 없는 스트레스를 느낀다. 휴일에 집에서 쉬면 안달이 나는 사람들이 있다. 그들은 몇 시간이라도 회사에 나가 일을 해야 직성이 풀린다고 한다. 일의 노예와 다르지 않다.

좀 놀걸? 좀 여유를 가져 볼 걸…. 후회하지 말자.

당장 눈앞에 보이는 일을 해야 한다면 단기적 성과를 낼 수 있겠지만, 더욱 큰 성과를 꿈꾼다면 쉬어라. 지금 당신의 뇌는 과부하에 걸려있다. 그것을 당신 자신만 모를 뿐이다. 뇌를 재충전시켜라! 그러면 당신의 뇌는 보다 큰 것을 도모할 것이다.

제44강
질문
〔질문의 마법〕

유대인 엄마들은 아이가 학교를 다녀오면 다음과 같이 물어본다.

"오늘 어떤 것들을 질문했니?"

질문은 인간의 창의력에 마법을 거는 주문이다. 적절한 질문은 사람들에게 기존의 방식과 방법을 멈추게 하고 가정과 추정, 그리고 자신의 소신과 신념이 묻어나는 문제를 제기하게 만든다.

상사들이 착각하는 것 중의 하나가 '잘 가르치면 그만'이라는 생각이다. 어느 정도는 맞는 말이다. 그렇지만 OJT는 정형화된 업무 방식을 가르칠 뿐이다. 조직은 늘 혁신과 변화를 요구한다. 혁신과 변화는 단순한 OJT의 굴레 바깥에 존재한다.

이 혁신과 변화에 대한 답은 바로 커뮤니케이션이다. 큰 커뮤니케이션의 방법인 회의나 두세 명이 하는 작은 소통의 목적은 새롭고 획기적인 아이디어를 도출하는 것이다. 아이디어는 트레이닝이 불가능하다. 수많은 커뮤니케이션과 질문을 통해 창출된다.

- 가르치는 것보다 질문하라.
- 좋은 질문은 새로운 아이디어를 낳게 한다.
- 리더의 질문은 구성원들을 춤추게 할 수 있다.

『질문을 디자인 하라』의 저자인 필 매키니Phil mckinney는 책에서 다음과 같이 말한다.

"왜 질문하는가? 나는 질문이 좋고 나쁨을 떠나, 질문에는 강력한 힘이 있다는 사실에 매력을 느껴왔다. 질문에 대해 생각하면 할수록 사람들이 질문을 어떻게 사용하는가에 주목하게 되었다. 그러다 보니 질문을 통해 새로운 아이디어를 발견하게 만드는 선천적인 능력을 갖춘 이들과 나쁜 질문을 잘못 던져 상대가 귀를 닫아 버리게 만드는 사람들이 어떻게 행동하는지를 살펴보기 시작했다.

그 결과 좋은 질문은 사람들이 대답하기 전에 생각하도록 만들고, 전에는 미처 파악하지 못했던 문제의 새로운 답을 떠올리게 해 준다는 것을 알았다. 또 좋은 질문을 하는 법과 나쁜 질문의 함정을 피하는 방법에 대해서도 생각하게 되었다. 잘못된 질문

기술은 뭔가 긍정적인 일을 하고 있다는 착각을 하게 만들지만, 사실은 그 반대인 경우가 많았다.

우리 아이들은 답을 모르는 것을 부끄러워하거나 두려워하지 않는다. 오히려 신이 나서 답을 찾는다. 이런 태도는 내가 일을 하면서 목격한 많은 직장인의 모습과 상반된다. 상사의 말에는 반드시 따라야 하고 '모른다'라고 말하면 자신의 커리어에 부정적인 영향을 미칠까 봐 걱정하는 사람들 말이다. 이런 사람들이 자신이 좋은 질문을 하는 방법과 답을 찾는 방법을 모른다는 사실을 인정하기만 해도 좋겠다."

위에서 필 매키니가 설파했듯이, 질문은 사람을 움직이게 하고 기존의 고착된 사고를 벗어나게 한다. 주도적인 생각과 행동을 하게 만드는 혁신과 변화를 위한 마중물이다. 따라서 리더가 가져야 하는 덕목 중 하나도 좋은 질문을 던지는 것이다. 단순히 가르치기만 하는 것보다 좋은 질문을 던져라. 전혀 예상치 못한 엄청난 반응과 결과로 되돌아올 것이다.

좋은 질문은 참신한 아이디어를 낳고, 이것을 통하여 혁신적인 성과를 창출하며, 삶의 의미와 보람을 얻을 수 있게 된다.

업무지시
[잘 시켜야 잘 한다!]

일할 때 제일 짜증스럽고 힘든 스타일 중 하나가 업무를 명확하게 지시하지 않는 상사이다. 명확한 업무지시는 일 효율 및 높은 성과와도 직결되는 것이다. 즉 명확한 업무지시는 일의 대부분을 이미 처리한 것과 같다고 할 수 있다.

"야, 이 쉬운 것도 이해 못 했어? 그럼 내가 어디까지 설명해야

하는 거야. 내가 직접 하는 편이 낫겠다."

"네, 잘 알겠습니다."

상사의 핀잔에 대답부터 하고 일단 물러 나온다. 그런데 곰곰이 생각해 보면, 참 이상한 대화다. 이해도 못 했는데 뭘 잘 알았다는 것인지? 사실 부하직원이 상사의 모든 지시내용을 잘 이해하지 못하는 것은 어쩌면 당연한 일이다. 그러나 부하가 상사의 지

시에 대해 다시 꼬치꼬치 묻기는 참 힘들고 곤란할 수밖에 없다.

명확하게 업무지시를 받지 못한 직원은 그때부터 밥맛이 없어지고 혼란에 빠진다. 지시의 요지와 내용을 파악하느라 쓸데없는 시간만 보내고 하지도 못한 일의 결과를 생각하면 스트레스 강도는 이루 말할 수 없이 증폭된다. 물론 때로는 모호한 지시가 좋을 수도 있다.

"음 나도 잘 모르겠는데 김 대리가 한번 해 봐! 김 대리는 좀 다르잖아?"

이러한 지시 아닌 지시는 부하의 아이디어의 폭을 넓혀주고 자율성을 가지고 자기의 역량을 마음껏 펼쳐볼 수 있는 계기가 될 수도 있다. 그런데 이러한 상황은 극히 일부이며 업무의 지시영역이라기보다 상품과 서비스의 개선, 신상품 개발 등으로 명확한 업무의 결과를 예측하고 하는 지시와는 사실 좀 차이가 있다.

- 애매모호한 지시는 대충 일하는 부하를 만든다.
- 명확한 업무지시는 이미 절반 이상의 성과를 창출한 것과 같다.
- 시키지 말라 먼저 동의를 얻어라. 그러면 그는 기꺼이 할 것이다.

상사의 주요 책무는 부하들에 대한 업무 분담과 지시, 관리 그리고 피드백이다. 일의 결과에 결정적인 영향을 끼칠 수 있는 것이 업무지시의 명확성이다. 명확한 업무지시가 없이는 피드백이 좋을 수 없으며, 긍정적인 결과도 장담할 수 없는 법이다.

그런데 많은 상사는 명확한 업무지시의 중요성을 잘 느끼지 못하고 있다. 왜냐면 일상적 업무 중의 하나라고 판단하여 '이 정도면 충분히 이해하겠지?'라고 치부하는 데 원인이 있으며, 관리자인 자기는 항상 바쁘다는 우월적인 생각을 한다. 명확하게 지시하는 데에 있어서 많은 시간을 할애하지 않는다.

상사와 부하의 좋은 궁합은 좋은 커뮤니케이션에서 나온다. 상사는 누구보다도 부하의 성향과 역량을 잘 알고 있다. 부하의 입장에서 업무지시의 명확한 범위와 지시 배경, 업무의 중요성, 그리고 부하의 업무처리 역량에 대한 세밀한 대화가 이루어져야 한다. 지시보다는 동의를 구해내는 것이라 할 수 있다.

"동의를 이끄는 리더가 진정 지혜로운 사람이다."

부하직원을 한 인격체로 존중하면서 그가 가지고 있는 역량을 자율적으로 십분 끌어내라. 이것이야말로 업무지시의 명확성을 넘어 상상 이상의 큰 성과를 낳는 비법이다. 애매하고 모호한 업무지시는 부하를 병들게 하고 대충 일하는 부하로 만든다. 지시하지 마라. 시키지 말라. 먼저 동의를 얻어라. 그리고 그가 기꺼이 하게 만들어라.

재치/기지
〔리더의 반전 스킬〕

거란의 소손녕蕭遜寧이 수만의 군사를 이끌고 고려高麗에 쳐들어
왔다. 그는 거란이 고구려高句麗의 후손後孫이니 고구려의 옛 땅을
내놓으라고 강요한다. 위기에 처한 고려는 달리 방도가 없어 보
였다. 그러나 고려에는 장군 서희徐熙가 있었다.

그는 거란이 침략한 까닭이 고려가 자신들과 교류를 하지 않
기 때문이라는 것을 간파하고 소손녕에게 "거란과 고려 사이에
는 여진이 버티고 있어서 서로 오가기가 어려워 그런 것이오."라
고 그럴듯하게 둘러댔다. 그리고 고려는 나라 이름은 물론이고
백성들도 똑같은 피가 흐르고 있으며, 언어言語도 모두 고구려의
것을 이어받았으니 고려가 진정한 고구려의 후예後裔라 하여 소
손녕의 주장主張을 일축一蹴시킨다.

때마침 거란에 송나라가 쳐들어온 상황이라 소손녕은 어쩔 수 없이 물러가면서 말했다.

"당신의 주장을 인정하겠소. 그렇지만 고려가 직접 여진을 물리치시오. 그런 후에 우리 거란과 반드시 교류할 수 있도록 약속하시오."

서희의 대답은 간단하고 명료했다.

"알겠소"

후에 서희는 평안도 북부지역의 여진을 몰아냈다. 이때 개척한 영토가 '강동 6주'이다. 서희는 거란과 피 한 방울 흘리지 않고 재치 있는 협상을 통하여 엄청난 영토를 개척했다.

비즈니스 협상協商에는 기지機智와 재치才致가 더욱 큰 힘을 발휘한다. 불가능할 것 같은 계약도 재치와 스킬을 통하여 반전反轉시켜 버린다.

- 재치는 불가능을 가능으로 만들어 내는 마력이 있다.
- 기지는 아주 중요할 때 쓰는 결정타다.
- 리더가 재치까지 겸비하였다면 이제 더 이상 두려울 것이 없다.

재치와 스킬로 불가능을 가능케 한 분으로는 우리나라에서 고 故 정주영 회장을 따를 사람이 없다. 울산현대조선소 설립 당시 한국은 매우 가난했기 때문에 조선소를 지을 막대한 자금을 스스로 조달할 방법이 없었다. 결국에는 선진국의 차관을 끌어와

야만 했다. 영국으로 건너간 정 회장은 조선소 청사진 1장과 거북선이 인쇄된 오백 원짜리 지폐(지금은 오백 원 주화를 사용하지만) 하나로 차관 협상을 하였다. 영국의 버클레이 은행장은 "당신네 나라와 당신을 내가 어떻게 믿고 돈을 빌려준단 말이오?" 하며 거절하였다. 그때 정 회장의 재치와 입담이 오래도록 회자된다.

> "우리나라는 이미 400여 년 전에 철선을 만들어 왜적과 싸워 23전 23승을 하였소. 이분이 바로 그 주인공 이순신 장군이오. 난 당신이 차관을 승인할 것이라 믿고 있소. 왜냐면 당신은 미래를 내다볼 줄 아는 그릇이 큰 사람이니까."

차관을 결정할 리더는 난감해졌다. 자신이 만약 돈을 빌려주지 않는다면 좀생이가 되기 때문에 그는 자신의 위신 때문에도 하는 수 없이 차관협약서에 서명했다고 한다. 이 협상으로 아무것도 없던 울산의 바닷가를 세계 최대의 조선소로 탈바꿈시켰다.

그의 기지는 여기에서 그치지 않는다. 국산 자동차 1호 포니의 수출계약을 하고 중동으로 자동차를 수출할 때의 일이다. 수출은 보통 해당 국가의 항구에 하역荷役까지 마쳐야 계약이 종료된다. 수출계약에서 가장 중요한 것이 납기納期, Delivery time이다. 납기를 못 맞추면 금전적인 손실이 크기 때문에 수출업자가 가장 신경 쓰는 부분이다. 어느 날 중동의 항구에서 수출 선박의 선장으로부터 회장님에게 긴급하게 전화가 왔다.

"회장님 큰일 났습니다. 아니 뭐가? 항구에 계획된 일정대로 도착
했는데…. 그런데 뭐가 문제가 있지? 아, 네, 저희 배보다 먼저 온
외국 배들이 항구에 가득 차 있습니다. 이대로 순번을 기다리다가
는 며칠이 더 걸릴 것 같습니다. 그렇게 되면 납기를 어기게 되어
저희가 크게 패널티를 받을 수밖에 없는데 통 방법이 없습니다."

"그래? ……, 배에 불을 질러 버려!"

"네? 배에 불을 지르다니요?"

"배 전체에 불을 지르라는 게 아니라 갑판 위에 드럼통을 올려놓
고 기름을 부어 불을 지피란 말일세."

부두에 하역은 배가 도착한 순서대로 하지만 단 하나의 예외
조항, 불이 난 배는 무조건 1순위로 들어갈 수 있는 규정을 정
회장은 알고 있었던 것이다.

이런 기지와 재치는 정주영 회장의 전매특허로 정평이 나 있
다. 한국전쟁韓國戰爭이 끝나기 직전에 미국 대통령 당선자인 아이
젠하워가 방한하게 되었다. 방한 일정 중에 각 국가의 UN 사절
과 함께 부산의 UN군 묘지墓地 참배參拜 계획이 있었다. 미군참모
美軍參謀들은 흙으로만 덮어놓은 묘지를 차마 보여 줄 수 없어 새
파란 잔디를 덮어달라는 공사 요청을 정 회장에게 하였다.

남은 기한期限은 겨우 5일. 모두가 불가능하다고 생각한 이 공
사工事를 정 회장은 아이디어 하나로 해결했다. 그는 미군참모들

이 요구하는 것은 꼭 잔디가 아니라 UN 사절단에게 위안을 줄 수 있는 파란 풀이라는 것을 간파하고 낙동강 변에 있던 보리를 사서 묘지 위에 모두 옮겨 심었다.

정 회장은 시골 출신이라 보리는 겨울에도 마르지 않고 늘 푸른 것을 알고 있었다. 미군은 크게 만족하고 정 회장에게 실제 공사비의 3배를 지급支給했다 한다.

서산 간척지干拓地 사업의 마지막 단계인 최종 물막이 공사. 그런데 물이 빠져나가는 폭이 좁아지자 물살은 초속 8m 이상으로 몰아쳐서 도저히 공사를 마무리할 수 없었다. 수 톤의 바윗덩어리를 밀어 넣고 토사를 부어도 다 떠내려가 소용이 없었다. 수많은 전문가, 기술자, 공학박사들을 다 동원해도 방법을 찾지 못해 쩔쩔매고 있을 때, 정 회장의 한 마디

"폐유조선을 가라앉혀 버려라."

그 한 방으로 공사비 280억 원이 절감되고, 공사기간工事期間도 3개월 단축되었다.

"회장님! 어디서 그런 발상(發想)이 나왔습니까?"
"음~, 하겠다고 하는 신념(信念)이 있으면 전문가도 못 보는 생각이 떠오르는 법이야."

　　　　　　　　　　　　　　－『시련은 있어도 실패는 없다』

딸아이가 어렸을 때 좀 크게 혼낼 일이 생기면 벌로 반성문을 쓰게 했다. 그날도 잘못한 일이 있어 단호하게 A4용지를 주며 반성문 3장을 써 오라고 했다. 반성문은 다른 어떠한 벌보다도 좋은 훈육방법이라고 생각하였기에 필자가 즐겨 쓰던 방법이었다. 반성문을 쓰다 보면 스스로 잘못을 반성하게 되고 작문 실력도 느는 일석이조의 효과를 얻을 것 같았다. 그런데 5분도 지나지 않았는데 딸이 반성문을 들고 오는 것이 아닌가?

"벌써 다 쓴 거야?"
"응, 다 썼어."
"어떻게 그 짧은 시간에 쓸 수가 있지. 적어도 2, 3시간은 걸리는데."

딸이 내민 종이를 보고 깜짝 놀랐다. 3장의 종이에 각각 아주 큰 글씨로 '반, 성, 문'이라고 한 장에 한 자씩 쓰여 있는 게 아닌가? "야 이게 무슨 반성문이야?" 했더니, 딸이 웃으며 "3장을 쓰라고 했지 언제 분량을 가득 채우라고 했느냐고…." 딸의 재치에 그만 폭소를 하고 말았고 딸은 사면되었다. 재치인지 잔머리인지….

반성문을 쓰면서 자란 딸은 올해 8월 《일러스트 페어》에 첫 출품을 하면서 아기 작가의 첫걸음을 뗐다.

제**47**강
언변
〔히틀러의 연설 비법〕

　12석의 국회의원. 정당 순위 제9당. 그러한 정당을 불과 4년 만에 230석의 제1당으로, 2.6%의 지지율을 8년 만에 98.8%로 끌어 올린 총수가 있다. 언뜻 들으면 현대판 이순신 장군인가 할 것이다. 아돌프 히틀러Adolf Hitler(1889~1945)의 이야기이다.

　히틀러는 어떻게 대중을 선동하고 사로잡아 최고의 자리에 올라갈 수 있었을까? 많은 사람이 역사적 근거로서 우연한 정치적 사건들과 접점을 찾거나 히틀러 개인의 독특한 성향과 정신 분석에서 그 답을 찾기도 한다. 분명한 것은 '히틀러의 신드롬'이 하나의 정치적 실체, 철학으로 존재했었다는 것이다.

　『히틀러 연설의 진실』을 저술한 다카다 히로유키高田寬之(1955~現)는 이 책에서 히틀러의 연설이 청중을 열광시킨 비밀과 그의 연설문 속 언어적 장치, 음색과 억양, 몸짓 등에 대한 특징을 하나하나 해명해간다.

다카다 히로유키는 1919년 10월 히틀러가 뮌헨의 맥주홀에서 100여 명의 청중을 앞에 두고 한 첫 번째 연설에서부터 제2차 세계대전 막바지에 지하 방공호에서 녹음한 최후의 라디오 연설까지, 25년간의 연설 전문, 약 150만 단어 전체를 분석했다. 그리고 특정 시기 가장 많이 쓰인 말을 찾고 히틀러의 수사법을 연구했다.

그리고 그 말이 어떤 음조와 음색, 그리고 속도로 발화되는지를 조사하고, 그때 히틀러가 어떤 몸짓과 표정을 지으며 말했는지 등 모든 언어적 · 비언어적 표현을 분석했다. 그리고 그의 말들이 청중을 어떻게 매료시키고 어떤 효과를 나타냈는지 정치와 역사적 시각으로 풀어냈다.

성공한 리더, 정치가는 하나같이 능변이고 언어 유희의 대가이다. 그들의 말에는 청중을 선동하는 묘한 매력이 곳곳에 숨어 있으며, 입을 열 때마다 청중을 들썩거리게 하고 점점 취하게 만든다.

말 잘하는 사람은 늘 주의의 부러움과 인기를 한 몸에 받는다. 물론 선천적으로 말 잘하는 자질을 타고난 사람도 있지만, 가만히 보면 그들은 많은 책을 읽고 부단히 말하기 연습을 한다. 자비自費를 들여 몰래 커뮤니케이션 교육을 받거나, 심지어 웅변학원까지 다니는 사람들도 적지 않다. 설득의 역량은 듣기와 말하기에서 완성된다. 부하직원들에게 명쾌한 논리와 따뜻한 명분을 가진 리더라야 한다.

- "말 한마디로 천 냥 빚을 갚는다."
- 오늘은 어제 사용한 말의 결실이고 내일은 오늘 사용한 말의 열매다.
- 리더는 스토리텔러(Storyteller)가 되어야 한다.

EU(유럽연합)에서 2018년도에 25~64세까지의 경제 활동층을 대상으로 모국어를 제외한 외국어 구사 능력을 조사했다. 하나의 외국어를 할 줄 아는 사람의 비율이 무려 64.6%라는 깜짝 놀랄 결과가 나왔다. 2개 외국어를 구사할 수 있는 사람은 22%, 3개 국어를 자연스럽게 말하고 쓸 줄 아는 사람도 8%나 되었다.

유치원 때부터 대학교 때까지 우리는 영어공부에 엄청난 시간을 투자하고 매달린다. 그런데 막상 외국인 앞에 서면 한 마디도 못하고 쩔쩔맨다. 참 아이러니하고 안타까울 뿐이다. 유럽인들이라고 날 때부터 외국어를 완벽하게 구사하는 것이 아니다. 외국어에 노출될 환경이 잘 마련되어 있을 뿐이다. 그들은 그저 자연스럽게 즐기면서 마치 모국어를 쓰듯이 외국어를 구사한다. 우리나라도 벌써 세계화된 지 오래이며, 대기업의 신입사원과 간부들은 대부분 외국어 하나 정도는 자유롭게 구사한다. 리더는 최소 하나 정도의 외국어는 구사할 줄 알아야 한다.

리더의 말 한마디는 일반 개인의 한마디와 차원이 다르다. 리더의 일거수일투족은 부하들에게 늘 노출될 수밖에 없다. 리더의 말에는 항상 약속과 책임이 따른다. 진정성이 듬뿍 담겨 있으며 진실해야 한다. 흥미와 재미가 수반되어야 한다. 말을 참 재미있게 하는 사람이 있다. 그는 어디에 가든지 주목을 받으며 인기가 높다. 그는 어떻게 하면 사람들의 호기심을 끌고 기대하는 이상으로 즐거움과 재미를 줄 수 있는지 꿰뚫고 있는 사람이다.

스토리 텔링으로 청중의 마음을 휘어잡는 스토리텔러가 되어야 한다. 당신도 스토리텔러가 될 수 있다. 말은 리더에게 요구되는 또 하나의 탤런트Talent이다.

제**48**강

글쓰기
〔리더의 전달력〕

직장생활은 곧 말하기와 글쓰기로 이루어진다. 특히 리더의 말하기와 글쓰기는 직장생활의 승부처다.

"말할 수 있으면 쓸 수도 있다."

리더는 말하기 전에 글을 쓰고 말하고 나서 또 글로 마무리해야 한다. 글이 선행되어야 한다. 리더는 공식적인 조직의 장이다. 이것은 리더가 나타내는 말, 즉 글쓰기는 항상 공식적인 것이 된다는 뜻이다.

리더들은 자신이 담아내는 글이 구성원들에게 주는 전달력과 호소력에 대해 항상 고민한다. 특히 자신의 윗선에 보고서라도 제출할 때에는 스트레스가 상상을 초월한다. 보고서는 자신의 역량과 성과를 나타내는 척도이기 때문에 누구라도 신경 쓰지 않는 사람이 없다.

인정받고 성공한 사람들의 공통점은 모두 글쓰기의 대가란 것이다. 글의 내용을 보고 윗선은 그에 대한 능력을 가늠하고 성과를 기대한다. 부하들 역시 상사의 글을 보고 상사가 어떤 생각을 하고 있는지 진정성을 파악할 수 있다. 아울러 상사가 가지고 있는 역량의 크기를 수시로 재보며 비전에 대한 잣대를 들이댈 것이다. 존경받는 상사에 근접해 가는 가장 중요한 필수요소가 바로 글쓰기다.

요즘 많이 활용되는 글쓰기 커뮤니케이션 채널은 e-메일, 카카오톡, 밴드 등 대부분 온라인 커뮤니케이션 채널로 이루어져 있다. 이것은 상사가 아주 감각적이어야 하며, 피드백 시스템이 실시간으로 가동되어야 한다는 뜻으로 이해될 수 있다. 이러한 채널 덕분에 상사는 회사에서 하루에도 몇 번씩 공개적으로 필기시험을 치르게 된다. 매일 매일 필기시험의 성적이 매겨지며 누적된다. 지혜로운 리더는 이 공개적인 필기시험을 은근히 즐기며 매일 철저하게 준비하고 시험문제를 풀 것이다.

- 말하기의 기초는 글쓰기이다.
- 리더의 좋은 말은 부하를 머무르게 한다.
- 역사에 남을 일을 하든가 아니면 글(책)을 써라

조직 안에서는 매일 리더들이 각종 메시지와 글들을 다양하게 쏟아내고 있다. 그중에는 글을 잘 쓰는 상사가 있는가 하면, 형식적이고 영혼 없는 글을 쓰는 상사도 있다. 글을 잘 쓰고 못 쓰는 것을 떠나 너무나 형식적이고 정이 없는 무미건조한 글에 그 누가 공감을 하고 따르겠는가? 지혜로운 리더는 항상 상대를 위해서 진정성 있는 좋은 글을 쓴다.

좋은 글을 쓰기 위해 예부터 세 가지를 방법을 들고 있다.

첫째, 항상 책을 가까이 두고 많이 읽어야 한다. "하루에 좋은 일을 한 가지 이상 하며, 하루에 열 번 이상 웃고, 백 자 이상 쓰고, 천 글자 이상 읽고, 만 보 이상 걸어라."라는 말이 있듯이 많이 읽으면 자연스레 잘 써지게 마련이다.

둘째, 평소에 많은 사색을 해야 한다. 생각은 자연스럽게 정리로 매듭이 된다. 생각과 정리가 쌓일 때마다 좋은 글은 계속해서 나타난다.

셋째, 사실 글쓰기는 짜깁기이다. 자신이 쓴 글을 계속해서 깁다 보면 좋은 글로 완성이 된다. 수정 없이 완벽하고 좋은 글을 쓸 수는 없다.

"역사에 남을 일을 하든지 아니면 책(글)을 써라."

— 벤저민 프랭클린

지식
〔솔로몬의 지혜〕

두 여인이 솔로몬 왕에게 재판을 청해 왔다. 두 여인이 함께 자기의 아기를 품고 자다가 그만 한 아기가 죽었다. 이에 두 여인은 살아 있는 한 아기를 두고 서로 자기 아기라고 주장하면서 싸우는 것이 아닌가?

가만히 듣고 있던 솔로몬 왕이 명령했다.

"칼로 저 아기를 반으로 잘라 나누어 주도록 하라!" 한 여인이 말했다.

"아기를 저 여자에게 뺏기느니 차라리 그게 낫겠어요."

다른 여인이 울면서 말했다.

"그러면 절대 안 됩니다. 제가 포기하겠습니다. 그냥 저 여인에게 주세요."

솔로몬은 두 번째 여인이 진짜 엄마라는 것을 간파하고 판결했다.

필자가 한국능률협회에서 교육개발본부장을 맡고 있을 당시 윤리 경영 교육 프로그램을 개발했는데 크게 히트를 쳤다. 윤리 의식과 실천에 대한 단순한 주입식 교육이 아니라 특정한 주제를 선정하고 그 내용에 따라 피고와 검사, 판사와 배심원단으로 교육생들을 나누어 서로의 정당성에 대해 열띤 토론을 하도록 한 프로그램이다.

한 예로 모 과장이 서울에서 대전으로 자가운전을 하여 출장을 가게 되었는데, 과속 운전을 하여 과속범칙금을 부과 당했다. 과연 이 범칙금을 해당 과장이 내야 하는지, 아니면 회사에서 내야 하는지에 대한 주장이었다.

> 피고: 제가 회사 공무로 출장을 가다가 그랬으니깐 당연히 회사
> (과장)
> 에서 납부를 하셔야죠?
>
> 검사: 말도 안 되는 소리! 과속을 안 하면 될 텐데 왜 과속한 책임
> 을 회사에 전가합니까?
>
> 피고: 아니 제가 왜 과속을 했겠어요? 회사 일을 보다가 늦어져
> 서 늦게 출발하는 바람에 과속할 수밖에 없었다고요. 늦으
> 면 클라이언트와 비즈니스가 꼬이게 될 것이고…. 참, 나~
>
> 검사: 누가 업무를 늦게 하라고 하던가요? 본인이 업무를 사전에
> 못 처리한 것을 왜 회사로 책임을 돌리느냐 말이에요.
>
> 판사: 회사 직원들 대부분이 자가운전으로 출장들 가는데 과속범
> 칙금 부과는 거의 없어요. 그러므로 본 건은 해당 과장에게

전적으로 책임이 있다고 봅니다.

배심원: 양쪽의 주장을 들어보니 서로들 일리는 있습니다. 먼저
해당 과장은 사전에 자기의 업무 선행관리가 좀 부족했
던 것 같고요. 다른 하나는 해당 과장의 평소의 업무량이
많아서 다음에도 이러한 일이 벌어질 수도 있으니 업무
분담에 대한 것을 좀 더 고민해야겠어요.

교육의 효과는 대단했다. 전원이 참여하는 교육, 그리고 갑론
을박하면서 자성도 할 수 있는 재미있는 윤리교육이라는 큰 수
확을 거두었다. 자기의 주장과 언쟁을 해 나가는 가운데 스스로
업무에 대한 관리 마인드와 책임에 대한 것을 느끼게 함으로써
스스로 깨닫게 하는 것이었다. 이 교육 프로그램명이 바로 〈솔로
몬의 지혜〉였다.

- 지식은 업무에 필요하고 지혜는 조직운영에 필수이다.
- 지식은 조직에서 리더가 갖추어야 하는 고유품질이다.
- 솔로몬의 지혜는 리더가 매일 조직에서 판결해야 하는 몫이다.

리더는 때때로 현명한 판단을 해야 할 상황에 직면한다. 조직
에는 늘 문제가 일어나고 문제의 당사자는 한 명이 아니라 두 명
이나 그 이상이 얽혀 있는 경우가 많다. 양쪽 모두의 얘기를 들
어보면 다 합당한 이유가 있고 잘못이 없는 것 같다. 이럴 때 리
더의 지혜가 발휘되어야 한다. 잘잘못을 따지는 것도 중요하지

만 문제의 원인과 해결방안이 더 중요하기 때문이다.

지식은 조직에서 리더가 갖추어야 하는 기본적 자질이다. 어떤 상품의 서비스가 좋더라도 품질 자체가 엉터리라면 아무 소용이 없는 것처럼, 상사가 아무리 성격이 좋고 관계 관리를 잘한다손 치더라도 일터에서 요구되는 업무의 고유 지식이 부족하면 어쩔 수 없지 않은가?

리더가 새로운 부서에 발령을 받으면 아련한 두려움과 그 스트레스가 이루 말할 수 없다.

지식(知識)은 광명이요 무식(無識)은 암흑이다!

－「북한 평양교원대학교 슬로건」

감식안
〔의인불용 용인불의 疑人不用 用人不疑〕

인사관리 컨퍼런스와 세미나에 참가하여 좋은 기법이나 비결을 벤치마킹하고 연구하다 보면 많은 기업의 인사담당자 사이에 공통적인 고민과 질문을 접할 수 있다.

"선생님 어떻게 하면 직원들이 로열티(Loyalty)를 가지고 자기직무에 몰입하여 성과를 내게 할 수 있을까요?"

발표자나 HR전문가 등 대다수 연사의 답은 의외로 간단하다.

"훌륭한 사람을 뽑으세요! 급한 대로 뽑고 나서 '적당한 교육과 직원 육성 프로그램을 돌리면 되겠지?'라고 생각하는데 큰 오산입니다! 먼저 제대로 된 인재를 뽑으세요!"

구글의 인재 관리 비결 가운데 가장 중요시하는 것은 직원의 교육과 훈련보다 채용에 인사의 역량을 최대한 결집한다고 한다. 신입직원과 기존직원을 재교육하는 것보다 좋은 인재 채용에 투자하는 것이 성과 창출에 더 효과적이라는 사실을 발견했다. 공들여 잘 뽑으면 나중에 그 직원의 교육을 위해 쓰는 시간과 비용이 훨씬 줄어든다는 것이다. "될성부른 나무는 떡잎부터 다르다."라는 우리나라의 속담이 있다.

- 인재를 발견하고 찾을 수 있는 눈을 가졌다면 사업은 이미 완성한 것이나 다름이 없다.
- 똑똑한 사람보다 우리의 조직문화에 맞는 사람이 먼저다.
- 훌륭한 리더는 사람장사의 달인이다.

'미국 Fortune US 100 Best, 유럽 일하기 좋은 100대 기업 선정' 등 세계 60개 국가에서 국제표준으로 일하기 좋은 기업을 평가하고 선정하는 방법은 크게 두 가지다. Trust Index를 측정하는 '정량定量 조사'와 Culture Audit(문화 조사)을 평가하는 '정성定性 조사'로 이루어진다.

이 중 Culture Audit(문화 조사)은 다시 9가지 평가 기준으로 나누어지는데, 그중에서 첫 번째 평가항목이 채용Hiring이다. 채용 부분에서 가장 중요하게 평가하는 기준은 학력과 성적, 화려한 경력이 아니다. 바로 궁합이 얼마나 맞는가를 찾아낸다. 즉 그 직원이 이 조직에 얼마나 빨리 그리고 잘 융합融合할 것인가?

"어떤 특정인을 뽑고자 하였을 때 그가 우리 회사와 조직에 빨리
융화될 것이라고 검증되는 특정한 면접방법, 제도, 시스템이 구축
되어 있는가?"

사람의 지식과 배움의 높이보다도 가치관이나 철학이 훨씬 더
중요하다는 것이다. 가치관이나 철학이 회사와 잘 맞지 않고 품
성이 직무에 적합하지 않은 사람은 아무리 비전이 있는 프로젝
트를 맡겨 줘도 성과를 창출할 확률은 별로 없다는 것이다.

구글은 특히 사람을 잘못 뽑으면 어떤 교육과 육성 프로그램
으로 처방해도 백약이 무효라는 사실을 경험을 통해 빨리 깨달
았다.

구글은 이에 따라 직원교육과 육성에 드는 시간과 비용의 많
은 부분을 직원채용으로 전환했다. 구글은 일반 회사들이 직원
채용에 드는 비용의 평균보다 약 두 배가 넘는 비용을 투자한다
고 한다.

이미 우리나라의 많은 기업이 채용에 엄청난 공을 들이고 있
다. 그들의 훌륭한 가치관과 철학을 여하히 비교하고 끄집어내
기 위해 다양한 방법과 스킬Skill을 동원하고 있다.

인성검사는 기본으로 실시하고 블라인드 면접, 등산을 같이
가보기도 하고, 심지어 술을 먹여 숨어 있는 태도Attitude도 훔쳐
본다. 입사하기도 전에 물건도 팔아 보게끔 하여 인내를 테스트

하거나, 첨예한 주제를 던져 주고 면접자들끼리 찬반 격론을 벌이게 하여 인성과 커뮤니케이션 스킬을 체크하는 등 인재 채용에 심혈을 기울이고 있다.

예전에는 대부분 회사는 인사부서에서 채용의 전반적인 프로세스를 총괄하고 채용 후에도 연수원에서 집합 교육이 끝나고 난 다음에야 계열사나 해당 부서에 발령 내는 것을 당연시하였다. 요즘은 관리자들이, 심지어 같이 일할 팀 동료들이 직접 면접에 참여해 인재를 탐색하는 시대가 되었다. 어차피 같이 일할 사람들이 직접 전문적인 업무 역량과 품성, 그리고 가치관을 체크하고 분석하자는 것이다.

작금의 관리자는 경영자의 시각과 같이 사람 보는 눈을 갖춰야 한다. 즉, 사람을 쓰는 사람은 인재를 제대로 볼 수 있는 안목眼目을 길러야 한다. 궁합이 맞고 직무역량이 뛰어난 사람을 직접 뽑자.

제51강
교육
[100명의 손오공]

가족공동체는 일반적으로 엄마, 아빠, 형제자매로 구성된다. 회사의 팀도 팀장, 부팀장, 상하 직급별 남녀 구성원으로 이루어진다.

자세히 들여다보면 가족과 팀은 완전히 같은 시스템으로 움직이는 유사한 조직이라는 것을 간파하게 된다. 집에서 엄마와 아빠는 하루에도 수십 번, 수백 번씩 자식 교육에 시간을 할애하고 신경을 쓴다. 그럼에도 부모는 전혀 짜증이나 귀찮음을 드러내지 않는다. 아들, 딸이 하루에도 수십 번씩 묻고 또 물어도 전혀 지루해하지 않고 지극정성으로 가르치고 또 가르친다. 어떤 때는 말도 안 되는 소리와 요구를 해도 인내를 가지고 들어 주고 보살핀다.

회사에 구성원이 출근하여 가장 먼저 거치는 과정은 바로 업무 관련 교육이다. 대학과 대학원에서 회사의 업무와 연관된 공부를 다년간 했을 것이다. 하지만 직장은 학교와 시스템이 다르다. 새로운 사회적 생태계에 적응하기 위한 도움을 받지 않으면 단 하나의 업무도 처리할 수가 없다. 이러한 업무에 직결된 교육을 OJTOn the Job training라 한다.

OJTOn the Job training, 職務內訓練(직무내훈련)는 구성원들이 현업 부서 내에서 교육을 받는 것으로, 자신들이 담당하고 있는 구체적인 직무에 대하여 영향력이 강한 직속 상사로부터 업무에 대한 지식, 기능, 수행방법이나 내용에 대한 교육을 받는 것을 말한다.

OJT는 다른 교육 훈련 프로그램들과는 달리 구성원들이 자신의 과업을 수행하는 과정에서 교육을 받기 때문에 개인이 역량개발에 대한 실시간적 성취감을 느낀다. 아울러 체계적인 업무수행 능력을 배양함으로써 직무성과에도 직접적인 영향을 미친다.

이 OJT, 즉 업무교육은 리더의 아주 중요한 책무 중 하나다. 그만큼 기업에서 업무교육은 가장 기본적이며 중요한 부분이다. 그런데 이러한 막중한 책무를 다해야 하는 리더가 구성원을 잘 가르치지 못하거나 않는다면 어떠한 결과가 나올지는 불 보듯 뻔하다.

- 100명의 손오공을 키우자
- 개에게 나무를 타게 하지 마라.
- 교육비는 교육을 시키지 않았을 때 나타나는 품질과 서비스 결함의 대가다.

리더가 구성원들을 가르치지 않는 경우는 2가지로 나누어진다.

첫째, 자신이 가지고 있는 지식, 즉 업무 노하우가 부족하여 가르칠 입장이 못 된다. 조직에는 의외로 무능한 상사들이 많다. 이 무능이 잘 포장되어 외부로 노출이 되지 않아 지금까지 버티고 있을 뿐이다.

둘째로, 애초에 가르칠 의지가 없는 부류이다. 구성원 입장으로 보면 아예 존경심이 싹 달아난다. 조직으로서는 가장 불행한 일이다.

이러한 유형의 상사들은 부하직원들이 찾아와서 뭐라도 물으라치면 아주 짜증스러운 얼굴로 부하에게 직접 알아보든가 아니면 딴 사람에게 가라고 회피해 버린다. 참 안타까운 일이 아닐 수 없다. 만일 자기의 아들, 딸이 이렇게 물어도 똑같이 대응할 것인가?

이러한 상사들은 가르치지 않는 것에서 나타나는 문제와 결함

들보다 훨씬 더 큰 것을 잃게 된다. 부하직원들을 가르치지 못하니 각자의 역량과 특기를 제대로 파악하지 못한다. 이런 팀에서 성과를 기대한다는 것은 사치다.

집안의 부모처럼 잘 가르쳐 주는 상사가 되어야 한다. 상사에 있어서 가장 큰 공부는 가르치는 것이다.

"회사에서 발생하는 품질 불량과 서비스 결함은 교육 소홀로 초래되는 패널티Penalty이며 대가다."

완벽주의
〔채움보다 중요한 비움〕

올림픽에서 동메달을 따고 좋아서 어쩔 줄 몰라 하는 외국선수의 모습을 보고 '왜 저래? 뭘 잘했다고….' 하고 생각하며 무시하고 한심하게 여기는 사람은 한국인뿐인 것 같다. 한국선수들은 은메달이나 동메달을 따게 되면 좋아하기는커녕 마치 죄인이라도 된 양 고개를 들지 못한다. 어떤 선수는 금메달을 못 따면 울면서 죄송하다고 사죄까지 한다. 세계 2·3위가 사죄할 일인가?

우리는 어렸을 때부터 1등만 부러워했고 1등이 되기를 원했다. 우리는 1등만 좋아하는 세상, 1등만 기억하는 더러운 세상에서 자라왔다. 그래서 이 선수들을 이해하지 못하는 것도 아니다.

"머리가 나쁘면 몸이 고생한다."

우리나라 외교통상부의 모 국장실 문에 걸려있었던 문구이다. 직원들이 결재를 받으러 가서 다들 문에 붙어 있는 문구를 보고 긴장한다고 한다. "보고서가 왜 이래? 도대체 뭘 조사하고 어떻게 검토했기에 이따위 보고서를 만들어 오는 거야?" 모두 오늘은 어떠한 지적을 당할까 걱정하며 전전긍긍한다고 한다.

바늘로 찔러도 피 한 방울 안 나올 것 같은 완벽주의자라면 조직원들은 리더에게 가까이 다가가기를 두려워하고 상사 앞에 서면 머리가 하얘지고 말 것이다. 수고했다는 말은 고사하고 지적에다가 말끝마다 꼬투리를 잡는데 어떤 부하가 마음의 문을 열고 상사에게 다가가겠는가 말이다.

다음은 결코 배워서는 안 될 완벽주의 상사의 몇 가지 특징이다.

- **완벽주의자는 타인을 인정하려 하는 자세가 부족하고 부하를 존중하지 않는다.**
  자신은 누구보다도 큰 성과를 내어 왔고 똑똑하고 완벽한 존재라고 생각하기 때문에 부하들을 인정하고 칭찬하는 데 있어 구두쇠보다도 훨씬 더 인색하고 짜다. 매사에 부하들의 불완전한 모습만 눈에 들어오기 때문에 자신도 모르게 부하들을 무시하고 억압하려 한다.

- **완벽주의자는 완벽하지 않거나 실패할 가능성이 있는 프로**

젝트는 회피한다.

완벽만을 추구해 왔기 때문에 어느새 실패할 가능성이 있거나 문제가 생길 소지가 있는 프로젝트는 전략적으로 적절한 이유를 들어 회피한다. 회사는 도전적인 프로젝트를 만들어내야 하고 누군가가 그 도전적인 프로젝트를 수행해야 지속 가능한 회사가 되는 것이다. 완벽주의자가 회사의 발전을 저해하거나 발목을 잡을 수 있다.

• 완벽주의 상사는 독불장군이 되기 쉽다.

조직은 리더 혼자서 북 치고 장구 칠 수 있는 것이 절대 아니다. 독불장군의 모습은 리더가 너무 강하게 비칠 때 나타난다. 너무 강하면 부러지는 법이다. 실력도 중요하지만 유연한 태도와 겸손함도 갖추고 있어야 한다. 리더는 자기에게 다가올 수 있는 빈틈을 열어 놓고 구성원들이 기대게 할 수 있어야 한다.

완벽주의 상사는 처음에는 아주 일을 깔끔하게 처리하고 성과가 반듯하게 보여 부하들이 좋게 생각하지만, 시간이 조금씩 지나면 두려워하고 다들 질린다.

"정말 너무 숨이 막혀요. 일을 맡겼으면 지켜보면 되지 일일이 체크하고 지적해요. 우리 팀장은 결벽증에 가까운 사람 같아요. 제가 뭘 해도 부족하다고 여기는 상사. 그렇게 잘 났으니 본인이 직

접 하시면 되지 왜 시켜 놓고 지적질만 한단 말이에요? 솔직히
요즘 팀장 때문에 직장을 그만둘까 고민하고 있어요."

상사 때문에 조직에 대한 로열티loyalty가 현격히 떨어지고, 상
사가 구성원들의 이직 의도에 약 72%의 직접적인 영향을 끼친
다고 한다.

완벽주의 상사보다 차라리 조금 부족한 상사가 낫다. 완벽주
의자는 스스로 독불장군으로 살아왔기 때문에 조직 생활이 더
힘들어지고 큰 위험에 빠질 수 있다. 완벽하게 채움보다 적당한
비움이 중요하다. 노자老子도 다음과 같이 말했다.

"人能虛己以遊世, 其孰能害之(인능허기이유세, 기숙능해지)"
– 사람이 자기를 텅 비우고 세상을 노닌다면, 그 누가 그를 해칠
수 있겠습니까?

공부
〔살인의 연구〕

대상을 여러 날 동안 추적하며 사진을 계속 찍고, 그가 자주 다니는 곳들, 그의 삶의 반경을 면밀히 조사한다. 자기 방 사방의 벽에 그 사진들을 붙여 두고는 손에 구슬을 잡고 계속 굴리며 새벽 3시 시계 종소리가 울리기까지 고민한다. '어디서 죽여야 가장 완벽하게, 감쪽같이, 증거 없이 죽일까…, 바로 여기다!'
대상 인물의 서재를 장소로 정한 후, 서재에 몰래 들어가 책장 구석에 폭발물을 장치하고 빠져나온다. 서재가 잘 보이는 앞 건물에 숨어 있다가 학자가 들어오자 바로 총으로 그 폭발물을 정조준 한다. 서재는 불바다가 되고 임무 완수!

과거 남자들에게는 남성 화장품 '맨ㅇ'으로 유명했던 사나이, 원조 액션 영화배우라는 타이틀로 빛나는 사나이, 찰슨 브론슨의 영화 〈냉혈한the Mechanic〉(1972) 중 한 장면이다. 최근에는 제이슨 스테이덤의 〈메카닉:2011〉에 이어 속편 〈메카닉/리쿠르트:2016〉으로 계속 이어지는 명작 액션. 1972년 당시에는 〈냉혈한〉이라는 제목으로 개봉되었는데, 콧수염이 매력 포인트인 찰슨 브론슨은 제목만큼이나 무표정한 프로급 살인 청부업자로 등장해 센세이션을 일으켰었다. 완벽하게 계획된 살인을 위해 고심하는 모습에서 장인정신마저 느껴진다.

어느 젊은 목사는 목회활동을 시작한 지 얼마 되지 않았을 때, 영화의 이 장면을 보고 큰 충격과 영감을 얻었다고 한다.

'무정하고 흉악한 청부살인자도 살인대상을 치밀하게 분석하고 어떻게 일을 치를까 고민하여 끝내 성사시키는구나. 어떻게 사람을 죽이는 것을 저렇게 철저히 연구할 수 있나? 하물며 난 사람을 살려야 하는 목사의 직분을 받았는데….'

그 영화 장면을 보던 한 젊은 목회자가 '아하! 사람을 죽이는 청부살인업자도 저렇게 빈틈없이 준비하여 사람을 죽이는데, 사람의 생명을 살리는 일을 하는 내가, 이렇게 목회해서 되겠는가?' 생각하며 큰 도전을 받고 당장 시장에 달려가 구슬을 샀다.

찰슨 브론슨처럼 그도 구슬을 손에 잡고 굴리면서 고민하고 목회사업에 분발했다. 그리고 하나님의 은혜 안에서 목회사역의 복을 받아 수십 명의 작은 교회를 세계가 주목하는 대형교회로 성장하게 하였으며 지금도 꾸준히 노력하고 배우는 삶을 살아가고 있다. 그분의 집무실 문에는 '연구실'이라 적혀 있다. 영화를 떠올리며 목회에 매진하고 있는 C 목사님을 떠올려본다.

- 가장 유능한 사람은 가장 배움에 힘쓰는 사람이다. (괴테)
- 늦게 시작하는 것을 두려워 말고, 하다 중단하는 것을 두려워 하라. (중국속담)
- 리더는 늘 고민하고 연구하는 학자의 모습으로 비춰줘야 한다.

이처럼 살인에도 연구가 필요한데, 하물며 선한 일을 도모하는 데야 어떻게 연구와 고민, 그리고 철저한 준비가 필요 없겠는가? 우리는 명목 없이 돈에만 눈이 멀어 청부살인하고 나쁜 짓을 일삼는 사람들과 차원이 다르지 않지 않은가 말이다. 선한 행동과 선한 일에는 반드시 보상이 따르게 마련이다.

리더의 가장 큰 역할은 시장 향방과 패러다임 변화를 읽고 능동적으로 대응하는 것이다. 이를 위한 바탕으로 지적 체력이 필요하다. 새로운 변화와 문제를 다루고 극복하기 위해서 리더에게 절실히 요구되는 것이 바로 학습능력이다.

안타깝게도 조직의 관리자 중 상당수의 학습능력 부족이 심각하다. 정말 열심히 공부해야 할 위치에 있는 리더들이 공부하지 않는 것은 도저히 이해가 되지 않는다.

본인도 모르는데 어떻게 부하직원의 능력을 개발시킬 수 있겠는가? 더욱이 무서운 것은 직원들이 상사의 무능함을 알고 배우려 하지 않는 점이다. 기대를 접고 자기가 알아서 하겠다는 심산이다.

엑셀이나 파워포인트 같은 기본적인 프로그램도 활용할 줄을 몰라서 매번 사용할 때마다 팀원을 부르는데 어떻게 위엄이 서겠는가?

상사는 부하직원의 버팀목이 되어야 한다. 어린아이는 부모에게 기대고 정치인은 절대자에게 기대고 학생은 선생님을 우러러보고 배우는 데 힘쓴다. 상사는 부하직원의 버팀목이 되어야 한다. 그러기 위해서 부단히 공부해야 한다.

"공부가 밥 먹여준다 — 하버드대학 슬로건"

지적
〔Work harassment-Power Hara〕

직장인들을 힘들게 하고 괴롭히는 직장 내 폭력은 크게 3가지 유형이다.

성희롱(Sexual harassment) / 임산부와 워킹맘(Working mam)에 대한

직장폭력(Maternity harassment) / 업무폭력(Work harassment)

일본에서도 이 3대 괴롭힘이 오래전부터 직장 내 문제로 불거져 홍역을 치르고 있는 가운데 특히 업무폭력Work harassment에 대한 문제가 심각하게 나타나서 피해자의 고통은 물론 해당 회사까지도 금전적 손실과 이미지 타격을 입고 있다.

일본은 후생노동성에서 2011년부터 이 업무폭력Work harassment을 힘이 있는 상사가 권력과 지위를 이용하여 괴롭히는 폭력. 즉 "Power Hara"라고 명명하고, 이 "파워하라"를 6가지 유형으로

규정해 법제화에 박차를 가했다.

　유럽은 이 문제에 대해 벌써 20여 년 전부터 법제화하여 고용
주에게 괴롭힘을 방지할 의무를 부여했다. 이를 어기거나 문제
가 발생할 시, 회사와 고용주에게 엄청난 패널티Penalty도 가하고
있다.

　한국도 몇 년 전부터 이 업무폭력Work harassment 문제로 인해 매
일같이 관련 기사가 도배되고 지금도 온 나라가 들썩이고 있다.
하지만 안타깝게도 아직 한국은 업무폭력Work harassment에 대한 명
확한 유형이 정리가 안 되어 있고 이에 따른 법제화도 이루어져
있지 않다. 다행히도 정부에서 2018년 초부터 이 문제에 본격적
으로 관심을 보이고 법적·제도적 장치를 준비하고 있다.

　필자도 수년 전부터 '직장 내 Harassment 대응 전략 및 미연
방지 세미나'를 개최해 오고 있는데, 일터의 환경이나 업무구조
가 비슷한 일본의 유형과 사례가 사실 많은 도움이 된다.

　일본의 업무폭력Work harassment 유형 분류는 6가지로 아주 체계
적이다. 그만큼 유형에 따른 대응과 법 제도도 잘 구비되어있다.

　　첫째, 신체적 공격을 가하는 폭행 및 상해
　　둘째, 정신적 공격을 가하는 협박, 명예훼손, 모욕

셋째, 인간관계를 단절시키는 격리, 따돌림, 무시

넷째, 업무 과다 부여로 인한 불필요한 일의 강요와 업무를 방해

다섯째, 업무를 과소 부여나 본인의 능력보다 훨씬 낮은 단순 업무, 심지어 업무를 부여하지 않는 폭력 아닌 폭력

여섯째, 과도한 업무 참견과 침해

우리나라의 일터에서 상사들이 고의든 아니든 가장 많이 저촉되는 것이 바로 과도한 업무 참견과 침해이다. 바로 상사의 '지적질'이다.

- 간섭(干涉)과 조언(助言)은 하늘과 땅 차이의 결과가 나타난다.
- 상사의 Power는 부하들에게 쓰는 것이 아니라 부하들을 위해 쓰는 것이다.
- 상사의 따뜻한 말 한마디는 백 마디의 지적보다 훨씬 우수하다.

차갑고 엄한 태도로 사람을 움직이려 하면 사람은 오히려 완강해진다. 지적할수록 상대는 개선하기는커녕 반감을 드러낸다. 반면 따뜻하고 다정한 태도로 사람을 움직이면 스스로 알아서 행동하게 된다. 지적이 아니라 보살피고 가르치면 상대는 자기 배를 보여주고 최선을 다한다는 것이다.

인간은 행동을 통제당하고 지적指摘을 받으면 뇌가 분노憤怒한다고 한다(김병후 정신과 전문의, 행복가정재단 이사장). 부하직원에게 일상

적으로 하듯이 "업무를 언제까지 끝내라!"라고 지시하는 순간 부하직원은 동물이 덫에 걸렸을 때의 무서움과 분노에 상응하는 반응을 보인다.

털어서 먼지 안 나는 사람이 없다. 당장 자신이 상사로부터 털린다면 태연할 수 있는가? 공개 장소에서 절대로 지적하지 말라. 지적으로 효과를 얻기는커녕 그 부하직원은 한순간에 적敵이 된다. 자신이 잘못한 것보다 공개 장소에서 망신을 당한다는 수치감에 치를 떤다. 의도하지 않게 한 명의 직원이 돌아선다. 여기에서 끝나지 않는다. 나머지 직원들은 몸을 사리게 되고 점점 움츠릴 수밖에 없다.

상사의 Power는 Harassment에 쓰라고 있는 것이 아니다. 부하직원들을 위한 방패와 버팀목의 역할이 되기 위해 회사에서 그 Power를 부여하는 것이다.

피드백
〔리더의 가중 중요한 책무〕

"어, 그거 말이야. 바로 피드백 좀 해줘!"

"근데 저 피드백이 뭐예요? 빽 좀 쓰는 사람 찾으라는 건지. 핸드

백은 아닌 거 같은데…"

신입사원이 입사해서 가장 많이 듣는 말 중의 하나가 피드백
Feedback이다. 대학에서는 한 번도 못 들어 본 피드백이라는 단어
의 마법에 걸리고 점점 노예가 된다.

[피드백(Feedback)] : 어떤 행위의 결과가 최초의 목적에 부합되는

것인가를 확인하고 그 정보를 행위의 원천이 되는 것에 되돌려

보내어 적절한 상태가 되도록 수정을 가하는 일

관리자는 자기가 맡은 조직의 업무 미션을 부여받고 부하직원

들에게 명확한 업무분장과 지시를 한 후 피드백 하는 책무를 가지고 있다. 명확한 업무 분담과 지시도 중요하지만 부하들이 일하고 있는 내용과 방법, 그리고 일의 중간 결과에 대해 끊임없는 피드백을 하는 것이 더욱 중요하다. 왜냐면 부하는 결코 완벽할 수가 없고 경험이 부족하므로 수시로 일의 방향과 내용을 잘 이해하고 수행하고 있는지 혹시 엉뚱한 길로 가고 있는 것은 아닌지 체크하고 보살펴야 한다.

- 리더의 가장 중요한 책무는 피드백이다.
- 부모의 피드백은 인간을 만들고, 상사의 피드백은 존경심과 성과를 창출한다.
- 훌륭한 리더의 평가 기준은 피드백이다.

이런 일련의 과정을 피드백이라고 하는데 자칫 잘못 이해하면 부하들이 하고 있는 일에 일일이 간섭하고 트집을 잡거나 심지어 부하를 신뢰하지 않는다는 오해를 불러일으킬 수도 있다.

이런 곡해를 불식하기 위해서는 자식에 대한 부모의 피드백을 벤치마킹하면 된다. 엄마와 아빠는 하루에도 수십 번, 수백 번씩 자기의 자녀들에게 피드백을 한다. 피드백의 내용을 잘 살펴보면 회사의 조직과는 사뭇 다르다는 것을 알 수 있다.

먼저 진정성에 대한 부분이다. 인자한 눈빛과 제스처로 자녀들을 다독거리면서 칭찬부터 한다. 그 후에야 코칭 스킬을 본격적으로 가동한다. 자녀가 내놓은 대부분의 공부와 일들은 문제 투성이이다. 즉 피드백을 할 일들이 많다는 것이다. 부모는 이때 가 자기 자식이 성장할 수 있는 중요한 시간이라는 것을 자연스 럽게 알아차리고 모든 것의 우선순위를 피드백으로 돌린다.

리더는 부하들에게 할애하는 시간의 대부분을 피드백으로 돌 려야 한다. 그러면 업무의 결과가 좋게 나오지 않을 수가 없다. 상사는 웬만한 업무는 대부분 해 본 적이 있다. 실패와 실수, 성 공의 결과와 방법에 대한 경험과 노하우를 가지고 있기 때문에 상사가 하는 피드백은 대부분 옳다.

피드백의 방법은 더욱 중요하다. 똑같은 피드백을 하였는데도 부하가 받아들이는 것은 하늘과 땅 차이의 결과가 나온다.

"이 대리! 이거 말이야 이걸 왜 이렇게 했어. 생각을 해보고 하긴
한 거야? 머리는 어디다 두고 말이야. 이렇게 하면 되잖아…."

피드백 내용은 맞을 수도 있다. 하지만 방법에 대해서는 단 1 점도 줄 수가 없다. 아무리 맞는 피드백 내용일지라도 부하는 고 마워하는 것은 고사하고 반감을 갖게 된다.

"우왜! 이 대리 이걸 어떻게 이 짧은 시간에 다 한거야? 난 일주
일도 더 걸렸을 것 같은데…. 역시 이 대리는 다르네. 내용도 멋진

데 아이디어도 참신하구. 그런데 말이야 이 부분은 이렇게 좀 수
정하는 게 어때? 숫자가 들어가는 도표에다가 비교를 그래프로
표현하면 논리적인 근거로 이해를 시켜 드릴 수 있고 그럼 한층
보고서가 돋보일 것 같은데…."

상사의 상냥한 피드백 한 마디에 천 냥짜리 사원이 될 수도 있
음을 명심하자.

제56강
성과
〔당신은 가난한 사람인가?〕

"아이고, 이걸 어째, 이걸 어찌 하노! 흐흑 이걸 우짜노. 이제 뭘 먹고 살아?"

할아버지 한 분이 논둑에 주저앉아 땅을 치며 울고 있다. 한여름 다 지어놓은 벼농사를 망치고 통곡하는 촌로村老의 울음소리는 지나가는 사람들의 가슴을 먹먹하게 했다. 글을 잘 읽지 못하는 노인이 제초제를 그만 벼에다가 쳐버려 온 논의 벼가 다 말라버린 것이다. 문맹이 한 집 건너였던 70년대에 안타깝게도 이따금 이러한 소식을 접하면 다들 남 일 같지 않아 가슴이 짠하던 기억이 난다. 한순간의 실수가 1년간 공들인 농사를 망쳐버리고만 것이다.

조직에서도 가끔 한순간의 실수로 다 된 밥에 재를 뿌리거나,

공든 탑이 무너지는 경우가 생긴다. 거의 수주가 확정적인 순간에 갑자기 생각하지도 못한 변수가 생겨서 프로젝트가 날아간 사례를 심심치 않게 본다. 조직 생활은 긴장의 연속이라는 것을 우리는 수많은 실패와 실수사례를 통해 알게 된다.

"곳간에서 인심 난다", "더도 말고 덜도 말고 늘 한가위만 같아라"라는 속담이 있다. 풍족한 성과에 대한 베풂과 나눔의 미덕을 자랑하는 우리 민족의 선조들께서 지어내신 말씀이다.

리더는 조직의 최종적인 성과책임자이다. 성과는 구성원 공동의 고마운 수확물이다. 그런데 회사마다 각 조직마다 모두 다 성과를 창출하지는 못한다. 왜일까? 겉으로 보기에는 다들 열심히 노력했는데 결과는 사뭇 다르다. 심지어 위의 불쌍한 촌로처럼 성과는 고사하고 큰 손해를 발생시키는 경우도 적지 않다. 리더의 중요성, 리더의 책임이 얼마나 큰가를 상징적으로 말해준다.

〈당신은 가난한 사람인가?〉

알리바바 그룹 마윈 회장이 말하는 실패한 사람의 공통점

작은 비즈니스를 얘기하면

돈을 별로 못 번다고 얘기하고

큰 비즈니스를 얘기하면 돈이 없다고 하고

새로운 것을 시도하고자 하면

경험이 없다고 하고

전통적인 비즈니스는 어렵다고 하고

새로운 비즈니스모델은 다단계라고 한다.

상점을 같이 운영하자고 하면

자유가 없다고 하고

새로운 사업을 시작하자고 하면

전문가가 없다고 한다.

그들에게는 공통점이 있다.

구글이나 포털에 물어보기를 좋아하고

희망이 없는 친구들에게

의견 듣는 것을 좋아하고

자신들은 대학교수보다 더 많은 생각을 하지만

장님보다 더 작은 일을 한다.

그들에게 물어보라. 무엇을 할 수 있는지.

그들은 대답할 수 없다.

내 결론은 이렇다.

당신의 심장이 빨리 뛰는 대신 행동을 더 빨리하고
그것에 대해 생각하는 대신 무언가를 그냥 시작해라.

가난한 사람들은 공통적인 한 가지 행동 때문에 실패한다.
그들의 인생은 기다리다가 끝이 난다.

그렇다면 현재 자신에게 물어봐라.
당신은 가난한 사람인가?

열심히 노력하고 일을 했는데도 성과를 창출하지 못하면 아무 소용이 없다. 무슨 의미가 있는가? 당장 굶어야 할 판인데 열심히 했다고 말한들 쌀 한 톨이 생기겠는가?

리더는 리더십을 하루에도 몇 번씩 바이블처럼 곱씹고 또 곱씹어야 한다. 리더는 사업의 계획과 프로세스, 결과를 잘 예측하고 위협과 기회를 잘 판단해야 한다. 사원의 실패나 실수의 크기는 작다. 그러나 리더의 실패나 실수는 모든 것을 잃을 수 있다.

리더의 자리는 무서운 자리이다. 함부로 하다가는 자신만 죽는 것이 아니라 다 죽어 자빠질 수가 있다.

나는 마이너스의 손인가. 마이다스의 손이 될 것인가?

업무 태만
〔워라밸도 정도껏!〕

"아차! 전화하는 걸 잊어버렸네. 설마 아직 퇴근 안 하고 자리에
있겠지? 이제 6시 2분밖에 안 되었는데….

조금 불안한 마음으로 전화기 다이얼을 돌렸다. 오늘 중요한
일을 좀 의논하려고 전 직장 동료에게 사전에 약속 전화한다는
것이 그만 퇴근 시간까지 까맣게 잊어버리고 있었다. 당시에는
핸드폰이 없었던 때라 회사에서 퇴근해 버리면 어쩔 도리가 없
었다.

"따르릉~ 따르릉~ 따르릉!" 신호음이 3번 이상 가고 있었다.
불길한 마음이 엄습했다. 5번, 10번이 울려도 도무지 받지 않는
다. 다들 이 시간에 퇴근하지는 않았을 텐데…? 다시 한 번 다이
얼을 돌렸다. 전화벨이 수십 번 울려도 반응이 없어 포기하고 끊

으려고 하던 차에 저쪽에서 누군가 전화를 받았다.

"여보세요!" 짜증이 많이 난 50대 아저씨의 목소리다. 친구의 상사님이실 것 같아 순간 긴장하며 아주 예의를 갖춰 말했다.

"저~ 혹시 ○○○씨 자리에 안 계십니까?"

"누구라고요?"

"아! 예~ ○○○씨요."

"그…, 그 사람이 누군지는 잘 모르겠는데, 왜 이 시간에 전화하는 거요?"

"네~에? 그게 무슨 말씀이신지?"

"아니, 퇴근 시간이 벌써 지났는데 직원을 바꿔 달라고 하면 어쩌란 말이오!"

"아, 네 죄송합니다만 퇴근 시간이…?"

"6시요! 6시라니깐…. 퇴근 시간이 언제 지났는데 전화야 전화는…."

친구 회사 경비아저씨의 불만에 찬 멘트이다. 요즈음은 워라밸Work & Life Balance 문화 덕분으로 칼퇴근하는 회사가 아주 많지만, 당시에 일반 회사에서는 상상할 수 없는 일이었다. 그 당시 100여 명 이상의 직원이 근무하는 잘나가던 공기업의 웃지 못할 일화이다. 가끔 친구와 술 한잔을 할 때면 푸념 섞인 소리를 연신 내뱉었다.

"우리 회사 어떤지 알아? 다 놀자 판이야. 일들을 안 해 일을⋯."

"에이~ 설마⋯. 그 많은 회원사 관리와 지원, 그리고 해외 업무까지 일이 참 많을 것 같은데, 글쎄다⋯."

"참 놀기 좋아~. 6시면 누구 할 거 없이 칼퇴근이야. 정확히 말하자면 6시 되기 전에 짐 싸서 나가. 동절기는 어떤지 알아?"

"어떤데?"

"5시가 퇴근 시간이야."

"그럼 윗사람들은 뭐해? 관리 안 해?"

"크크~, 그분들이 모범을 보이지. 일 안 하는 모범을⋯."

그렇게 직장생활을 했는데도 운이 좋았는지 친구는 끝까지 살아남았다. 그런데 요즘 들어 친구가 하는 말.

"그 당시 10명이 하던 일을 지금 1명이 해도 잘 돌아가. 그런데 회사의 존폐가 걱정돼! 할 일이 별로 없어. 돌이킬 수 없는 상황까지 온 것 같아. 휴⋯."

참 안타까운 일이다. 명문대 출신이 수두룩하고 행정고시까지 합격한 사람들이 많이 있는 집단이 왜 지금 존폐를 걱정하는 처지가 되었을까?

콘크리트는 굳는 데 100년, 허물어지는 데 100년 도합 2백 년은 끄떡없이 간다고 한다. 그런데 엘리트가 망가지는 데는 2년도 채 안 걸린다고 한다. 윗물이 맑으면 아랫물도 맑은 법이다. 이 회사의 잘나가던 관리자들은 범죄자나 다름이 없다. 일반 기업도 아니고 국가 관련 예하 기관으로서 사명감을 가지고 산업 발전에 이바지하는 것은 고사하고 놀고먹다니….

- 일하지 않으려거든 먹지도 말라.
- 나태한 상사와 꼴불견 상사는 같은 뜻이다.
- 리더가 나태한 조직은 망할 수밖에 없다.

"일하지 않으려거든 먹지도 말라"라고 하지 않던가? 그들의 나태는 자신들만 죽인 게 아니라 부하직원도 죽이고 조직을 망쳤다. 기관의 존폐까지 걱정하는 신세가 되었으니 무슨 변명을 늘어놓을 수 있을까? '어떻게 하면 회원사들에게 좀 더 좋은 가치를 줄 수 있을까?'를 고민하고 연구했다면 이런 처참한 상황은 오지 않았을 것이다.

우리나라의 일터에는 아직 Workaholic이 엄청나지만 의외로 업무 태만인 상사의 수도 만만치 않다.

제58강
숫자
[만국공통의 알파벳]

"어이, 지 연구원! 이것 좀 봐봐. 음~, 아, 잘 만들었네. 괜찮은
데!"

동료가 세미나 프로그램을 기획하여 나에게 가지고 와서 은근
히 자랑하였다. 당시 교육이나 세미나 프로그램으로 산업계에
히트를 좀 치고 있던 터라 동료 연구원들에게 부러움을 좀 사고
있었다.

"한 100명은 오겠지?"
조심스레 내 눈치를 살피며 묻는다.
"음, 좋아, 좋아! 드디어 한 건 하겠는데~?"
"어, 그래?"
동료는 만면에 희색(喜色)이 돌면서,

"말해 봐. 몇 명 정도 올 것 같아?"

나의 입만 바라보고 있다.

"100명이 목표라고? 안 연구원! 아니, 어, 1명만 모으면 되겠는데."

"뭐라고, 1명? 이 친구 무슨 소리야 1명이라니? 그래 1명만 모아! 이 양반이 격려는 못 해줄망정 초를 쳐 초를?"

불같이 화를 냈다.

"안 연구원은 참 욕심도 많네. 무슨 100명씩이나 모으려고 그래. 1명만 모으면 되지."

무시하고 비아냥거리는 투의 내 말에 그의 얼굴은 달아오를 대로 달아올라 있었다. 진실은 다음과 같았다. 당시 기업세미나는 보통 1일짜리가 대부분이었고 외국의 석학碩學 같은 전문가를 초청하여 개최하는 경우가 아니면 보통 일일 참가비가 15만 원 정도였다. 그도 세미나 참가비를 16만 원으로 기획하였다. 그런데 자세히 보니 16만 원이 아니라 '160,000만 원'으로 표기되어 있었다. 1명에 참가비가 16억인 것이다. 뒤늦은 지적에 얼굴이 사색이 된 그는 어쩔 줄을 몰라 했다.

지금은 오자나 탈자가 있으면 온라인이나 홈페이지에 바로 수정을 하면 되지만 당시는 오로지 오프라인으로 안내장을 만들었던 시절이라 어떻게 수정할 방법이 없었다. 운 좋게도 팀장과 본부장님은 못 알아차리고 넘어갔다. 천만다행으로 참가문의나 신청을 하는 사람들도 전혀 눈치채지 못했다. 이 일로 나는 한동안 그에게 공짜 술을 얻어먹었다.

그 이후에도 그는 종종 크고 작은 사고를 쳤다. 미국 연수 프로젝트를 진행하고 나서 수익 정산을 했는데, 결산서의 항목에 항공료 원가를 1인당 항공료에 전체 참가자 수로 곱해야 함에도 그냥 1명으로 정산해 버리는 바람에 매출이익에 몇 천만 원의 차이가 발생하여 팀 월말 결산 때 모양새가 크게 빠지는 일까지 생겼었다.

세월이 흘러 그는 박사학위를 받고 현재 모 대학교 경영학과에서 인기 있는 교수로 재직하고 있다. 그는 우리나라 최초로 K-BPIKorean-Brand Power Index 모델Model을 개발함으로써 마케팅 분야에 한 획을 그었다. 숫자가 절대적인 이 모델을 그가 개발한 것이다. 요즘도 그 젊었을 때의 일들을 더듬어 술자리에서 가끔 안줏거리로 삼곤 한다.

- 모든 것은 숫자로 관리하라.
- 숫자로 나타낼 수 없는 것은 믿지 않는다.
- 숫자를 꿰고 있는 관리자는 이미 논리(論理)를 갖춘 리더이다.

수數는 만국 공통의 알파벳이다. 리더가 구사해야 할 최고의 언어다. 그래서인지 대기업 CEO들의 출신 직군을 살펴보면 경영·경제나 재무·회계 부문 출신들 등 소위 곳간 관리 전공자들이 압도적으로 많은 것을 알고 조금 놀랄 것이다. 소위 기업의 살림꾼이 되는 전공이다.

【2018 현대경영 리서치 100대 기업 CEO 주요 전공 현황】

계열	전공	인원	계열	전공	인원
상경계열	경영학	38	이공계열	세라믹공학	1
	경제학	7		식품공학	1
	무역학	4		자원공학	1
	회계	4		재료공학	1
	수리경제학	1		정밀기계	1
이공계열	응용통계	3	사회과학계열	법학	4
	통계학	3		사회학	2
	기계공학	5		정치외교학	21
	전자공학	5		행정학	2
	산업공학	4	인문과학계열	국사학	1
	섬유공학	3		신문방송학	1
	화학공학	10		심리학	1
	조선공학	6		아동학	1
	공업경영	2		영어영문학	1
	전기공학	2		조경학	1
	공업화학	1		중어중문학	1

숫자가 만국 공통의 알파벳이라는 소리를 하고 보니 영화 〈매트릭스〉가 떠오른다. 주인공 네오가 바라보는 영화 속 세상은 온통 숫자 천지이다. 『주역周易』의 대가였던 중국 북송北宋의 소강절

邵康節은 세상 모든 현상을 숫자로 풀어내려 했었는데, 아마도 영화 속 네오가 1,000년 전에 태어났다면 소강절의 모습은 아니었을지….

네오와 소강절은 모두 기업의 리더가 될 자질이 충분한 인재들이다. 리더의 꿈을 품은 사람은 모름지기 숫자와 친해야 한다.

제59강
회의
[재미있는 회의 10규칙]

회의실에 바퀴벌레가 나왔다. 상사는 바퀴벌레를 처리할 회의를 지시했다. 한 시간 동안 회의를 하는 사이에 바퀴벌레는 회의실을 빠져나갔다. 해충박멸 업체에 외주를 주기로 했다. 업체 선정을 위해 매주 회의를 했다. 두 달이 흘렀다. 바퀴벌레는 알을 낳고 온 건물에 퍼졌다.

회의 지상주의 우리나라 기업의 단면이다. 평균 회의 시간이 1시간, 일주일에 2.5회 이상이다. 회의로 인한 업무 손실이 약 30%나 된다고 한다.

회의는 조직에서 반드시 필요하다. 그런데 다들 회의라고 하면 지겹고 안 해도 되고, 얼른 끝나면 좋은 것이라고 한다. 싫든 좋든 간에 어차피 해야 하는 회의인데 매번 짜증나고 무의미하게 해야 하는가?

　회사의 대부분의 중요한 결정은 회의에서 이루어진다. 리더의 또 하나의 책무는 회의를 효율적으로 운영하는 것이다. 누구나 뜻있고 가치 있는 회의를 하고자 한다. 처음에는 몇 번 운영이 잘 되어가나 싶었는데 다시 '도돌이표'다. 왜일까? 회의의 규칙과 약속이 없이 주먹구구식으로 이루어지기 때문이다

〈재미있는 회의 10 규칙〉

규칙 1. 회의주제와 회의내용을 사전에 알린다. 상당수의 회의는 회의에 들어오고 나서 회의의 내용을 파악하게 된다. 황당한 일이다. 회의가 쓸모없는 시간 낭비로 여겨지지 않도록 사전에 공유하는 것이 중요하다. 그리고 회의의 성과까지 챙기는 것이다.

규칙 2. 회의 진행을 돌아가면서 한다. 아주 중요한 회의가 아니라면 팀장에서 말단 직원까지 회의 주관자를 돌아가면서 정한다. 그날의 진행담당자는 다른 팀원보다 잘하려고 밤새 진행에 대해 고민하고 연구할 것이다. 자연스러운 직원의 역량개발 효과라는 열매도 덤으로 가질 수 있다.

규칙 3. 회의하기 전에 반드시 돌아가면서 서로서로 칭찬을 한마디씩 한다. 차분히 상대의 장점을 찾다 보면 지금까지 대수롭지

않게 여기던 동료들의 멋진 모습과 역량들이 서로의 입에서 쏟아져 나오기 시작한다.

규칙 4. 회의는 일부가 아닌 모두를 동참시킨다. 전원참여를 원칙으로 해야 한다. 인턴직원도 아르바이트생도 비정규직원도 같이 회의에 참석하게 해야 한다.

규칙 5. 어떠한 의견이라도 무시하지 않는다. 무시는 반감을 불러일으킬 수밖에 없다. 아직 회의로 단련되지 않았는데 어떻게 스마트한 의견과 매끄러운 커뮤니케이션이 가능하겠는가? 곧 좋아질 것이다. 좀 못난 의견이라도 격려하고 칭찬하라.

규칙 6. 반드시 끝나는 시간을 정하고 한다. 회의는 마라톤이 아니다. 구성원 각자의 업무들이 있는데 왜 구성원들의 시간을 빼앗는가? 모래시계를 놓고 하는 회의도 효율적이다.

규칙 7. 조금이라도 좋은 의견이 나오면 큰 박수를 친다. 박수를 치는 사람은 잘 못 느끼지만, 박수를 받는 사람은 죽을 때까지 그 좋은 기억을 가지고 간다.

규칙 8. 회의 시작 전에 구성원의 사적인 축하와 위로를 한다.

규칙 9. 가능하면 스탠딩 회의(Standing Meeting)를 한다. 서서 회의를 하면 무엇보다 불필요한 이야기를 줄이고 빨리 결론을 도출하고자 하는 분위기가 자연스럽게 연출된다.

규칙 10. 유익한 회의였다는 피드백을 한다. 피드백은 회의의 유의미한 마무리를 하는 가장 중요한 수단이다. "누가 어떤 안을 냈고, 누구로 인해 회의가 재미있었고, 회의의 결과가 어떻게 도출되어 어느 상황에 있다."라고 공유하는 것은 다음에 이루어지는 회의의 질을 이미 담보하는 증거와 같다.

회의의 규칙을 반드시 지키자. 그러면 당신은 "회의는 절대 빠지지 않는다! 회의가 기다려진다."라는 상상치도 못했던 말들을 조만간 듣게 될 것이다.

서울역 앞의 서울스퀘어 빌딩에 있는 모 다국적 제약회사의 회의는 마치 잔치와 축제와 같이 즐겁다. 회의 시간의 대부분이 박장대소이다. 필자가 회의 광경을 지켜보고 깜짝 놀라 물었었다. "맞아요. 우리는 늘 회의를 이렇게 해요."

진통제 분야에서 세계적 권위를 가진 그 제약회사는 경쟁사보다 약 300%의 생산성을 매년 달성하고 있다고 한다. 제품의 품질 덕분일까? 조직문화 때문일까?

제60강
독서
〔안중근 의사와 빌 게이츠〕

"일일부독서 구중생형극(一日不讀書 口中生荊棘)"

– 하루라도 책을 읽지 않으면 입 안에 가시가 돋는다.

이 말은 안중근 의사가 이토 히로부미를 저격하고 1910년 3월에 여순 감옥에 투옥되어 있을 당시 독서의 중요성에 대해서 유묵으로 남기신 유명한 글이다. 어려서부터 한학을 수학하신 안중근 의사가 중국의 고전에 나오는 "일일독서천재보 백년탐물일조진一日讀書千載寶 百年貪物一朝塵 – 하루의 독서는 천 년의 보배요, 백 년을 물질만 탐내는 일은 티끌과 같다."라는 말을 아마도 재구성하여 학문을 게을리해서는 안 된다는 교훈으로 남긴 글일 것이다.

빌 게이츠Bill Gates는 "오늘의 나를 있게 한 것은 우리 마을 도서관이었다. 하버드대학교 졸업장보다 더 소중한 것이 독서 습관이다."라고 책의 중요성에 대해 강조했다.

성공한 사람들의 공통점은 대부분 책벌레로 소문이 나 있다는 것이다. 그들은 왜 책을 읽는 것인가? 책을 읽는 이유는 사람마다 조금씩 다를 수 있겠지만 다양한 지식이나 정보를 얻어 현재보다 더 나은 삶을 살기 위함은 별 차이가 없을 것이다.

책을 읽는다는 것은 훌륭한 사람들과 대화하는 것이라고 데카르트는 말했다. 위대하고 훌륭한 사람들을 직접 만나기가 쉽지 않은 일인데 책을 통해서는 얼마든지 만날 수 있다. 책을 통하여 그들의 지식을 배우고 그들의 생각과 느낌을 공유하여 체화할 수 있는 것은 참으로 감사할 일이다.

- 사람은 책을 만들고 책은 사람을 만든다. (신용호: 교보생명 · 교보
  문고 창립자)
- 책을 한 권 읽으면 한 권의 이익이 있고 책을 하루 읽으면 하루
  의 이익이 있다.
- 읽은 책의 수와 리더십의 크기는 비례한다.

관리자의 반열에 오르면 더욱 책 읽기가 중요하다는 것을 느낄 것이다. HR, 마케팅, 품질관리, 홍보 등의 팀장으로 발령을 받았다면 관련 책을 읽지 않고도 업무수행이 가능하겠는가? 전

문성이 절대 필요한 부서의 장이 되어 구성원을 이끌고 효율적인 조직 관리를 통하여 성과를 창출할 수 있겠는가 말이다.

　회사에서는 관리자 교육이나 전문적인 업무 관련으로 일부 교육지원을 해 주겠지만 결코 성에 차지 않을 것이다. 특히 중소기업은 너무나 바빠서 아니면 교육예산의 문제로 인하여 관리자들에게 제대로 전문적 교육을 하지 못하는 경우가 참 많다. 사실 조직을 맡아보면 무엇이 부족하고 무엇을 알아야 조직을 잘 이끌어 갈 수 있다는 것은 자신이 더 잘 알 것이다.

　1990년대 중반 무렵 우리나라 산업계에 혁신의 바람이 불어닥쳤었다. 기업 안에서의 모든 용어는 혁신과 변화였다. 아니 혁신과 변화를 쓰지 않는 관리자는 이상한 나라의 사람 취급을 받는 것은 당연한 이치가 될 정도였다.

　한 회사에 대표로 부임한 사람이 타성에 젖어 있는 조직의 변화와 혁신에 대한 저항을 돌파하기 위해 한 첫 번째 노력이 책 읽기였다. 밤을 새우고 또 새워가면서 경영혁신 관련 서적들을 거의 모조리 독파했다. 그러는 사이 그가 읽은 책의 수는 600권을 넘고 있었다.

그리고 그는 책의 에너지를 가지고 변화와 혁신을 선도했다. 공공기관의 수장으로서 한국 최초로 '고객만족경영대상', '서비스혁신대상'을 수상하고 이 서비스 변화와 혁신은 중앙정부, 공기관, 지방정부, 나아가 구청과 동사무소의 창구까지 일대 서비스 변화와 혁신을 가져오게 하는 마중물이 되었다. 바로 책의 지식과 성공 실패 사례의 지혜를 모아 조직을 이끈 것이다.

당신은 관리자가 되고 나서 지금까지 몇 권의 책을 읽었는가? 올해에 몇 권의 책을 읽었는가? 지금 읽고 있는 책은 있는가? 읽은 책의 수와 리더십의 크기는 비례하는 법이다.

제4편

리더의
통솔력

조직의 영원한 과제는 리더십이다. 아랍 속담에 "양 한 마리가 이끄는 사자 무리와 사자 한 마리가 이끄는 양떼가 대결하면 사자 한 마리가 이끄는 무리가 이긴다."라는 말이 있다. 다수의 구성원보다 한 명의 리더가 얼마나 중요한지를 보여주는 좋은 리더십의 표현이다.

리더는 부여 받은 높은 직책의 영광보다 직책 안에 내포된 리더의 의무와 책임을 다해야 하는 무거운 십자가를 진 존재이다. 팀원보다 더 높은 직책에다 더 높은 연봉과 특별한 혜택을 받는 이유는 무엇일까? 그냥 누리고 군림하라고 좋은 조건을 준 것은 절대 아니다.

리더에게 따르는 책무는 가히 크고 무겁다. 그렇기 때문에 리더는 아무나 달 수 없으며 누구나 리더가 될 수 없다.

리더의 통솔력은 조직 관리와 조직의 성과에 절대적인 영향을 끼치기 때문에 리더는 항상 많은 생각과 고민을 하여야 한다. 심사숙고된 판단과 의사결정이 조직을 성공으로 이끌어 갈 수 있기 때문이다.

나는 어떤 리더, 어떤 상사로 기억되기를 바라는가?

한 마리의 사자가 되라!

제61강
운
〔운칠기삼運七技三〕

"운칠기삼(運七技三)"

야바위꾼 이야기가 아니다. 사람이 살아가면서 모든 일의 성패는 역량과 재능보다 운에 달려 있다는 말이다. 운運이 7할이고 재주가 3할이라는 뜻이다. 즉 일의 성공은 운이 7할을 차지하고 재능과 노력이 3할을 차지하는 것이어서, 아무리 똑똑하고 열심히 노력해도 궁극적으로 운이 따라 주지 않으면 일을 이루기 어렵다는 뜻이기도 하다.

이 '운칠기삼'은 중국 지괴소설志怪小説의 걸작으로 꼽히는 포송령蒲松齡의 『요재지이聊齋志异』서 유래한 내용이다.

한 선비가 불만에 가득 찬 얼굴로 옥황상제에게 따져 물었다.

"저는 늙도록 공부를 게을리하지 않고 매진 또 매진하였습니다. 그러나 매번 낙방하여 가산이 기울대로 기울어져 버렸습니다. 그런데 저보다 변변치 못한 자들은 버젓이 과거에 급제하는 연유를 모르겠습니다."

옥황상제는 정의의 신과 운명의 신에게 술내기를 시켜서, 만약 정의의 신이 술을 많이 마시면 선비의 주장이 옳은 것이라 인정할 것이고, 운명의 신이 더 많이 마시면 세상사가 다 그러한 것이니 선비가 받아들여야 한다는 다짐을 받았다.

내기 결과 공교롭게도 정의의 신은 술을 석 잔밖에 마시지 못하고 운명의 신은 일곱 잔이나 마셨다.

옥황상제는 세상사는 모든 것이 정의에 따라서만 이루어지는 것이 아니고 운명의 장난에 따라 행해지기도 하되, 3할은 실력과 이치로 행해지니 운명만 믿지 말고 더 열심히 노력하라며 선비를 타일러 돌려보냈다.

이 말이 널리 쓰여서인지 성공한 사람들, 경기에서 큰 능력을 보여준 스포츠 선수나 인기 있는 연예인, 부와 권력을 거머쥔 사업가와 정치인들은 저마다 겸손하게 "그저 제가 운이 좋아서…."라고 하나같이 말한다. 이러한 인터뷰를 듣는 사람들은 성공한 그들이 자신의 재능을 자랑하지 않는 것에 더욱 반하게 된다.

'운칠기삼'은 두 가지 의미로 쓰인다. 첫째는 노력을 다해도 성공할 확률은 3할 정도니 세상사에 너무 낙담하지 말라는 격려가 담겨 있는 뜻이고, 둘째는 이미 성공한 사람들이 겸손하게 자신을 낮추어 표현하는 뜻으로 쓰인다.

- 운이 좋다는 것은 좋은 운을 만들었다는 뜻이다.
- 성공이 다 운이다. 그렇지만 운이 성공을 만들지는 않는다.
- 운이 좋은 리더는 옆에 많은 조력자와 인재들로 둘러싸인 사람이다.

일본 최고 부자이자 성공한 사업가로 주목받고 있는 사이토 히토리斎藤一人가 저술한 『부자의 운』에서 그는 운運을 불러오는 중요한 습관과 태도를 강조한다. 개운開運 방법으로 "나는 운이 좋은 사람이다. 운이 좋다. 운이 좋다."를 말하게 한다. 그리고 성공밑천은 웃음이고 긍정적인 생각을 하는 것이라고 주장한다.

부자는 혼자서 만들어지지 않는다. 부자가 되기까지 수많은 조력자가 있었고, 그들이 진정으로 도와주었기 때문에 성공할 수 있었다. 이것은 바로 인간관계로부터 나온다. 혼자 있는 사람을 리더라 하지 않는다. 리더는 집단을 대표하는 사람이다. 모든 것을 리더 혼자서 수행할 수는 없다. 동료와 부하들이 얼마나 도와주고 제 역할을 하는가에 따라 일의 결과가 달라진다. 즉 리더의 인간관계는 운과 성공에 직결된다는 것이다.

운은 타이밍으로 찾아오기도 한다. 운이 좋다는 것은 적절한 타이밍에서 오는 기회를 꽉 잡았다는 뜻이다. 가만히 보면 운은 오는 것이 아니라 스스로 준비하고 만들어 나가는 것이다. 운이 좋다는 것은 이미 결과가 좋게 나타난 것이다. 좋은 결과는 그냥 나오지 않는다. 운을 얼마나 준비하고 잘 받아들이느냐에 달려 있다.

가장 운이 좋은 리더는 용감한 용장勇將도, 지략이 뛰어난 지장智將도, 훌륭한 인품과 덕을 갖춘 덕장德將도 아닌 복장福將이다.

복이 많은 복장은 훌륭한 조력자들과 뛰어난 인재로 둘러싸인 사람이다. 능력을 키우기 위한 노력만큼 주변에 조력자들이 모이도록 하라.

제62강
공적 갈취
〔내 공이 네 공이고 네 공도 네 공이다!〕

'도둑질하지 말라!'

우리가 아는 일반적인 도둑질은 좀 못사는 사람이 가진 자의 일부를 몰래 훔쳐가는 것이다. 도둑질의 전제는 '몰래'이다. 도둑질이 너무도 정교해서 어떤 부자는 한동안 도둑질당한 사실도 모르는 때도 있는 것을 가끔 들어 봤다.

회사 내에서 상사가 부하의 아이디어를 착복하는 것은 드라마의 좋은 소재로도 많이 쓰인다. 감쪽같이 아이디어를 훔쳐서 잘 가다가 결국에는 나락으로 떨어지는 나쁜 상사를 보면서 얼마나 통쾌해했던가? 그런데 드라마 속의 나쁜 상사처럼 아이디어를 도용한 사람이 자기의 상사라면 어떤 생각이 들까? '그럴 수도 있겠지' 하며 과연 넘어갈 수 있느냐 말이다. 순간 존경심은 고사하고 동네방네 분한 일을 동료에게 얘기하면서 나쁜 인간으로 매도하는 것은 당연한 일이다.

조직은 유사한 일을 하는 집단이다. 왜 팀을 한 파티션Partition 안에 같이 있게 하는가? 그것은 회사 내의 수많은 기능 업무 가운데 유사한 일을 적절히 분장하여 시너지를 내게 하기 위해 한 곳에 모아 놓은 것이다. 시너지의 원천은 조직 안에서의 빈번한 지식과 정보의 공유이다.

팀은 팀장부터 말단 직원까지 담당업무를 분장하여 지시하고 보고하고 도와주어 성과를 창출하는 작은 공간이다. 이 작은 공간에서 비밀유지는 거의 불가능하다. 누가 어떤 성과를 내고 있고 누가 나태하고 누가 멋진 아이디어를 냈는지 팀원들은 다 알고 있다.

- 부하의 아이디어를 도둑질하지 말라.
- 부하의 아이디어와 성과를 인정하는 순간, 몇 배의 아이디어는
  이미 보장된 것과 같다.
- 리더는 자기가 개발한 아이디어와 성과도 부하의 공으로 돌리
  는 사람이다.

임원이 불러 이 아이디어를 누가 내어 이렇게 큰 성과를 창출하였는지 물어볼 때, "제가 아이디어를 내서 우리 직원들과…." 하고, "음~, 그래, 훌륭하네!"라는 답을 듣는 순간 당신은 도둑놈이 되었다. 떳떳하지 않다는 것은 자신이 가장 잘 알고 있다.

그 부하직원과 눈이 마주쳤을 때 당신은 과연 자연스러운 눈빛을 부하에게 줄 수 있을까?

참 어리석은 일이다. 몰래 아이디어를 착복한다고 영원히 갈 수 있다고 생각한다면 큰 오산이다. 조직 안에서 비밀은 불가능하다고 하지 않았던가? 조만간 팀원들이, 언젠가 그 부하직원이 착복한 사실을 알게 된다면 당신은 어떤 인간으로 평가받을지 자명한 일이다.

한 회사에서 임원까지 올라간다는 것은 낙타가 바늘구멍에 들어가는 것처럼 어려운 일이다. 이 엄청난 관문을 뚫고 올라간 사람이 과연 팀장의 아이디어인지 팀원의 아이디어인지 모를까? 평소 팀장의 역량을 너무나 잘 알고 있는 임원인데….

스스로에게 당당하자! 아이디어와 성과를 훔치는 순간 당신은 죄인이다. 그렇게 살면서 집에 와서 아들의 눈을 제대로 볼 수 있을까? 아들에게 정직하게 살아야 한다고 훈계할 수 있을까? 어떻게 선한 아내의 눈을 자연스럽게 볼 수 있을 것인가? 발이 저릴 유혹에서 벗어나야 한다. 어떻게 당당하게 팀을 이끌 것인가? 아이디어를 착복하는 순간, 충성스러운 한 명의 팀원이 적이 되고 머지않아 모든 팀원들도 등을 돌릴 것이다.

팀원의 아이디어를 인정하고 칭찬하여 성과를 냈을 때, 그 성과의 몫은 바로 자신이 가지는 것이다. 임원 앞에서 아이디어의 주인공이 바로 팀원이라고 자랑스럽게 말하면 그 임원은 당신의 리더십을 크게 인정해 줄 것이다.

그리고 성과를 인정받은 부하의 충성도Loyalty는 더욱 높아진다. 목숨을 바쳐 일할 정도로 흥이 나고 보람을 느낄 것이다. 또 나머지 팀원들은 어떤가? 저렇게 인정받고 성과에 대한 보상으로 돈으로도 바꾸지 못할 칭찬을 받는데…. 다들 미친 듯이 일할 것이다.

유치원생과 대통령도 다 인정받으려고 산다. 팀장의 존재 이유는 팀원들의 아이디어와 성과를 인정해 주기 위해 데에 있다.

불평
〔낙타의 이빨〕

살다 보면 불평·불만할 일들이 정말 많이 일어난다. 완전하지 않은 세상 가운데 특히 조직은 불완전 그 자체이다. 조직 안에서 온전한 것을 기대하는 것이 오히려 이상한 일일지도 모른다.

> "우리 회사는 경쟁사에 비해 사업 인프라가 너무 빈약하단 말이야! 직원들도 하나같이 수준 이하이고 말이야. 게다가 상품도 별로인데 어떻게 매출을 확대하고 성과를 내라는 거야. 나 참! 회사는 지원도 별로 안 해 주고 월급은 쥐꼬리만큼 주면서…"

특히 리더가 계속해서 불평과 불만을 드러내야겠는가? 당신이 보직자로서 팀원보다 더 많은 연봉과 더 좋은 혜택을 받는 이유는 무엇인가? 당신에게 불평하라고 그 자리를 주진 않았다. 당신이 아니어도 리더가 되고 싶은 사람은 내부든지 외부든지 줄을 서 있다. 진정 당신은 그들에게 당신의 자리를 넘겨주고 싶은가? 리더가 갖추어야 할 가장 중요한 덕목은 인내다. 세상살이에 조직 생활에 불평불만만 하다가 당신의 소중한 인생을 좀 먹을 것인가?

- 불평과 불만은 조직을 멍들게 하고 점점 늪 속에 빠져들게 할 뿐이다.
- 불평은 누워서 하는 침 뱉기와 같다.
- 생선이 썩을 때는 머리부터 썩는다. 리더는 항상 불평을 경계해야 한다.

문제없는 기업, 문제없는 조직이 과연 있을까? 문제는 개선하라고 있는 것이지 불평하라고 있는 것이 아니다. 당신이 이 회사를 선택하지 않았는가? 그렇게 불만이 많다면 떠나라. 떠나면 더는 불평, 불만할 일이 없지 않은가? 불평하는 대신에 당신이 이 회사를 바꾸어 볼 생각은 없는가? 당신은 불평자로 남을 것인가? 존경받고 인정받는 리더로 남을 것인가? 당신은 어떤 사람으로 기억되기를 바라는가는 당신 자신에게 달려 있다.

각자무치_{角者無齒}라 했다.

뿔이 있는 소는 날카로운 이빨이 없고
이빨이 날카로운 호랑이는 뿔이 없으며,

날개 달린 새는 다리가 두 개뿐이고

날 수 없는 고양이는

다리가 네 개이다.

예쁘고 아름다운 꽃은 열매가 변변찮고

열매가 귀한 것은 꽃이 별로이다.

심지어 소와 같은 목目의 동물인 낙타는 뿔마저도 없다. 그런데 이빨도 없는 낙타가 사막에서 가시 달린 식물들을 두툼한 입술로 잘도 뜯어먹지 않는가?

세상은 공평하다. 장점이 있으면 반드시 단점이 있고, 단점이 있으면 장점이 있다. 불평과 불만을 가진 자가 성공한 사례는 없다. 회사를 사랑한다면, 자기 자신을 사랑한다면, 불평불만을 할 시간에 문제를 잘 파악하여 건의하고 제안하라.

팔랑 귀/말뚝 귀
[Good communicater]

팔랑 귀란 말이 있다. 팔랑 귀란 귀가 팔랑팔랑댈 정도로 얇아서 남의 말에 잘 넘어가고 속는 사람을 빗대는 말이다. 자신의 주관이 없이 다른 사람의 의견에 따르는 사람을 일컫는다.

인간관계에서 좋은 뜻으로 쓰이는 경청의 의미와는 아주 거리가 있다. 귀가 얇은 사람은 주관적이지 못하기 때문에 조직에서 줏대 없는 사람, 존재감이 없는 사람으로 취급당한다. 이러한 유형은 관념의 벽이 두껍게 형성되지 않았기 때문에 사고와 판단의 기능이 현저히 낮아 사람의 말을 쉽게 믿는 경향이 있다. 주관이 없는 사람은 주위 사람들을 결국은 질리게 한다. 왜냐면 항상 우유부단한 자신의 지겨운 모습밖에 보여주지 못하기 때문이다.

이런 리더의 모습에 대해 구성원들은 어떻게 생각할까? 그저 성격 좋고 말 잘 들어주는 상사라고 이해하고 넘어갈까? 잘 들어주는 것과 쉽게 믿는 것과는 큰 차이가 있다.

조직은 문제투성이 집단이다. 매일같이 문제가 터진다. 리더는 지혜롭게 구성원들의 불평과 불만을 조율하고 의견을 모아 문제를 해결하는 해결사가 되어야 한다. 구성원들의 불평과 불만이 다 정당하고 그럴만한 이유가 있는 것은 절대 아니다. 어떤 이는 사안을 교활하게 침소봉대針小棒大 하고 어떤 직원은 자기중심적으로 포장한다. 리더가 필요한 이유가 여기에 있다. 사공들의 말을 다 들어주다 보면 배는 산으로 간다. 방향을 결정해줄 사람이 바로 리더다.

부하직원의 말을 곧이곧대로 믿고 밀어붙였다가 낭패를 본 적이 있을 것이다. 옛말에 "돌다리도 두드려 보고 건너라."라는 속담이 있다. 돌다리는 누가 봐도 튼튼하다. 어쩌면 돌다리는 두드려 보지 않아도 될 것 같다. 돌다리도 두드려 보고 열 길 물속도 살피면서 왜 사람의 진정성은 살펴보지 않는가? 한 길 사람 속을 살펴보자. 먼저 그를 위해서 그리고 나서 나를 위해서….

– 주관이 강하면 사람은 다가오지 않고 주관이 약하면 무시당한다.

– 가장 나쁜 사람은 누구인가? 줏대 없이 이리저리 마음이 흔들리도록 꼬드기는 사람이다. (소크라테스)

– 리더의 줏대는 보이지 않는 지휘봉이다.

그런데 귀가 얇은 사람은 우유부단하고 착한 성격 때문에 쉽게 거절하지 못하며 정에 약하다.

그래서 많은 사람이 교묘하고 집요하게 그 약점을 파고 들어간다. 매사에 우유부단하여 쉽게 거절하지 못하는 점을 노리는 것이다. 이들은 매몰차지 못하다.

우유부단한 부모는 아이를 응석받이로 만든다. 우유부단한 리더는 조직을 우왕좌왕하게 만든다. 리더는 예스맨이 아니다. 거절할 때도 있는 것이다. 상대의 마음이 상하지 않도록 자신의 의사 표현을 명확히 하면 된다. 의사 표현을 정확히 못 했기 때문에 늘 끌려 다니는 인상을 남기는 것이다.

한편, 말뚝 귀란 말도 있다. 귀에 말뚝을 박은 것처럼 남의 말에 꿈쩍도 하지 않는 사람을 가리킨다. 이런 유형의 사람은 모든 것이 자기중심적이며 스스로 확인하고 스스로 인정해야 믿는 사람이다.

이런 유형의 리더 역시 구성원들이 힘든 것은 마찬가지다. 처음에는 몇 번 생각과 의견을 제시하지만 그럴 때마다 '소 귀에 경 읽기'를 체험하고는 이윽고 포기하고 말아 버린다. 더는 부하직원들이 다가오지 않는다. 리더는 점점 독불장군이 되어가고 자기가 구축한 외로운 섬에 결국 갇히게 되는 신세를 맞는다.

훌륭한 리더는 굿 커뮤니케이터Good communicater이다. 매일 쏟아내는 부하직원들의 말을 잘 듣고 간신의 소리와 충신의 소리를 잘 구별해야 한다. 그 소리를 구성원들도 똑같이 듣고 있다는 것을 명심해야 한다.

정치에서는 좌파도 있고 우파도 있지만, 조직에서는 중도가 환영받는다. 당신은 좌파(팔랑 귀)인가? 우파(말뚝 귀)인가? 아니면 존경받는 중도파(?)인가?

제65강
정치성
〔정치는 국회에서, 업무는 조직에서〕

하루의 상당한 시간을 자신의 입신을 위해 보내는 사람들이 의외로 많다. 경영진과 상사의 눈치를 보느라 잔머리를 굴리고 아부를 떠는 데 금쪽같은 시간을 허비하는 것은 범죄나 다름없다.

사내정치社內政治는 백과사전에도 등록된 말로, 고용된 조직 내에서 이익을 얻기 위한 목적으로 기존의 보장된 권한을 넘어 개인적인 또는 주어진 권한을 행사하는 것을 뜻하는 말로 "줄을 선다." 혹은 "줄을 세운다."라는 말로도 사용된다.

사내정치는 특히 조직 내의 선후배 간에 두드러지게 나타나는 현상이다. 직장인 사이에서는 성공하기 위한 조건 중 하나로 사내정치가 꼽히나, 이는 조직의 상호 간 신뢰성을 떨어뜨리는 문제점이 나타나기 때문에 회사에서는 늘 감시의 시선을 놓을 수가 없다.

조직 안에서는 특별한 일이 없으면 자연스럽게 직급이 올라가게 마련이다. 그런데 점점 직급이 올라가면 갈수록 줄을 서야 한다는 강박감에 시달린다. 특히 별 능력도 없는 사람들이 윗사람에게 아부하고 줄을 잘 대서 올라가는 꼴은 정말 못 본다. 그나마 자기도 같이 승진을 하면 몰라도 중간에 퇴사하는 상당한 사람들이 이 꼴을 도저히 볼 수 없어서 떠난다는 것이다. 중요한 것은 회사에서 대부분 떠나는 이유를 모르고 있다는 것이다. 이러한 결과로 회사는 또 한 명의 인재를 놓치게 된다.

 - 코드인사가 이루어지는 순간 회사는 정치판이 되어버린다.
 - 역량과 성과 대신에 아부와 아첨으로 움직이는 조직은 이미 죽은 거나 다름이 없다.
 - 존경받는 리더는 무엇보다 일로써 자기를 나타내는 사람이다.

회사 내에서의 권력은 정치판처럼 다수결로 결정되지 않는다. 회사에는 오너 회장과 사장, 그리고 이사회와 대주주, 힘이 있는 전문경영인과 임원, 그리고 회사마다 조금의 차이는 있지만 막강한 힘이 있는 부서와 간부 등 직급과 조직 체계가 그 권력을 가진다.

이 권력 구조에서 리더들의 희비가 엇갈리고 사내정치의 비극이 시작된다. 결국에는 스스로 옳다고 믿는 방향으로 가기 위해 자기가 속한 조직의 위로부터 인정을 받아야 한다. 하물며 그 인정을 받는 평가 기준은 오로지 업무 역량과 성과가 되어야 하는데 그렇지 않을 수 있다는 것이 항상 사내정치가 판을 치게 하는 것이다.

사람은 이성이 지배하고 판단한다고 믿지만, 실상은 감성으로부터 상당한 부분을 지배당하는 것이 사실이다. 자신의 스타일과 맞으면 더 끌리고 자기와 친한 사람이면 감정이 기울고 이로써 코드가 맞아떨어지는 것이다. 평소에 일을 잘한다는 평가를 받으면서도 승진에서 누락되는 경우를 심심찮게 볼 수 있는데, 이러한 경우의 90% 이상은 윗분들과 코드를 잘 못 맞춘 결과라 생각하면 틀림이 없다.

자기가 모시고 있는 상사가 일은 항상 뒷전이고 사내정치판만 기웃거리며 어슬렁댄다면 과연 어떤 생각이 들까? 사내정치에서 가장 꼴 보기 싫은 장면이 바로 아부와 아첨이다. 상사가 비굴하게 아부하고 아첨하는 꼴을 부하들이 수시로 봐야 한다면 열정을 가지고 온전하게 일을 할 수 있겠는가 말이다. 미래의 자신의 모습일 수도 있다는 생각까지 든다면 부하는 비애에 휩싸일 것이다.

사내에서 몇몇이 모여 "우리가 남이가!"를 외치는 순간부터 회사는 망한다.

제66강
변명
〔칭기즈 칸 어록〕

사실 리더에게 있어 변명만큼 초라한 일도 없다. 남 탓하는 상사, 항상 회사 탓을 하고 환경에 대한 핑계로 일관하는 상사야말로 꼴 보기 싫은 상사의 전형이다. 변명이란 그 의미 자체로 상당한 '잘못'을 전제하고 있다. 어느 정도 자기가 잘못을 저질렀음을 인정한다는 얘기다.

더구나 어설픈 변명을 시작했다가는 "자기가 무엇을 잘못했는지도 모르지?"라는 역공을 당하기 마련이고, 더욱 혼란스러운 상황으로 치닫게 되는 것이다. 변명이 변명을 부르고 변명이 잘못을 만들고 변명이 죄인을 만드는 꼴이 되어버린다.

변명으로 오해가 풀리고 이해에 닿을 수 있을 거라 믿는다면 얼마든지 해야 한다. 하지만 변명은 하면 할수록 구구절절 핑계거리를 주워대기만 할 뿐 이해에는 조금의 도움도 되지 않는다.

그리고 마침내는 아무도 자신을 믿어주지 않고 내 편이 되어 주는 사람이 단 한 명도 없는 분위기를 파악하고 난 다음은 허탈한 속에서 스스로 자괴감과 무력감에 시달리기 마련이다.

훌륭한 일터Great Workplace에 역행하는 리더들의 5가지 변명이 있다.

1. 시간이 없다 – 난 지금 정신없이 바빠서 당장은 낼 시간이 없다.
2. 환경이 안 된다 – 전적으로 동의하지만 이런 환경에서는 성공 못 합니다.
3. 구성원 탓을 한다 – 직원들이 우리를 망설이게 하는 것이 있어요.
4. 우선순위를 핑계 댄다 – 산적한 일과 더 중요한 일, 이런 것들이 당장 해결해야 할 우선순위예요.
5. 리더십 – 내 윗분들은 이 문제에 관심이 없어요.

칭기즈 칸의 어록을 보면, 이런 변명들이 얼마나 어처구니없는지 알게 된다.

《칭기즈 칸 어록》
집안이 나쁘다고 탓하지 말라.
나는 아홉 살 때 아버지를 잃고 마을에서 쫓겨났다.

가난하다고 말하지 말라.

나는 들쥐를 잡아먹으면서 연명했고,

목숨을 건 전쟁이 내 직업이고 내 일이었다.

작은 나라에서 태어났다고 말하지 말라.

그림자 말고는 친구도 없고 병사로만 10만,

백성은 어린아이, 노인까지 합쳐 2백만도 되지 않았다.

배운 게 없다고 힘이 없다고 탓하지 말라.

나는 내 이름도 쓸 줄 몰랐으나

남의 말에 귀 기울이면서 현명해지는 법을 배웠다.

너무 막막해서 포기해야겠다고 말하지 말라.

나는 목에 칼을 쓰고도 탈출을 했고,

뺨에 화살을 맞고 죽었다 살아나기도 했다.

적은 밖에 있는 것이 아니라 내 안에 있었다.

나는 내게 거추장스러운 것을 깡그리 쓸어버렸다.

나를 극복하는 순간 나는 칭기즈 칸이 되었다.

변명을 하고 핑계거리를 찾기보다 먼저 자신의 잘못을 시인하자. 리더가 부하들에게 솔직하게 잘못을 시인하고 인정하는 것은 정말로 리더다운 선택이고 올바른 행동이다.

제67강

책임 회피
[파레토 법칙]

일본의 다나까 전 수상은 역대 수상 중 가장 치적과 인기가 많았다. 다나까 전 수상이 대장성 장관으로 취임했을 때의 일이다. 사람들은 초등학교 학력이 전부인 그가 동경대, 와세다대학교 출신의 수재들이 즐비한 엘리트 관료집단의 본산인 대장성에서 얼마 견디지 못할 거라 생각했다. 나아가 대장성 직원들도 그를 장관으로 임명한 데 대해 노골적으로 불만을 품고 있던 터였다. 그런데 취임사에서 다나까는 채 1분도 안 되는 시간에 그 모든 우려와 불만을 일소했다.

"여러분은 천하가 알아주는 수재들이고 나는 초등학교밖에 못 나온 사람입니다. 더구나 대장성의 일에 대해서는 깜깜합니다. 따라서 대장성 일은 여러분들이 하십시오. 나는 책임만 지겠습니다."

그 취임사 한마디로 다나까는 부하직원들의 마음을 휘어잡았다. 상대방에 대한 존중과 자신에 대한 책임 있는 인사말 한마디로 말이다.

- 책임을 질 수 있다는 것은 조직에서 핵심인재로 인정받는 증거다.
- 의무보다는 책임을 중히 생각하는 사람이 성공한다.
- 리더에게 책임이 따르는 것은 그가 리더이기 때문이다.

이탈리아의 경제학자 빌프레도 파레토Vilfredo Pareto가 발견한 20:80의 법칙은 우리의 조직과 일터에 일깨우는 바가 크다. 파레토 법칙이란 전체의 20%가 80%의 일을 하고 있으며, 상위 20%가 전체 80%의 부를 축적하고 있고, 상품 중 20%가 전체의 80%의 매출을 올린다는 것이다.

파레토가 하루는 땅을 보며 개미들을 관찰하고 있었는데 개미들이 너무나 일을 열심히 하고 있었다. 하지만 오랜 시간 동안 자세히 살펴보니 모든 개미가 열심히 일하는 것은 아니었다. 가만히 보다 보니 열심히 일하지 않는 개미가 하나둘씩 눈에 들어왔고, 더욱 자세히 보았더니 일을 제대로 하지 않는 개미의 숫자가 훨씬 더 많다는 것을 알게 되었다. 그 비율이 20:80 정도였다. 그 후 파레토는 그 개미들을 잡아 분류를 해봤고, 열심히 일하는 20%만 따로 모아서 지켜보았는데, 놀랍게도 그 20%의 개미

중에도 일을 하지 않는 개미가 생기기 시작했다. 한참이 지나자 20%의 개미집단에서도 다시 20:80의 비율에 맞춰 열심히 일하는 개미와 노는 개미가 나뉘게 되었다.

이러한 현상은 게으른 80%의 개미집단에서도 마찬가지였다. 처음에는 놀고 있기만 하던 무리 속에 어느 순간부터 서서히 일하는 개미들이 나타나기 시작했고, 시간이 지나자 그들도 20:80의 비율로 나뉘었다.

조직에서는 전 구성원들이 다 같이 일을 열심히 하고 성과를 내는 것은 아니라는 사실을 우리는 알고 있다. 리더의 역할이 더욱 중요한 이유가 여기에 있다. 일 잘하는 20% 구성원의 비율을 여하히 30%, 50%, 80% 이상으로 끌어 올릴 것인가가 리더의 진정한 소명이자 책무이다.

제68강
원칙/기본
〔원칙으로 승부하라〕

인생을 살아가면서 가장 지키기 힘든 것이 원칙과 기본이다. 어느 국가나 어느 기업, 어떤 조직과 단체든지 공통적으로 활용되는 '팡세pense'가 바로 원칙과 기본이다.

사람은 태어나서 죽을 때까지 이 원칙과 기본을 지키기 위해 애를 쓴다. 존경받고 성공한 사람들에 대한 후대의 평가 기준은 아이러니하게도 당연한 항목일 때가 많다. 바로 원칙을 준수하고 기본에 충실했다는 것에 높은 점수를 준다.

공부를 잘한 학생이나 스포츠 스타에게 성공한 비결을 물어보면 하나같이 원칙과 기본에 충실했다고 한다. 입시에 수석을 한 학생에게 물어보면 가장 일반적인 대답도 "교과서에 충실했어요."이다. 가장 쉬울 것 같은 것이 가장 어려울 수도 있다는 것을 깨닫기 시작한다. 그럼에도 사람들은 원칙과 기본을 생각하기보다 열매에 집착하여 사상누각의 우를 범한다.

천릿길도 한 걸음부터인데, 사람은 단번에 열 걸음, 백 걸음의 욕심을 낸다. 골프에 입문하게 되면 먼저 기본 에티켓을 배우고 그립Grip을 잡는 방법부터 스탠스를 취하는 자세를 배운다. 그 후에야 비로소 볼을 톡톡 건드리는 액션을 수도 없이 하면서 아이언, 우드, 드라이버, 퍼팅의 단계를 거친다.

그런데 간혹 코치의 말에 아랑곳없이 드라이버 샷부터 날리는 막무가내들이 있다. 이런 사람들은 골프채에서 풀이 돋기 전에는 실력이 나아지지 않는다. 스탠스가 무너지고 헤드업을 하여 동료들에게 좋은 이미지를 심어주는 데 실패한다. 가끔은 운이 좋아 점수가 잘 나오더라도 요행은 두 번 일어나지 않는다. 그만큼 원칙과 기본은 힘든 것이다.

- 원칙을 지키는 것은 정말 힘들지만, 그것을 지켰을 때 당당해지기 시작한다.
- 성공한 사람들은 원칙과 기본에 충실한 사람들이다.
- 리더의 백 가지 역량보다 더 강한 것은 원칙과 기본이다.

조직에서 원칙과 기본을 잘 갖춘 상사를 만나는 것은 행운이다.

'큰 나무 밑에서는 작은 나무는 시들어 죽지만, 큰 인물 아래에서는 더 훌륭한 인물이 나올 수 있다.'

'호경기 덕분에, 요행으로, 운이 좋아' 큰 실적을 몇 번 낸 상사를 만나면 오히려 이후의 회사생활에 리스크가 된다. 그에게서 배울 수 있는 것은 눈치와 기회 포착, 오로지 성과 위주의 업무 관리뿐이다.

인생과 조직 생활은 롱런이다. 단기에 승부를 가리는 승부차기가 아니다. 단기간에 성과를 낸 상사가 하루아침에 조직을 떠나는 경우를 많이 본다.

존 헌츠먼의 『원칙으로 승부하라Winners never cheat』는 세계 최고 경영대학원으로 평가받고 있는 와튼 스쿨Wharton Business School의 경영서적으로도 채택되었다.
그는 원칙을 지키고 나서 성공으로 연결되었던 사례들을 얘기하며, 욕심을 위한 원칙 부조화가 경영 현실을 각박하게 만들고 있는 점을 꼬집었다. 그리고 이를 통해 기본적인 원칙을 준수하는 것이 결국은 얼마나 많은 것을 되돌려 주는지를 주장한다.

이론만 주장한 것이 아니라 실천가였다. 그는 백악관 참모 생활 당시 부당한 요구에도 원칙을 고수하여 경질되었다고 한다. 그러나 정권이 바뀌고 새로운 정권에서 심판의 칼날이 유일하게 비껴간 사람이 바로 존 헌츠먼이다. 또한 그는 13조 자산을 보유한 화학회사의 창립자이자, 회장으로 활동하고 있으며, 기부천사로도 유명하다.

원칙주의자의 행보는 반석 위의 집과 같다. 지혜로운 자는 모래 위에 집을 짓지 않는다.

제69강
공과 사
〔상황판단과 분별력〕

태어나서 어느 정도 자랐음에도 불구하고 똥오줌을 못 가리는 아이는 부모에게는 큰 근심이 되고 하늘이 무너지는 아픔과 충격으로 다가온다.

하물며 군대에서 똥오줌을 못 가리고 눈치 없는 병사에게는 '고문관'이란 엄청난 고위직(?)이 하사된다. 군대를 갔다 온 남자 – 요즘은 여성들도 멋지게 직업군인으로 활동하는 시대가 되었다 – 치고 고문관이란 단어를 좋아하는 사람은 단 한 명도 없을 것이다. 고문관으로 한번 찍히게 되면 사람대접은 고사하고 군 생활이 제대로 꼬이게 된다. 더 큰 문제는 제대 후에도 군 생활을 함께한 동료들에게 평생 놀림거리로 취급받는다. '고문관' 정말로 받기 싫은 무서운 직함이다.

자꾸 '변' 이야기를 해서 뭣하지만, 조직 생활에서도 똥오줌을 못 가리는 사람들이 꽤 있다. 그런데 상사가 그렇다면 팀원들은 정말로 속이 터질 것이다. 자기 부모가 온전치 않으면 자식들은 부끄럽고 주눅이 들어 기를 못 편다. 어렸을 때 자기 부모가 나이가 많거나 장애인이어서 제발 학교와 학교 근처에도 오지 말라 했던 것을 철든 뒤 부모님께 너무나 죄송해하는 사람들을 보았다.

- 상황판단과 분별력 있는 행동은 조직 생활에서 최고의 지혜를 뽐내는 거와 같다.
- 공과 사는 엄연히 구분되어 있다. 그것을 사람이 흐리게 할 뿐이다.
- 공과 사를 잘 구별하는 사람은 리더의 반열에 오를 자격이 있다.

조직에서도 인정받고 잘나가는 관리자가 있는가 하면, 존재가 잘 드러나지 않을 정도로 투명인간 취급을 받는 관리자도 있다. 부하직원으로서 당연히 잘나가는 상사와 한 팀에서 일하고 싶을 것이다. 훌륭한 상사 덕분에 자기도 상사처럼 잘나가는 상상을 해 보는 것은 인지상정이다. 이왕이면 썩어가는 밧줄보다 든든한 동아줄을 잡으려고 하는 것은 세상의 자명한 이치다.

잘나가지 못하는 상사들은 대부분 현실감각이 많이 떨어지는 편이라서 판단력이 극히 약하다. 위협과 기회, 중요한 일과 후

순위의 일에 대한 분별력이 떨어지기 때문에 회사에서는 중요한 역할을 줄 수가 없다.

더욱 안타까운 것은 이러한 상사들은 윤리적인 측면에도 큰 결함을 가지고 있다. 회사 내에서 부하에게 개인적인 심부름을 시키는 것은 다반사이고, 아무렇지도 않은 표정으로 집안일을 대놓고 하는 모습에 다들 아연실색을 하지 않을 수 없다. 윤리적인 눈치라도 좀 가지고 있다면 얼마든지 몰래 처리할 수 있을 텐데, 도통 회사 안인지 자기 집안인지 전혀 구별을 못 하는 안하무인격 상사는 정말로 꼴불견이다.

설상가상으로 자신의 사회포지션을 자랑이라도 하듯이 온종일 동호회나 동문회 모임 잡고 일정을 조절하는 모습에는 정말 눈꼴이 사나워진다. 만일 부하가 그렇게 한다면 당장 불호령을 내리지 않겠는가?

수많은 부하의 눈과 귀를 생각한다면 공사 구분을 해야 한다. 자신이 떳떳하지 않은데 어떻게 부하들에게 영令이 설 것인가?

공과 사에 대한 처신을 잘못해 곤욕을 치르는 사람들을 보면서 혀를 찬 적이 적지 않을 것이다. 과연 자신은 공과 사에 대해 얼마나 엄격한 잣대를 가지고 있는가?

제70강
아부
〔아부의 기술〕

『아부의 기술』을 저술한 리처드 스텐겔Richard Stengel은 아부阿附
를 다음과 같이 정의했다.

> 아부는 전략적인, 특별한 목적을 추구하는 수단으로서의 칭찬이
> 다. 아부는 특정한 목적(目的)을 지닌 칭찬으로 지나치게 과장(誇
> 張)될 수 있고, 때로 정확(正確)할 수 있으며, 또 진실(眞實)할 수 있
> 다. 또 아부는 자신이 유리(有利)한 입장(立場)에 놓이도록 하기 위
> 해 다른 사람을 높이는 일종의 현실(現實)에 대한 조작(造作)이다.
> 때문에 진정한 칭찬까지도 아부가 될 수 있다. 아울러 미래(未來)
> 의 좋은 결과(結果)를 기대하고 행하는 의도적인 거래(去來)이다.
> 결론적으로 현대사회(現代社會)에서 적절한 아부는 인간관계(人間
> 關係)를 부드럽게 해주는 윤활유(潤滑油)다.

또 미국의 시인詩人이자 사상가思想家인 랠프 월도 에머슨Ralph Waldo Emerson은 다음과 같이 말했다.

"아부를 싫어하는 사람은 없다. 아부를 했다고 처벌받은 사례는 인류학(人類學)을 통틀어서 단 한 번도 없다."

연말年末이나 인사 시즌을 맞아 자기가 기대한 결과가 나오지 않았을 때, 지인들에게 변명처럼 늘어놓는 말이 있다. "내가 사실 아부에 약해서…." 자기는 능력能力도 있고 성과成果도 더 많이 냈지만 아부하는 놈들에게 밀렸다는 하소연이기도 하다. 술자리에서 친한 간부幹部들이 모여서 공유하는 애환도 있다.

"요즘 아부를 좀 진하게 떨었더니 손에 지문(指紋)이 없어져 버렸네. 이거 앞으로 손도장을 어떻게 찍지? 뭐 그 정도를 가지고 그래. 난 하도 비벼 대서 손바닥에 피가 난다. 피가 나!"

– 아부의 최고의 기술은 아부를 상대가 못 알아차리는 것이다.
– 칭찬의 수혜자는 상대방이지만, 아부의 최종 수혜자는 나다.
– 리더의 아부는 부하에게 할 때 빛을 발한다.

직장인들의 약 61%는 아부가 조직 생활에서 어느 정도 필요하다고 생각한다는 조사 결과가 있다. 그렇지만 구성원들이 가장 싫어하는 상사의 유형은 줏대 없이 아부하는 상사이다. 부하가 보는 앞에서 아부하는 상사는 더는 부하로부터 존경받기를 포기하는 것이다. 상사 앞에서 대놓고 머리를 조아려 굽실거리고, 간사한 이방의 말투로 아첨하는 모습을 보고 부하직원들은 어떤 생각을 할까? 자기가 모시고 있는 상사가 과연 정의롭고 당당한 리더라고 인정해 주겠는가?

상사가 아부하는 모습을 부하가 몰래 보게 되었다면 직장생활의 애환에 연민의 정이라도 조금 느끼겠지만, 밑의 사람이 있는 데서 아랑곳하지 않고 아부를 떠는 상사는 리더로서 품격品格을 저당 잡힌 비굴한 아첨꾼으로 보인다.

리더는 부하로부터 경외심敬畏心의 대상對象이 되어야 한다. 공경과 두려움을 포함한 심리가 경외심이다. 리더는 모름지기 줏대가 있어야 하고 어디에서든지 당당해야 한다. 부하들이 보는 앞에서 상사가 그 위 상사에게 소신 있고 당당하게 임하는 모습은 든든한 버팀목과 같은 존재로 인식된다. 불가피하게 아부를 해야 한다면 아무도 없는 곳에서 하라. 그리고 웬만하면 상사가 아닌 부하에게 아부하라. 아부는 서로를 기분 좋게 해주는 상호이타주의이다.

"네가 대접받고 싶은 대로 대접하라"
— 존 스튜어트 밀(John Stuart Mill)

용기
[두려움이 천적을 만든다]

농가 소득증대와 국민 건강증진을 위해 1970년대 초에 도입한 황소개구리. 그러나 경제성이 낮고 식품으로서의 수요가 적어서 농가들이 양식을 포기함에 따라 키우던 황소개구리를 하천에 방류해 버렸다. 그러자 황소개구리의 개체 수가 단기간에 폭발적으로 늘어났다. 일순간 우리의 자연생태계에 재앙이 닥쳤다.

황소개구리는 자기들의 서식 범위 안에 있는 것은 닥치는 대로 먹어치웠다. 가재, 물고기, 거북, 쥐, 새 그리고 뱀, 심지어 같은 동족까지 잡아먹었다. 가물치 새끼, 잉어, 붕어 등 토종 어종의 씨를 말릴 기세였다. 그대로 조금만 더 가면 우리 생태계는 그야말로 초토화되어 버릴 상황이었다. 그런데 하늘이 무너져도 솟아날 구멍이 있는 법. 드디어 황소개구리의 천적이 나타났다.

생각지 못한 구세주는 가물치, 유혈목이(꽃뱀), 두루미였다. 이 3
총사가 일을 낸 것이다. 그들은 처음에는 황소개구리의 무자비한
폭거에 맞서지 못하고 숨었는데, 점점 시간이 가면서 '황소개구리
도 별것 아니구나.'라고 느끼고 드디어 반격을 시작한 것이다.

엄청나게 큰 덩치의 황소개구리를 물 밑에서 용암이 폭발하듯
이 솟구쳐 올라 공격하자 황소개구리의 몸은 순식간에 갈기갈기
찢겨버리고 만다. 가물치의 통쾌한 수중 공격이다.

또 어느 날은 멀리서 두루미가 큰 고깃덩어리를 삼키고 있는
데, 망원경으로 자세히 보니 황소개구리를 포식하고 있지 않은
가? 조릿대 같은 가는 목으로 어떻게 몸집이 저렇게 굵은 놈을
삼킬 수 있을까? 놀라울 따름이다.

한편 십몇 년 전에는 우리 생태계에 경천동지할 일도 생겼었
다. 개구리가 뱀을 잡아먹었다. 먹이사슬 시스템이 고장을 일으
킨 것일까? 황소개구리가 우리나라의 자랑스러운 독사인 살모사
를 태연하게 잡아먹는 모습이 카메라에 잡혔다. 충격 그 자체였
다. 아마 그 살모사는 죽어서 조상 뱀을 뵐 낯이 없었을 것이다.

"넌 어떻게 죽어서 여기 왔느냐?"
(우물쭈물하다가) "아, 네 사실은 개구리한테 잡아먹혔어요."
"뭐라고? 네가 개구리를 잡아먹은 것이 아니고?"
"네, 할아버지! 그런데 개구리가 장난 아니에요."

"네 이놈, 그래도 수치스럽게 개구리에게 먹히다니! 당장 이놈을
우리 살모사 가문 호적에서 파버려라!"

살모사의 원수를 갚아 준 영웅은 유혈목이(꽃뱀)였다. 꽃뱀도
몸집이 작은 것은 아니지만 그렇게 크지 않은 입으로 황소개구
리를 삼키는 모습은 통쾌하기 그지없다. 지금 황소개구리의 개
체는 전국적으로 10분의 1로 줄어들었거나 단 한 마리도 보이지
않는 지역도 많아졌다. 생태계 복원의 주인공은 사람이 아니라
용기 있는 이들 3총사였다.

아이러니하게도 우리나라의 토종 물고기인 가물치는 미국과
유럽으로 건너가서 지금 그곳의 생태계를 초토화시키고 있다. 가
물치가 복수를 해주어 고맙다고 해야 하나? 웃지 못할 상황이다.

우리 생태계의 '어벤져스' 3총사만 용기가 있는 게 아니다. 성
공한 사람들에게는 범인凡人들이 가지지 못한 용기가 있다. 그리
고 용기가 있는 사람은 그가 활동하고 있는 영역에서 역량과 실
력을 겸비하고 있다.

인사철마다 보직을 받은 관리자들의 표정은 마냥 기쁠 수만은
없다. 그룹장이 되고 팀장이 되어 잠시 기분은 좋겠지만, 엄습해
오는 아련한 긴장감은 어쩔 도리가 없다.
신임 보직자는 새로운 부서의 업무를 파악해야 하고, 시장과

고객의 니즈를 분석하며, 그 대응방안을 찾아내야 한다. 그래도 부족하면 도서관에서 책과 씨름을 하고, 심지어 학원까지 다녀야 하는 상황이 닥쳐온다.

왜 리더는 이러한 힘든 시간을 보내야 하는가? 리더로서 먼저 실력을 갖추어야 일에 자신감이 생기고 부하직원과 동료가 보는 앞에서, 그리고 임원에게 당당히 자신의 의견과 전략을 피력할 수 있는 용기를 낼 수 있다. 자신감이 없는 리더를 좋아할 부하는 없다.

- 아무것도 손쓸 방법이 없을 때 꼭 한 가지 방법이 있다. 그것은
  용기를 갖는 것이다. (유태격언)
- 성공한 사람의 공통분모는 용기이다.
- 용기는 좋은 리더를 가늠하는 근거이다.

1990년 걸프전 때 '사막의 폭풍' 작전으로 이라크군을 42일 만에 격퇴한 걸프전의 영웅 노먼 슈워츠코프 미국 육군 대장은 다음과 같이 말했다.

"사람은 누구나 옳은 일이 무엇인지를 알고 있다. 진정 어려운 것
은 그 옳은 일을 실천하는 것이다. 용기란 두려운 와중에서도 먼
저 나서서 의무를 다하는 것이다."

그는 걸프전 승리 후 육군참모총장 직을 제의받았지만 거절하고, 바로 1991년에 퇴역했다. 체니 국방장관은 그에 대해 "위기에 있어서, 한 명의 인간이 운명을 좌우한다. 사령관이야말로 그 사람이며, 우리에게 승리를 가져왔다."라고 말했다. 비겁자가 되기는 쉬워도 용기 있는 자가 되기는 어렵다.

제72강
희생
〔노블레스 오블리주〕

처자식을 두고 왜 자신의 생명을 초개와 같이 버렸는가?

이순신 장군은 선조로부터 인정은 고사하고 견제 받는 상황에서도 백의종군하였고, 자기의 죽음까지 적에게 알려질까 염려하면서 순국하였다. 고귀한 희생이다.

일제 침략기에 뜻있는 지방유지들, 특히 안동지방의 훌륭한 선비(리더)들도 대대로 물려받은 많은 땅과 큰 집을 다 처분하고 만주로 떠나 항일투사로 활동하였다. 고귀한 희생이다.

매스컴에서 요즘 이완용과 그 일족의 후손은 호의호식하고 있는데, 독립투사 후손들은 초등학교도 제대로 못 나와 비참하게 살고 있다는 소식을 전해 듣고 가슴이 먹먹해진 적이 있다.

부하가 부당하고 억울한 일을 당했을 때 눈치만 보고 나서길 주저하는 리더를 누가 따르려고 하겠는가? 리더는 자신만을 위해 존재하는 사람이 아니다. 5명을 감당하고 있는 리더, 10명, 100명, 1,000명의 리더! 리더는 조직의 생사여탈권을 가지고 있다. 조직의 성공과 실패, 부와 빈이 모두 리더에게 달려 있다. 어느 국가, 어느 회사, 어느 조직이든지 훌륭하고 강한 리더를 바라지 않겠는가? 리더는 리더가 되는 순간 자신의 안위는 내팽개쳐야 한다.

버팀목의 역할은 전체를 굳건하게 감당하는 것이다. 버팀목의 뜻은 물건이 쓰러지지 않게 받쳐 세우는 나무를 일컫는다. 외부의 힘이나 압력에 굴복하지 않고 맞서 견딜 수 있도록 해 주는 사람이나 사물을 비유하는 말이기도 하다.

버팀목이 약하면 한두 개가 무너지는 것에서 끝나지 않고 전체가 와르르 무너져 버린다. 버팀목이 약하면 돌이킬 수 없는 결과를 초래한다.

조직에서 리더를 뽑을 때 가장 중요하게 판단하는 요소 중의하나가 사명감과 책임감, 곧 리더십이다. 전쟁터에서 가장 큰 단위인 사단을 맡은 사단장의 역할은 가히 막중하다. 사단장의 작전과 전략 구사는 병사들의 생사와 직결된다. 어느 사단장이 1만 2천 명의 목숨을 소중하게 생각하지 않겠는가? 1만 2천 명의 버팀목 역할을 충실히 이행하면 병사들의 목숨 보전은 물론 전

리품과 명예를 한꺼번에 부하들에게 줄 수 있다.

임진왜란, 한국전쟁에서 왜 수많은 리더가 초개와 같이 목숨을 던졌는가? 돈을 위해서가 아니다. 바로 사명감과 책임감이 그분들을 위대하게 했다. 병사들은 나약하여 숨어버리거나 도망을 가는 경우가 있겠지만 장수는 그럴 수 없다.

- 희생정신이 없다면 제발 조직을 맡지 말라!
- 꿀벌의 희생을 보라! 숭고한 희생이 조직 전체를 살린다.
- 자기애가 강한 리더는 조직애도 강하다.

노블레스 오블리주! 고대 로마부터 봉건왕조에 이르기까지 왕족과 귀족들은 자신들이 가지고 있는 사회적 신분에 상응하는 도덕적 의무를 다했다. 평소에는 멋진 파티도 하면서 부와 지위를 마음껏 뽐냈겠지만, 국가에 위기가 닥치면 이 고위층들은 기꺼이 백마를 타고 그 의무를 다했다.

이 숭고한 전통은 근대까지도 이어졌다. 실제로 제1·2차 세계대전 때 영국의 고위층 자제가 다니던 이튼칼리지 출신 중 2,000여 명이 전사했고, 포클랜드 전쟁 때는 영국 여왕의 둘째 아들 앤드루가 전투 헬기 조종사로 참전했다. 한국전쟁 때는 미군 장성의 아들이 142명이나 참전해 35명이 사상死傷했다. 당시 미8군 사령관 밴플리트의 아들은 야간 폭격 임무 수행 중 전사했으며, 대통령 아이젠하워의 아들도 육군 소령으로 참전했다. 중국 지도자 마오쩌둥의 아들 마오안잉毛岸英도 한국전쟁에 참전했다가 전사했다.

저마다 그들 사회에서 존경받을 수 있었던 이유가 바로 이점에 있다.

당신이 누리고 있는 지위와 많은 특전은 조직이 위기에 봉착되었을 때, 부하직원이 난관에 부딪혀서 헤매고 있을 때, 그 책무를 다하라고 주어진 것이다. 당신은 당신 자신을 극복하는 순간 '노블레스 오블리주'의 주인공으로 거듭나 있을 것이다.

나는 지금 몇 명을 감당하는 버팀목인가? 앞으로 어떤 조직을 감당하는 버팀목이 되어야 할 것인가? 스스로 되돌아보라.

제73강
열정
〔주세페 베르디와 피터 드러커〕

성공하는 사람들의 공통점 2가지는 긍정과 열정이다. 많은 사람이 자신의 처지를 비관하며 살아간다.

'난 가난한 가정에서 태어났기 때문에 돈이 없어 도전할 수가 없어! 나의 별 볼 일 없는 이력으로 무엇을 할 수 있겠어? 내 나이가 몇인데 지금 이걸 한단 말이야?'

하지만 자기가 진정으로 하고픈 일을 할 때 열정은 크게 발현된다. 자기가 가장 좋아하는 일이 무엇일까? 현재 자기가 하는 일이 정말 자신에게 맞는 일일까? 끊임없이 찾고 되물어야 한다.

현대 경영학의 아버지로 추앙받는 피터 드러커Peter Drucker (1909–2005) 교수가 언급한 베르디의 교훈은 우리에게 많은 것을 생각하게 한다.

대학생 신분의 견습생 시절 때, 일주일에 한 번씩 무료로 오페라를 관람하던 피터 드러커는 어느 날 이탈리아의 위대한 작곡가 주세페 베르디(Giuseppe Verdi, 1813~1901)의 오페라를 보게 된다. 그것은 베르디가 1893년에 작곡한 최후의 오페라, '팔스타프(Falstaff)'였는데 그는 그날 밤 베르디의 팔스타프에 완전히 매료되고 큰 감동을 받는다. 아주 경쾌하면서도 인생에 대한 열정으로 가득차고 활기가 넘치는 이 오페라를 작곡한 사람이 80살의 노인이라니 깜짝 놀라고 말았다. 그때 그는 겨우 18살이었다.

당시에는 사람의 평균 수명이 50세 정도가 채 되지 않았을 때였기 때문에 80세의 나이는 가히 충격적이다. 그리고 베르디가 직접 쓴 글을 읽고 더욱 감명을 받았다.

"음악가로서 나는 일생 동안 완벽을 추구해 왔다.
완벽하게 작곡하려고 애썼지만
작품이 완성될 때마다 늘 아쉬움이 남았다.
그렇기에 분명 한번 더 도전해 볼 의무가 있다고 생각한다."
– 주세페 베르디

이것을 계기로 드러커는 앞으로 무엇을 하든지 간에 베르디의 그 교훈을 인생의 길잡이로 삼겠다고 결심한다.

"살아가는 동안 완벽은 언제나 나를 피해 가려 할 것이다. 그렇지만 나는 언제나 완벽을 추구하리라 다짐한다."

피터 드러커 교수는 『넥스트 소사이어티』란 위대한 서적을 93세에 집필했다. 그가 설파한 프로페셔널의 7가지 조건은 리더들에게 많은 것을 시사하고 있다.

1. 목표와 비전을 가져라.
2. 신들이 보고 있다.
3. 끊임없이 새로운 주제로 공부하라.
4. 자신의 일을 정기적으로 검토하라.
5. 새로운 일이 요구하는 것을 배워라.
6. 피드백 활동을 하라.
7. 어떤 사람으로 기억되기를 바라는가?

직원들이 일에 몰입하고 성과를 창출하게 하는 가장 큰 요인은 무엇일까? 바로 자신이 닮고 싶은 멘토로서 상사를 만났을 때이다. 존경하는 상사의 모습이 자신의 '롤 모델'과 오버랩Overlap 될 때 자연스럽게 열정은 당겨진다. 열정은 사람을 빛나게 하는 식지 않는 에너지다. 열정은 반드시 젊은이의 전유물이 아니라, 젊은 생각을 하는 사람의 것이다.

'스스로 깨면 병아리가 되지만, 남이 깨면 계란 프라이가 된다.'

하루살이의 인생은 정말 짧다. 하루도 못 사는 하루살이도 많다. 태어나서 바로 성체가 되며, 후대를 위해 교미를 하고, 몇 시간 정도밖에 못 살다가 죽는다. 그런데도 그들은 하나같이 역동적力動的으로 날아다닌다. 하루도 채 못 산다고 생각하면 그렇게 하지는 않으리라.

5분 뒤, 5년 뒤를 모르는 인간의 처지와 뭐가 다른가? 그저 자신의 평생을 열정으로 채울 뿐이다. 우리도 매 순간을 열정으로 채워야 한다.

제74강
사적인 일
〔조직은 일하는 곳〕

"일하러 온 거야 집안일 챙기려고 온 거야? 도대체 우리를 허수

아비로 보나? 미안해서라도 눈치를 좀 보면서 할 텐데 요즘은 아

예 대놓고 하네."

아무리 워라밸Work Life Balance 시대가 다가왔지만, 업무 외적인
것에 목숨을 거는 것처럼 보이는 사람들이 있다. 이러한 유형은
특히 상사들에게서 훨씬 더 많이 나타난다.

그 원인을 살펴보면 첫째가 관행이다. 오히려 자신은 자기 위
의 상사들에 비해 조족지혈이라고 생각하고 있다. 둘째로 자기
는 특별히 할 일이 없고 하지 않아도 된다는 허무맹랑한 생각 때
문이다. 대부분 업무를 부하들에게 전가하고 윤리를 저당 잡힌
행동을 하는 것이다.

더욱 구성원들을 짜증나고 열 받게 하는 것은 다들 바빠서 난리를 치고 있는데 업무 시간에 자신의 몸 관리 자랑을 늘어놓거나 아파트 가격이 어떻고 정치판이 어떻게 돌아가고 하는 이야기를 늘어놓는 등 상식적으로는 도저히 따라갈 수 없는 모습이다.

　－ 사적인 일에 신경 쓰는 사람은 업무윤리를 저당 잡힌 사람이다.
　－ 부하들은 모두 매의 눈을 가지고 있다.
　－ 리더는 자기 자신을 항상 경계해야 한다.

정작 자신은 문제의 심각성을 모른다. 고양이 목에 방울을 달아줄 용감한 부하직원도 없다. 그러는 사이 강도는 점점 높아진다. 자기가 활동하고 있는 동호회, 스포츠, 취미클럽 등 극히 개인적인 일들을 업무 시간에도 보란 듯이 한다. 마치 자신이 동호회의 총무라도 된 양, 일은 뒷전이다.

구성원들이 아무리 이해하려고 해도 도저히 이해할 구석이 없게 된다. 상사와 일다운 일을 해봐야 존경심이고 뭐고 생기지 않겠는가 말이다.

요즘 기업들은 집중근무 시간제를 많이 도입하고 있다. 그런데 이 제도는 오로지 사원들 몫이다. 평소에도 직원들은 거의 쉴틈이 없다. 설상가상으로 집중근무 시간제라니?
이 제도는 오직 사적인 일에만 매달려 있는 상사에게 적용해야 한다.

사적인 일에 매몰된 것처럼 회사 일에도 그렇게 빠져 보라. 동호회 회원들을 챙기는 그 마음과 씀씀이처럼 부하직원들과 동료들에게 반만이라도 해야 한다.

회사는 종교나 사회사업 단체가 아니다. 이익을 창출하지 못하면 죽어야 하는 조직이다. 그 정점에 간부가 있다.

제75강
건강
[경영의 신 마쓰시타 고노스케]

'경영經營의 신神'으로 추앙받는 마쓰시타 고노스케 회장. 일본의 국민 기업으로 대표되는 마쓰시타 그룹을 일구어냈다. 그룹 산하에 파나소닉, 내쇼날, 빅터 등 570여 개 굴지의 기업이 즐비하고, 20만 명이나 되는 직원들과 함께 연 매출 50조 이상을 달성해 왔다.

마쓰시타는 사실 어렸을 때 아버지의 파산으로 초등학교 4학년 때 중퇴하고 자전거 점포의 점원이 되어 밤이면 어머니를 그리며 눈물을 흘리던 소년이었다. 그러던 그가 85년이 지난 후 세계 굴지의 그룹의 총수가 되었다.

어느 날 한 직원이 마쓰시타 회장에게 물었다.

"회장님은 어떻게 하여 이처럼 큰 성공을 거두셨습니까?"

이에 마쓰시타 회장은 자신은 세 가지 하늘의 큰 은혜를 입고 태어났다고 대답했다.

"첫 번째 은혜는 가난한 것이었고, 두 번째 은혜는 몸이 허약한 것, 그리고 세 번째 은혜는 배우지 못한 것이다."

그 소리를 듣고 깜짝 놀란 직원이 "이 세상의 모든 불행을 모두 갖고 태어나셨는데도 오히려 하늘의 은혜라고 하시니 도저히 이해가 안 됩니다!" 그러자 마쓰시타 회장은 말했다.

"나는 가난 속에서 태어났기 때문에 열심히 일하지 않고서는 잘 살 수 없다는 진리를 깨달았다네. 또 몸이 허약하게 태어났기 때문에 건강의 소중함을 일찍이 깨달아 항상 몸을 아끼고 건강증진에 힘썼다네. 그래서 지금 90살이 넘었는데도 30대의 건강한 청년처럼 겨울철에도 냉수마찰을 하고 있다네. 또 나는 초등학교를 4학년밖에 다니지 못했기 때문에 항상 이 세상 모든 사람을 나의 스승으로 받들어 배우는 데 노력하여 많은 지식과 상식을 얻었다네. 이런 환경이 나를 이만큼 성장시켜주기 위해 하늘이 준 은혜(시련)라 생각되어 감사하고 있다네."

마쓰시타 고노스케 회장의 이 말은 집안과 부모를 원망하고, 게으르고 무책임한 사람에게 어떻게 들릴까? 자기는 건강에 자신 있다고 운동이라고 해 봐야 '숨 쉬기 운동'만 하는데다가 고지

방, 고단백질, 고탄수화물 식사를 달고 살아 3고(고지혈, 고혈압, 당뇨)의 선물을 다 갖추고 있는 당신은 이 글을 읽고 어떠한 생각이 드는가?

- 세상을 자신의 몸처럼 사랑하는 사람에게는 제국(帝國)을 맡길 수 있다.
- 병에 걸리기 전까지는 건강이 얼마나 소중한지 모른다.
- 리더의 몸은 본인만의 것이 아니다.

리더는 외면으로는 화려해 보일지 몰라도 그 속은 구성원들이 느끼지 못하는 피 말리는 고민을 해야 하는 때도 있다. 주위의 반대를 무릅쓰고 결단을 해야 할 때도 생기고, 책임감과 스트레스는 만만치 않다. 따라서 몸과 마음이 건강하지 않으면 쏟아지는 스트레스와 중압감을 견디지 못하고 무너질 가능성이 높다. 특히 간이 안 좋은 리더들을 많이 본다. 술과 담배를 전혀 하지 않는 사람인데도 간이 안 좋은 것은 스트레스가 원인일 확률이 높다.

호랑이는 죽어서 가죽을 남기고 사람은 죽어서 이름을 남긴다고 한다.
그럼 바지락은 죽어서 무엇을 남길까? 시원한 국물을 남긴다고 한다.
바지락이 간에 좋다는 것은 알려진 사실이다.

수시로 병가를 내고, 겨울이면 감기를 달고 살고, 등은 노인처럼 굽어 있고, 부실한 걸음걸이, 핏기가 없는 얼굴에 자신감까지 없는 표정의 소유자가 당신이라면 과연 조직에서 당신의 이미지는 어떻게 자리매김 될까? 회사에서 중요한 프로젝트를 과연 당신에게 믿고 맡길까? 이번 임원인사에서 당신이 발탁될까? 부하직원들은 당신을 든든한 버팀목이라고 인정해 줄까?

나쁜 부모의 유형은 어떠한 부모들일까? 가난하여 자식들을 잘 먹이지 못하고 가르쳐 주지 못하는 부모, 자식의 미래 비전에 신경 쓰지 않는 부모, 돈 버는 데에만 정신이 팔려 자식을 방임하는 부모 등이 있겠다.

하지만 가장 나쁜 부모는 건강하지 못하여 일찍 죽는 부모라고 한다. 예나 지금이나 집안의 가장이 유고하게 되면 대부분 그 가정은 비참해진다. 건강관리에 소홀하여 자식들의 눈에 피눈물을 나게 할 것인가?

넘치는 활력과 스태미너의 근간이 되는 건강은 비단 리더가 아니더라도 삶을 위한 필수조건이다.

"돈을 잃는 것은 조금 잃는 것이고, 명예를 잃는 것은 많이 잃는 것이고, 건강을 잃는 것은 전부를 잃는 것이다."

제76강
비만
[세종대왕의 약점]

"나는 물만 먹어도 살이 찌는 체질이야."

"말도 안 되는 소리 뭔가 몰래 먹으니깐 뚱뚱한 거지?"

2000년대 초, 모 종합대학교 체육대학과 함께 스포츠산업 최고경영자 과정을 운영했었는데, 그 당시 우리나라 최초로 스포츠의학계 학위를 받고 귀국한 전문 교수와 함께하게 되어 몸을 제대로 관리할 수 있는 상식의 폭을 넓힐 수 있었다. 그 교수님께서 "뚱뚱한 것과 몸이 굵은 것은 엄연하게 차이가 있다."라고 하신 것이 기억이 난다.

집안과 사람에 따라 일부 홀쭉이도 있고 보통체격의 사람들도 많고 아주 굵은 체격의 사람들도 더러 있다. 이것을 일률적으로 키와 몸무게만 반영하여 병원에서 처방하면 자연의 이치에 크게 어긋날 수 있다고 설파하였다.

특히 비만도에 있어서 키와 몸무게만 비교하여 살을 빼라고 하면, 선천적으로 골격을 아주 굵게 타고난 사람은 큰일 날 수도 있다고 하였다. 그리고 그 무렵에 모 유명 연예인이 본인의 타고난 굵은 체격을 무시하고 아주 심하게 체중조절을 하다가 그만 유명을 달리하고 말아 국민들이 큰 충격에 빠진 적이 있었다.

잘 나가는 그룹의 회장님들과 회사의 사장님들 중에서 과연 몸이 비대한 사람이 얼마나 있나? CEO는 사실 부지런함의 대명사이다. 아침 일찍 일어나서 늦은 시간까지 그들의 활동량은 실로 엄청나게 많다. 살찔 틈도 없지만 대부분 CEO는 운동을 게을리하지 않는다. 자신의 몸도 제대로 관리하지 못하면서 어떻게 조직의 리더로서 활약할 수 있겠는가? 하다못해 유치원 아이들도 뚱뚱한 선생님의 말씀은 잘 듣지 않고 딴청을 부리지만, 날씬하고 예쁜 선생님 말씀은 잘 듣는다는 웃지 못할 조사 결과도 있다.

- 뚱뚱한 사람은 어딜 가도 인정받지 못한다.
- 매니지먼트에는 뚱뚱한 사람이 들어갈 자리가 별로 없다.
- 리더는 먼저 자기 몸부터 다스려야 한다(수신제가치국평천하修身齊
  家治國平天下)

조선의 성군 세종대왕의 치적은 이루 말할 수 없을 정도로 많고 위대하다. 그렇지만 자신의 몸 관리에 있어서는 완벽한 사람이 아니었던 모양이다. 특히 세종대왕은 고기가 없으면 밥을 먹지 않을 정도였다고 한다. 태종 임금 당시 나라에 흉년이 들어 모두 고기 먹는 것을 금지하는 기간이 있었는데 세종만큼은 유일하게 예외였단다. 태종은 세종을 무척이나 총애하였기 때문에 세종만큼은 예외를 둔 것이다. 세종의 고기 사랑은 종류를 가리지 않았는데, 특히나 보양식으로 수탉 고환을 즐겨 먹었다 한다. 현재 남아 있는 세종대왕의 어진을 봐도 체형은 다소 뚱뚱해 보이는데, 지나친 고기 위주 식단 탓인지 30세 무렵부터 하루에 물을 한 동이 정도는 마셔야 하는 소갈증消渴症(당뇨병)을 앓았다고도 한다. 40대 중반에는 수전증이 심해졌고 한쪽 다리까지 절뚝거렸다고 한다. 점점 당뇨병이 심해져 종창, 류마티스로 힘들어하다가 나중에는 눈에도 문제가 생겨 사물이나 사람을 잘 구별하지 못할 정도가 되었다. 그야말로 갖가지 병을 달고 있는 종합병동이었다. 그런데도 세종은 운동이나 사냥하고는 담을 쌓았다. 오늘날 비만인의 특징을 제대로 갖추고 있던 사람이 놀랍게도 바로 세종대왕이었다. 세종대왕이 54살에 승하한 후 조선의 왕실에는 피바람이 불었다.

만약 그가 음식습관을 좀 고치고 운동으로 건강을 유지하여 좀 더 오래 살았다면 역사는 크게 달라졌을지도 모른다. 훌륭한 업적이 훨씬 더 많이 쌓였을 것이고, 백성들의 삶은 더욱 이롭고 풍성해졌을 텐데….

리더의 몸은 혼자만의 몸이 아님을 명심하라!

제77강
우유부단
〔성격 좋은 리더가 조직을 망친다〕

"성격 좋은 리더가 조직을 망친다!"

언뜻 들으면 다소 이해하기 힘들다. 그런데 좀 더 생각해 보면 무서운 메시지가 담겨 있다.

어떤 선장이 배에 물이 들어차고 가라앉는데 그저 바라만 보고 가만히 있을 수 있을까? 갑판원이 항로에 방해물이 있는지 감시하지 않고 태만하다면, '그럴 수도 있지' 하고 생각할 선장이 있을까? 노를 젓는 선원들이 제멋대로 하거나, 심지어 노를 안 젓고 놀고 있으면 태연할 수 있을까? 회사의 배가 아니고 바로 자신이 선주이고 선장이라 해도 내버려 둘 수 있을까?

'이현령 비현령耳懸鈴鼻懸鈴' 이래도 좋고 저래도 좋은, 그저 성격 좋은 상사로 살아갈 것인가? 좋은 게 좋은 상사가 가장 나쁜 상사의 유형이다. 자신이 무능하면 자신만 죽으면 되는데, 결국은 조직 전체를 망하게 한다. 이러한 유형의 상사들은 대부분 능력도 없다. 이끌어 갈 역량이 없으니 "감 놔라 대추 놔라." 할 수조차 없다.

다음은 도전 정신이 없는 유형이다. 지금까지도 잘 왔는데 뭘 머리 아프게 드라이브를 걸어 조직을 혼란스럽게 하냐는 식의 현실 안주 형이다.

그리고 마지막으로 '착각형'이다. 자신과 조직 구성원들 간 관계의 질이 훨씬 더 중요하다고 생각하여 그저 인간미 좋은 상사로 남을 심보를 가진 유형이다. 처음에는 부하들이 이러한 유형의 상사들에게 친근미와 인간미를 느끼지만, 시간이 지나면서 무능하고 일을 뒷전으로 하는 것을 깨닫게 되면 함께하고 싶지 않게 된다. 조직에서 그에 대한 평판은 이미 썩은 동아줄이다.

- 종교단체나 사회사업 단체에서도 좋은 게 좋은 상사는 버림받는다.
- 좋은 게 좋은 상사는 그 조직과 자기 인생을 좀먹는 사람이다.
- 성격 좋은 리더가 조직을 망친다.

어떤 직원이 예전 학생 때 한 공기업에 여름 인턴 사원으로 근무했었다고 한다. 처음 하루 이틀 동안은 복사도 시키고, 서류 정리도 시키어 '여기서 참 많이 배울 수 있겠구나' 생각하며 열심히 일을 했단다. 그런데 다음 날부터는 일거리를 주지 않았다.

"팀장님 저 일 다 마쳤는데 다른 일 시켜주세요."
"응, 기다려 봐."
"네!"

반나절을 기다려도 일을 주지 않아. 다시 여쭤보았으나 돌아오는 말은 기다리라는 소리뿐이었다.

결국 학생은 그 기업 분위기를 대충 파악했다. 남은 긴 인턴 기간 동안 개인 영어공부를 하거나 좋아하는 소설을 10권 이상이나 뗐다고 자랑하다 못해 한편으로 도저히 그 공기업을 이해할 수 없다고 했다.

과연 그 학생은 그 팀장을 좋은 팀장이라 생각했겠는가? 아르바이트생이든, 인턴사원이든 그 조직에서는 어엿한 구성원이다. 각각의 구성원들에게는 R&R Role & Responsibility이 있다. 그것을 챙기는 것은 당연히 리더의 몫이다. 방관한다고 절대로 고마워하지 않는다.

제78강

강제/강요
〔바람과 태양과 나그네〕

『이솝우화』에는 「바람과 태양과 나그네」 이야기가 나온다.

바람과 태양이 길을 가고 있는 나그네의 모자를 벗기는 내기를 한다. 먼저 바람이 나그네를 향하여 세차게 후 불었다. 깜짝 놀란 나그네는 쓰고 있는 모자가 바람에 날아갈까 봐 꼭 움켜쥐었다.

"휴 하마터면 모자가 계곡으로 날아가 버릴 뻔했네. 모자를 움켜쥐어 다행이군."

그리고 나그네는 계속 길을 걸었다. 이어 태양이 나그네의 머리 위에 따뜻한 햇볕을 내리쬐었다. 점점 더워진 나그네는 자기도 모르게 모자를 벗으며

"아이 더워! 모자를 벗으니 시원하군."

태양이 내기에서 이겼다.

자기도 모르게 은근히 강요하는 상사가 의외로 많다. 지혜로운 상사는 부하에게 부드러운 동의를 구한다. 사람의 뇌는 강제를 당하는 순간, 선한 작동이 거의 멈추고 불안과 초조, 짜증, 반항과 대결 등의 네거티브 모드로 급히 전환되어 버린다고 한다.

공부를 강요당하는 아이와 같다고 생각하면 거의 맞다. 꾸준히 공부를 강요하면 어느 정도의 성적은 오르지만, 어느 지점부터는 답보 상태에 빠진다. 업무도 마찬가지이다. 상사가 부하의 일거수일투족 擧手─投足을 간섭하고 지적하면서 일을 지시하면 눈앞에 보이는 단기적인 성과는 나타날 수도 있다. 하지만 중장기적인 성과는 포기할 수밖에 없다. 아이러니하게도 보통 상사들은 중장기까지 생각할 겨를이 거의 없다. 순간순간 단기적인 성과를 위해 부하에게 압박 아닌 압박을 가하는 실정이다.

- 강제와 강요는 뇌를 화나게 하고 선한 작동을 멈추게 한다.
- 일은 의미가 주어질 때 성과는 담보된 것이나 마찬가지이다.
- 지혜로운 상사는 부하로부터 동의를 잘 받아내는 사람이다.

사람은 강제, 강요를 당하는 순간부터 재미가 사라지고 짜증이 난다. 지혜로운 상사라면 똑같은 일을 시키면서도 자발적으로 부하가 기꺼이 할 수 있는 상황을 연출하고 환경을 만들 것이다.

상사는 일을 시킬 때 먼저 부하에게 일의 의미를 깨닫게 해야 한다.

"어이, 김 대리, 이거 말이야. 언제까지 할 수 있어?"

"네? 팀장님, 그런데 저 밀린 일들이 좀 많아서…."

"뭐라구? 여기 안 바쁜 사람이 어디 있어. 내가 대리 때는 이 정도의 5배도 더 했어. 알긴 알아? 모레까지 만들어 와 봐."

"네? 팀장님, 모레까지는 도저히…."

모레까지 어느 정도의 결과는 나올 수도 있다. 그런데 딱 거기까지이다. 김 대리로부터 뭔가 더 기대하는 것은 업무의 사치나 마찬가지다. 사람은 의미가 있어야 목숨까지도 바친다.

"김 대리 요즘 야근에다가 이래저래 참 고생이 많지?"

"아, 네. 팀장님, 저 말고도 우리 팀원들 모두 열심히 하고 있는데요."

"뭘. 무슨 소릴. 김 대리가 하는 업무가 우리 팀에서 얼마나 중요하고 또 우리 팀 성과에 얼마나 큰 도움이 되고 있는데. 그래서 말인데 이번에 우리 팀에 회사로부터 큰 임무가 떨어졌어. 다름이 아니라 신세대를 타겟으로 한 부가서비스를 개발하면 젊은 고객들이 자연스럽게 빅 마우스 역할을 하게 되어 우리 회사의 메인 사업에 큰 성과가 나타날 것이라는 판단이야. 그래서 내가 가만히 생각해 봤는데 이 중차대한 일을 추진할 수 있는 사람은 우리 팀에 김 대리밖에 없는 거 같아."

너무 강제하지 말자. 그들도 다 생각이 있다.

비교
〔황희 정승의 일화〕

어느 날 정승 황희가 말을 타고 시골길을 가고 있었다. 길옆 밭에
서는 나이가 많아 보이는 농부가 소 두 마리로 밭을 갈고 있었다.
"이랴! 이랴!" 농부의 힘찬 구령에 검은 소와 누렁소가 숨을 헐떡
이면서 열심히 쟁기를 끌고 있다. 역동적으로 일하는 소들을 바
라보던 황희가 궁금하여 물었다.
"여보시오. 저 두 마리 소 중 어느 소가 더 일을 잘합니까?"
그러자 노인장은 대답은 하지 않고 쟁기질을 멈추고 황희 정승이
있는 밭 가로 나오는 것이 아닌가? 그리고 황희의 얼굴 앞에서
잠시 소들의 눈치를 살피더니 귀에 대고 속삭였다.
"실은 이쪽 누렁소가 일을 더 잘합니다."
의아한 황희가 되묻기를,
"그래요? 그런데 노인장은 듣는 사람도 없는데 왜 여기까지 나와
서 나에게 귓속말을 합니까?"

그러자 노인은 웃으며 조용히 말했다.

"아무리 말 못 하는 짐승이라도 좋지 않은 말을 들으면 어찌 불평이 없겠습니까?"

듣고 보니 그럴 수도 있을 것 같았다. 황희는 그만 노인의 소 부리는 기술에 감복하고 말았다.

큰 가르침을 얻은 황희는 "남의 장단점을 함부로 말하지 않는다."라는 불언장단不言長短을 죽을 때까지 실천하였다.

사람은 태어나서 죽을 때까지 비교를 당한다. 요즘 학생들과 젊은이들은 공부와 외모, 직장 때문에 스트레스를 많이 받고 있는데 여기에 더 불을 질러버리는 것이 '엄친아' 콤플렉스이다. "엄마 친구 아들은 명문대 나와서 대기업 다니고 연봉이 얼마더라." 기를 팍팍 죽인다. "도대체 엄마 친구 아들은 왜 그리 다들 잘난 거야?" 믿기지 않고 기분이 나쁘지만 내 처지가 이런데 어떻게 할 수도 없다.

어렵게 직장을 잡아 들어가면 이때부터 본격적인 비교의 서막이 오른다. 영업소나 대리점은 아예 노골적으로 사무실 벽에 개인의 실적을 표시한 커다란 도표를 그려서 대놓고 비교한다. 실적이 나쁜 사람은 얼굴을 들고 다닐 수 없을 정도로 수치감에 치를 떤다. 여기에 소장이나 지점장이 성과가 좋은 사람과 나쁜 사람을 들추어 비교라도 하는 날이면 죽고 싶은 충동까지 든다.

- 인간은 태어날 때부터 죽을 때까지, 그리고 죽고 나서도 비교
  를 당하는 숙명을 가진다.
- 좋은 비교와 나쁜 비교는 비교를 당하는 사람이 판단하는 것
  이다.
- 리더는 조직 구성원을 단련시킬 때, 비교를 아주 중요한 수단
  과 적절한 방법으로 구사하여야 한다.

우리나라 서비스기업 중에서 최고로 인정받는 삼성에버랜드
에는 신상필벌信賞必罰의 제도 대신에 신상필상信賞必賞이라는 제도
를 쓰고 있다. 실적이 나쁜 직원이나 문제를 일으킨 직원에게 패
널티를 주기보다 잘한 것에 어떻게든 인정하고 상을 주자는 긍
정제도이다.

리더가 어쩔 수 없이 비교를 해야 할 경우는 가장 먼저 구성원
의 자존심과 감정을 살펴야 한다. 반드시 단둘이 있는 데서 말
해야 하며, 먼저 팀원의 장점을 말하고 나서 구성원이 공감할 수
있도록 조목조목 정량적인 데이터를 제시하고 객관적으로 어필
해야 한다.

실적이 떨어진 팀원에게 실적이 좋은 다른 팀원을 비교하는
것은 그의 자존심에 큰 상처를 준다. 팀원을 잘 육성하여 성과를
내는 것이 목적인데, 구사하는 방법과 스킬이 부족하다고 팀원
을 절벽으로 밀어버리면 안 된다. 아이러니하게도 비교하는 상

사의 대부분은 자기에 대한 잣대는 아주 관대하다.

열등감과 우월감은 인간이 가지고 있는 양면의 칼날이다. 열등감에 빠지면 패배자의 자괴감과 죽고 싶은 심정이 들고, 우월감에 빠지면 자신감이 하늘을 찌르고 세상을 다 가진 것 같은 기분이 든다. 이 기분은 대부분 자신이 컨트롤Control 할 수 없는 경우이거나 주위 환경의 영향이다.

이 열등감과 우월감은 동료나 특히 상사에게서 비교되거나 지배받는 경우에 많이 발생한다. 상사의 좋은 비교 한마디, 인정하는 말 한마디가 사람을 움직인다.

"어이 김 대리! 축하해~. 어떻게 또 경쟁사를 누르고 수주했어?
김 대리는 마이다스의 손이란 말이야. 손대는 것마다 다 수주하
니. 그러다가 경쟁사들 다 망하겠어? 망하면 재미없잖아. 좀 봐주
면서 해~."

공정/공평
〔리더는 정의의 여신〕

"배고픈 것은 참아도 배 아픈 것은 못 참는다!"

"나는 우리의 연구 결과가 사람들을 불공평하게 대할 때 사람들로부터 존경심을 잃고 최고의 재능, 특히 여성들을 잃을 위험이 있음을 증명했기 때문에 의아했다. 어떤 사람이 불공평하게 대우받고 있다고 느끼면 심리적으로 안전하다고 느끼지 않으므로 조직에서 가장 필요로 하는 시기에 사고력, 아이디어, 의견 및 창의력이 위축된다. 이것은 비즈니스에 문제를 일으킨다."

— Great Place To Work Institute 글로벌 Michael C. Buch CEO

사촌이 땅을 사도 배가 아파 죽겠는데 조직에서 똑같이 일하고 비슷한 성과를 냈는데 동료는 승진하고 자신은 진급에서 떨어진다면 어떤 이가 평정심平靜心을 가질 수 있겠는가? 의기투합하여 새로운 나라를 건국했지만 '논공행상論功行賞'의 잘못으로 다시금 피비린내 나는 암투가 일어나 나라의 기틀이 흔들리고 수십 년간 백성들을 힘들게 한 사례를 역사에서 많이 찾아볼 수 있다.

공정성은 조직이 있는 한 끊임없이 고민해야 하는 딜레마 Dillema이다. 공산주의가 제자리를 잡지 못하고 소멸하게 된 이유는 아이러니하게도 공산共産만 했기 때문이다. 공산에 못지않게 중요한 것이 공평公平이다. 공평이 되지 않으니 조직에서 큰 성과를 내던 사람들이 모두 등을 돌려버렸다.

한동안은 함께 생산하고 공동으로 분배하는 제도를 믿고 열심히 일했지만, 자신에게 돌아오는 것은 작은 대가와 똑같은 분배였다. 만일 계속해서 모두가 큰 대가를 받았다면 공산주의는 결코 몰락하지 않았을 것이다. 집단 농장의 소출所出과 자기 집 텃밭 가꾸기에서 나타난 소출, 이것이 공산주의가 몰락하고 시장경제로의 전환된 출발점이었다. 공정함은 못한 사람에게 패널티가 아니라 성과를 창출할 기회를 주는 것이고, 생산성이 뛰어나고 성과를 창출한 사람에게 더 나누어 주는 것이다.

 – 당신이 공정하게 평가받기를 원한다면, 먼저 당신부터 공정하도록 노력하라!
 – 배고픈 것은 참아도 배 아픈 것은 못 참는다.
 – 리더에게 요구되는 최고의 덕목은 공정함이다.

리더가 조직 관리에 있어서 가장 신중해야 할 부분이 바로 공정과 공평의 핸들링Handling이다. 법원의 상징물인 '정의의 여신상'은 두 눈을 안대로 가리고 저울과 칼을 쥐고 있다.

저울은 공평, 칼은 정의, 안대는 공정을 상징한다. 불의에 굴하지 않고 어느 쪽도 편을 들지 않으면서 정의를 구현하겠다는 의미이다. 리더는 정의의 여신상처럼 항상 공정해야 한다.

> "당신은 공정하게 평가받기를 원하면서 왜 당신은 공정하지 않은가? 당신이 공정하게 평가받기를 원한다면 당신 자신부터 공정하도록 노력하라!"

제5편

리더의
꿈과 비전

역사상 위대한 리더는 주관이 명쾌했고 말과 행동도 명쾌했으며 그리고 비전이 명쾌했다. 훌륭한 리더는 부하직원들에게 명확한 비전을 제시하고 함께 미션을 수행하는 사람이다. 이러한 명확한 비전을 제시하기 위해서는 먼저 소신과 자기철학을 가지고 있어야 한다. 자기철학이 정립이 되면 스스로 당당해지고 자신감이 생기기 때문이다.

리더의 비전은 부하직원들에게 상상의 나래를 펼치게 하고 그 명확함이 뇌리에 각인되고 가슴을 두근거리게 해야 한다. 비전은 먼저 보여주는 것이다. 그리고 공유하여 함께 '황금의 도시 엘도라도'로 길을 떠나는 것이다. 이 황금의 도시에 같이 가기 위해 많은 사람들이 모여들 것이고 그들은 머지않아 황금의 도시 엘도라도를 찾아 낼 것이다.

리더는 부하직원들의 가슴에 불을 지피고 두근거리게 해야 한다. 구성원들이 리더에게 기대고 리더를 따르는 가장 큰 이유는 그들에게 희망과 기대를 가지게 하였기 때문이다. 오늘보다 나은 내일, 현재보다 풍족한 미래를 보여주고 제시하는 것은 리더의 몫이다.

두근두근 Tomorrow!

제81강

정의/윤리
〔이자겸의 굴비〕

밥도둑이라 불리는 영광굴비, 임금님 수라에 단골로 올라갔다는 굴비의 이름이 '비굴'에서 유래되었다는 설은 의외이다. 생선 이름치고 참 특이한 이름이다. 그 배후에는 고려조 간신의 대명사 이자겸이 있다.

고려 시대 자기 딸을 16대 임금인 예종에게 시집보내고, 자기 손자를 인종으로 옹립하고 다시 인종에게 딸 둘을 시집보내어 왕의 장인과 외할아버지를 겸하게 된다. 외척으로 막강한 권력을 손에 쉰 이자겸의 횡포는 점점 심해졌다. 이윽고 자기가 왕이 되려고 난을 일으켰으나, 부하 장군인 척준경에게 사로잡혀 전라남도 영광 법성포로 귀양을 가게 되었다. 다행히 임금의 외할아버지라 극형은 면한 것이다.

귀양을 내려온 그는 난생처음 소금에 절여 말린 조기를 먹게 되었는데 그 맛이 가히 일품이었다. "이렇게 맛이 기가 막힌 고기가 있었다니? 이 조기를 임금님은 못 잡쉬 봤겠지?" 조기 맛에 반한 이자겸은 조기를 임금에게 진상하였다. 그리고 "비록 신臣이 귀양을 와 있지만, 결코 비굴하게 굽히고 살지 않겠습니다."라는 뜻으로 생선의 이름을 굴비라고 적어 보냈다.

그 당시 영광지역에 조기는 지천으로 널려 있어 서민들도 마음대로 먹을 수 있는 생선이었다. 누구나 먹을 수 있는 생선이었기에 그는 임금에게 비굴하게 아부하여 진상하는 것이 아니라고 한 것이다. 굴비는 '굽을 굴屈'과 '아닐 비非'에서 유래되어 '굽히지 않는다'는 뜻을 지녔다. 그렇지만 역사가들은 이자겸을 정의로운 사람이라고는 평가하지 않는 것 같다.

 - 사람이 서로 해치지 않게 하는 것이 정의의 역할이다. (키케로)
 - 옳은 일을 옳게 하라. (Do the right thing right)
 - 리더와 정의는 동의어(同義語)이다.

리더가 조직을 통솔統率하는 것은 자신과 회사를 정의롭게 하는 하나의 과정이다. 'Fortune US 일하기 좋은 100대 기업' 선정기준의 약 70%는 신뢰 지수Trust Index 평가 점수를 반영하여 선정한다. 신뢰 지수는 신뢰, 자부심, 동료애의 3가지 범주로 이루어져 있다.

신뢰 범주는 다시 믿음, 존중, 공정성의 3가지 요소로 나누어지고 공정성은 다시 공평, 공정, 정의로 나누어진다. 리더의 정의正義, Justice에 대한 평가는 오로지 구성원의 판단에 달려 있다. 다음은 구성원들이 생각하는 정의에 대한 평가항목이다.

부하가 부당하고 억울한 일을 당했을 때 주위의 눈치만 보고 나서는 것을 주저하는 상사, 우물쭈물하다 못해 자신의 입지가 어떻게 될지 몰라 주판을 튕기는 상사, 그러다가 결국은 "때리는 시어머니보다 말리는 시누이가 더 밉다."라며 사표를 던지는 부하에게 끝까지 비굴한 모습을 보이는 상사. 정말 보기 싫은 리더의 모습이다. 아니 리더가 아니다.

리더는 조직에서 무수히 일어나는 문제를 해결하고, 이 문제에 결부된 부하직원들을 잘 보듬고 챙기라고 주어지는 타이틀Title이다. 자기 안위만 걱정하고 고민하는 상사는 리더의 자격이 없다. 서로 피곤하고 괴롭다. 이러한 부류의 사람은 당장 조직을 떠나야 한다. 리더는 조직 내의 정의가 실현될 수 있도록 실천적으로 이끄는 사람이다.

"옳은 일을 옳게 하라.(Do the right thing right)"

제82강
죽음
〔스티브 잡스의 연설〕

죽음이란 무엇인가?

인간은 의도적으로 죽음을 잊고 살고자 하지만, 그렇게 잊고자 한 대가로 죽음을 큰 공포로 느끼게 된다고 한다. 사람은 천년만년 살 것처럼 행동하지만 대부분 100년도 못 살고 죽는다.

죽음이란 단어를 보는 순간, 누군가 죽음의 소식을 듣는 순간, 그리고 장례식장에서 지인의 소천召天을 목도目睹할 때, 우리는 죽음의 공포에 소스라치고 새삼스럽게 삶의 의미意味를 생각하게 된다. 사람은 태어나고 죽는다. 이 말은 오로지 생물학적인 표현에 불과하지만, 그 언저리에는 삶의 본질本質과 의미意味가 담겨있으리라.

신화神話에서 스핑크스Sphinx가 지나가는 사람들에게 "아침에는 네 발로, 점심에는 두 발로 저녁에는 세 발로 가는 것이 무엇이냐?"라고 던진 수수께끼를 풀지 못해 수많은 사람이 잡아먹힌다. 인간이란 무엇인가? 인간의 정체성은 과연 무엇인가?

고대 희랍인들은 신과 인간은 같은 모습을 하고 성질도 같다고 여겼는데, 단 한 가지, 신과 인간이 다른 점은 신이 죽음을 겪지 않는 데 비해 인간은 죽음을 면치 못한다는 점이다. 쾌락을 최고의 선善으로 규정한 에피쿠로스Epicouros는 정신적精神的 쾌락을 철학의 기본가치로 추구했다. 그들의 죽음에 관한 규정을 살펴보면 다음과 같다.

> "우리가 사는 동안에는 죽음은 '아직' 없다. 죽음이 우리에게 왔을 때, 우리는 '이미' 이 세상에 없다. 그러므로 우리가 가장 두려워하는 죽음이란 우리에게 아무것도 아니다."

> – 누구나 죽는다. 사람은 누구나 다 죽는다고 생각하면서도 자신은 죽지 않을 것처럼 생각한다.
> – 생이 끝나는 순간, 우리가 가장 많이 후회하는 건 살면서 한 일이 아니라 하지 않은 일이다.
> – 사람들은 겨우살이를 준비하면서도 죽음은 준비하지 않는다.
> (톨스토이)

"우물쭈물하다가 내 이럴 줄 알았다."

죽음을 일깨우는 촌철살인寸鐵殺人이다. 아일랜드의 극작가 겸

소설가로 노벨문학상을 받은 조지 버나드 쇼George Bernard Shaw의 묘비명이다. 그는 성공의 순간에도 만족하지 않고 활동을 멈추지 않았는데, 94세까지 살면서 유머와 풍자, 위트를 잊지 않았으며 사상가로서 더욱 견고한 삶을 살았다. 그런 그가 남긴 묘비명은 우리에게 깊은 메시지를 던진다.

필자가 20여 년 전에 3박 4일간 감수성훈련感受性訓練, Sensitivity training을 받은 적이 있었다. 프로그램 가운데 '죽음을 맞이하여'란 것이 있었는데 가히 충격적이었다. 갑자기 자신이 몇 시간 뒤에 죽는 것을 가정하여 가족과 친한 사람에게 유서를 쓰고, 그것을 읽고 준비된 관 속에 들어가 죽음을 맞는 프로그램이었다. 참가자들은 하나같이 절망하고 후회하며 미안하다고 흐느꼈다.

죽음을 앞두고 "나는 어떤 삶을 살았는가?" 스스로에게 되묻는 순간 온갖 잘못한 일들과 실천하지 못한 일들이 점철點綴되었다. 어느 교육보다도 뜻깊고 자신을 뒤돌아보게 하는 죽음의 성찰 교육이었다.

스티브 잡스Steve Jobs가 스탠퍼드 대학교의 졸업식에서 연사로 초청되어 청중을 감동케 한 연설의 3가지 이야기 중 죽음에 대한 부분이다.

"세 번째는 죽음에 관한 것입니다. 17살 때, 이런 문구를 읽은 적이 있습니다. '하루하루를 인생의 마지막 날처럼 산다면, 언젠가는 바른길에 서 있을 것이다.' 이 글에 감명받은 저는 그 후 50살이 되도록 거울을 보면서 자신에게 묻곤 했습니다. '오늘이 내 인생의 마지막 날이라면, 지금 하려고 하는 일을 할 것인가?'"아니오!'라는 답이 계속 나온다면, 다른 것을 해야 한다는 걸 깨달았습니다. 인생의 중요한 순간마다 '곧 죽을지도 모른다.'라는 사실을 명심하는 것이 저에게는 가장 중요한 도구가 됩니다. 왜냐구요? 외부의 기대, 각종 자부심과 자만심. 수치스러움과 실패에 대한 두려움들은 '죽음' 앞에서는 모두 밑으로 가라앉고, 오직 진실만이 남기 때문입니다. 죽음을 생각하는 것은 무엇을 잃을지도 모른다는 두려움에서 벗어나는 최고의 길입니다. … 〈중략〉 … 우리는 언젠가는 다 죽을 것입니다. 아무도 피할 수 없죠. 삶이 만든 최고의 작품이 '죽음'이니까요. 죽음이란 삶의 또 다른 모습입니다. 죽음은 새로운 것이 헌것을 대체할 수 있도록 만들어줍니다. … 〈중략〉 … 여러분들의 삶은 제한되어 있습니다. 그러니 낭비하지 마십시오. 도그마 −다른 사람들의 생각− 에 얽매이지 마십시오. 타인의 잡음이 여러분들 내면의 진정한 목소리를 방해하지 못하게 하세요. 그리고 가장 중요한 것은 마음과 영감을 따르는 용기를 가지는 것입니다."

사람이 사람다운 것은 거저 태어나서 살다가 죽는 것이 아니라 인생을 계획하고, 성실하게 노력하며, 실천해왔기 때문이다. 그 한 페이지 한 페이지가 쌓여서 역사가 되고 전설이 된다. 한 영웅英雄의 전설傳說이 우리에게 얼마나 큰 가르침과 방향方向을 제시해 주는지 우리는 알고 있다.

탈무드에서 랍비Rabbi는 사람이 죽어서 하늘나라에 가면 첫 번째 받는 질문이 "너는 거래에서 정직했느냐?"라고 전한다. 죽음을 생각하는 상사는 업무를 대하는 자세와 부하를 보는 시각이 분명 다를 것이다. 나는 어떤 리더로 기억되기를 바라는가?

의심
〔혼다 소이치로 회장〕

"나는 밑의 사람을 믿는다. 나는 밑의 사람이 무엇을 하던 믿는다!"

마쓰시타 고노스케松下幸之助, 이나모리 가즈오稲盛和夫와 함께 일본에서 존경받는 3대 기업가이자 세계 기업가들로부터 '경영의 신神'으로 추앙받는 혼다 소이치로本田宗一郎 회장이 한 말이다.

그는 평범한 대장간의 아들로 태어나서 오랜 시간 동안 자동차 수리공장에서 일하여 자기 공장을 차렸지만, 지진과 전쟁으로 모든 것을 다 잃어버리고 말았다. 그렇지만 그의 열정은 꺾이지 않았다. 다시 회사를 일으켜 세계 최고의 반열에 올려놓기까지의 저변에는 그의 기술에 대한 열정과 사람에 대한 믿음이 있었기 때문이다.

'사람에 대한 집착이 품질을 만든다.' 즉 사람을 빼면 기업에는 아무것도 없다는 신념으로 기업 안에서의 사람의 중요성과 사람을 신뢰하면 감히 넘보지 못할 세계 최고의 '모노즈쿠리monozukuri'를 완성할 수 있다는 혼다本田 회장의 철학이 담겨 있다.

'용인불의用人不疑!' 일단 믿어 보자. 일단 맡기자. 그도 좋은 성과를 내기 위해서 그리고 인정을 받기 위해 열심히 노력하고 있다. 과도한 참견은 부하직원의 사기를 꺾어버린다. 의욕을 감퇴시킨다. 믿어주지 않는데 어떻게 열정적으로 일을 할 수 있겠는가? 보이거나 보이지 않는 지나친 간섭은 조직의 발전을 저해한다. 신뢰! 조직이 버틸 수 있는 근본이다.

당신은 모니터monitor 요원이 아니다. 사사건건事事件件 간섭하고 의심하라고 그 자리를 준 것이 아니다. 당신은 지원자, 멘토, 응원자, 아버지 혹은 형과 누나 같은 사람, 좋은 선배가 되어야 한다. 당신은 부하직원보다 경력도 많고 업무 노하우도 많이 쌓여 있다. 당신은 그 노하우를 공유해 주고 전수해 줄 의무가 있다. 그저 업무를 체크하고 감독하라고 있는 자리가 아니다. 부하직원이 당신만큼 경력이 쌓이면 오히려 일을 더 잘 할 수도 있다는 것을 생각해 보라.

필자가 90년대에서 2000년대 초까지 CSCustomer satisfaction경영 컨설팅을 할 당시, 수많은 기업과 기관들을 대상으로 고객만족도 평가와 서비스 모니터링 프로젝트를 수행하였다. 우리나라 굴지의 모 백화점에서 하루는 한 판매원으로부터 고충을 듣게 되었다.

> "선생님! 사람이 사람을 감시하고 감시를 당한다는 게 얼마나 기분이 더럽고 무서운지 아세요? 여성복을 사러 온 이 고객이 고객을 가장한 모니터 요원인지 진짜 고객인지? 찝찝하고 불안하여 제대로 일을 볼 수가 없어요. 이러다 숨 막혀 죽을지도 모르겠어요. 사람이 사람에게 왜 평가받아야 하나요?"

그 판매원의 얘기를 듣고 한동안 가슴이 먹먹했다.

서비스 모니터링 시기가 찾아오면, 직원들은 회사에서 은근히 사인Sign을 주거나 사인을 주지 않더라도 감으로 서비스 모니터링을 하고 있다는 것을 감지할 수 있다고 한다. 이 서비스 모니터링 기간에는 자신도 모르게 가슴이 두근거리고 밥맛까지 없어진다고 한다.

의심이 많은 리더는 사실 불행한 사람이다. 리더의 신중하고 노련한 의심Check은 초년의 관리에 조금의 도움이 될 수도 있겠지만, 점점 성급하고 미련한 의심으로 변질된다면 손가락질 당하는 상사로 추락할 것은 뻔하다.

리더는 부하직원을 의심하는 습관을 경계해야 한다. 일의 결과가 나쁘게 나왔을 때 항상 프로세스에 대한 문제를 부각하고 또 일의 성과에 대한 확신이 흔들리면 리더 본인의 자신감도 떨어지고 마음이 약해져서 의심은 습관이 되어버리고 만다.

의심 많은 리더는 다음과 같은 몇 가지 특징을 보인다.

> 첫째. 사람을 오래 쓰지 않는다.
> 둘째. 용서가 없다.
> 셋째. 본인도 괴롭다.
> 넷째. 남 탓만 한다.
> 다섯째. 대안(Alternative)이 없다.

그렇다면 불필요한 의심을 줄이면서 좋은 사람을 잃지 않는 방법은 없을까? 믿으라. 믿는 수밖에 없다. 존경하는 선생님과 부모님을 믿듯이, 사랑하는 연인과 친구를 신뢰하듯이….

중국의 사서인 송사宋史에 나오는 고사성어故事成語를 삼성그룹의 창업자인 고 이병철 회장은 늘 경영의 인사 철학哲學으로 삼았다.

> 의인불용(疑人不用) 용인불의(用人不疑)
> – '의심스러운 사람은 쓰지(뽑지) 말고, 일단 맡긴 사람은 의심하지 말자!'

제84강
디테일
[악마는 디테일에 숨어 있다]

"The Devil is the details.(악마는 디테일에 숨어 있다)"

이 말은 디테일Detail의 본연의 뜻인 섬세하고 아주 세부적인 것을 더욱 강조하기 위하여 악마의 수사를 동원한 것이다. 디테일에 우리가 잘 모르는 신비스럽고 무서운 요소가 숨어 있을 가능성이 있으므로, 어떤 일에 대처하는 데 있어서 하나하나 다루기를 철저히 해야 한다는 메시지가 들어 있다.

원래 이 말은 "신은 디테일에 있다God is in the details."에서 파생된 말로 독일의 유명 건축가인 루트비히 미스 반 데어 로에Ludwig Mies van der Rohe(1886~1969)가 자신의 성공비결에 관한 질문을 받을 때마다 내놓던 대답이라고 한다. 아무리 거대하고 훌륭한 건축물이라도 내부의 매우 사소한 부분까지 신경을 쓰지 않으면 최고의 미적 가치와 품격을 갖추기 힘들어 결코 명작이 될 수 없다는 뜻이다. 본인의 일에 대한 철저함과 섬세함이 묻어나는 표현이다.

- 기업의 성패는 디테일에 있다.
- 100-1=0. 1%의 부족 1%의 디테일을 채워라.
- 조직은 언제나 버라이어티(Variety)한 리더보다 디테일(Detail)한 리더를 원한다.

잘 나가던 협상이 사소하게 보이던 세부사항에 걸려 한순간에 깨지고, 순조롭게 진행되던 프로젝트에서 사소한 문제가 암초로 둔갑해 전체 계획을 망친 사례는 무수히 많다. 이 작은 부주의 하나가 실패한 기업을 만들어 내고 리더를 나락에 떨어뜨린다.

고객만족경영Customer Satisfaction Management에서는 100-1=0라고 한다. 상품과 서비스 등 여러 부분에서 고객을 충족시켰음에도 불구하고 단 하나의 잘못이나 실수로 고객이 떠나버린다는 교훈의 수식이다.

위대하고 성공한 사람들의 공통점은 아이러니하게도 바로 '디테일Detail'에 있다.

· 0.01초의 차이가 한 사람을 영웅으로 만들고 한 사람은 기억조차 나지 않게 만든다. (이건희, 삼성그룹 회장)

· 처음 98%는 잘하는데 마지막 2%를 제대로 마무리하지 못하는 사람이 많다. (톰 피터스, 경영컨설턴트)

· 나는 항상 디테일을 강조한다. 훌륭한 경영자가 되려면 반드시 가장 기본적인 일부터 완벽하게 챙길 줄 알아야 한다. (레이 크록, 맥도널드 창업자)

· 실패는 디테일에서 나오고 성공은 시스템에서 결정된다. (빌 매리어트, 매리어트인터내셔널 회장)

· 어떤 디테일도 놓치지 말라. (경영의 신, 마쓰시타 고노스케)

· 늘 작은 것에 힘써라. (루돌프 줄리아니, 전 뉴욕시장)

· 커다란 문제 속에는 언제나 작은 문제들이 있다. (H. 하울리, 미국 경영학자)

· 효과적인 혁신도 처음 시작할 때는 눈에 띄지 않을 수 있다. (피터 드러커)

· 작은 일이 큰일을 이루게 하고 디테일이 완벽을 가능하게 한다. (데이비드 패커드, 휴렛패커드 창업자)

사소하고 작은 것 같지만 디테일은 가장 강력한 힘이다. 총론總論이 강한 리더가 멋지게 보일 수도 있겠지만 결국은 각론各論으로 무장한 리더가 승자가 된다.

쪼잔함과 디테일은 엄연히 다르다. 뻔한 것 같지만 어떤 리더는 남들이 보지 못하는 것을 발견해 낸다. 물은 100도에서 끓는다. 99도는 절대 끓지 않는다. 99점은 산수에서는 우수한 점수이지만, 리더십에서는 별로 인정할 게 없다.

1%의 부족한 디테일을 채워라.

제85강
자존감
〔자존감 살리는 비법〕

　연공서열^{年功序列} 제도는 학력 및 근속연수에 따라 종업원의 임금이나 인사이동을 결정하는 제도를 말한다. 일본과 우리나라도 과거에는 대부분 연공서열 제도를 인사의 기본으로 삼았는데 최근 들어서는 성과 중심, 능력 위주의 제도로 많이 전환되었다. 연공서열 제도의 핵심은 한 마디로 위계질서다.

　그런데 기업의 인사제도를 자세히 들여다보면, 의외로 대부분 직장에 이 연공서열 제도가 고스란히 남아있다. 물론 성과와 능력주의를 표방하면서 실제로 성과가 높은 사람을 승진시키고 발탁인사를 감행하기도 한다. 그러나 일부의 경우에 그치며 대부분 인사는 근속연수에 따라 승진 발령을 낸다.

　여기에서 문제가 발생한다. 회사나 조직의 관리자나 간부로 발탁되는 기준은 역량과 성과가 훨씬 더 중요하게 적용되어야한다. 평소에 높은 성과와 탁월한 리더십을 발휘한 사람이 간부의 반열에 올라가게 되면, 그는 당당하게 더욱 좋은 모습으로 부하들을 관리하고 성과 창출에 매진할 것이다.

- 자존감은 자신이 존재하는 가장 큰 상징이다.
- 모든 일은 자존감으로부터 출발한다.
- 자신을 아끼고 사랑하는 사람은 부하에게도 똑같이 베풀 수
  있다.

문제는 간부에 대한 욕심도 없고 준비도 안 된 사람이 연공서열에 따라 관리자가 되었을 경우이다. 이러한 사람이 관리자가되면 슬슬 자신과 조직에 문제가 생기기 시작한다. 정치판에는 "정권욕이 없는 사람은 절대 정치를 해서는 안 된다."라는 말이있다.

조직도 마찬가지라 생각한다. 심지어 승진통보를 받게 되면거부나 사양의 의사를 표하는 경우도 적지 않게 볼 수 있다. 돈좀 덜 받고 머리 아프고 스트레스 받는 자리를 피하겠다는 심산이다. 이러한 상사가 자신의 팀장으로 부임했고, 그것을 눈치채기 시작하였다면 구성원들은 어떤 생각이 들까? 보직은 간부인데 마인드와 애티튜드는 팀원에 머물러 있으니 말이다.

이러한 부류의 간부들은 경쟁이 심하고 간부 평가 기준이 깐깐한 회사에서는 심한 스트레스를 받고 점점 소심해지며 심지어 우울증까지 걸린다.

얼마나 힘들게 리더가 되었는가? 리더가 된 이상 일반인들과는 다른 모습을 보여야 한다. 언제까지 소시민의 마인드로 살아갈 것인가? 훌륭한 리더로 거듭나려면 먼저 자존감을 살려야 한다.

자존감을 살리는 몇 가지 방법이 있다. 먼저 자기를 아끼는 마음으로 '난 잘할 수 있다'를 반복하면서 끈기 있게 자기를 격려해야 한다. 자기 자신을 사랑하지 않는 사람이 어떻게 다른 사람을 사랑할 수 있겠는가?

다음으로 운동이다. "건강한 신체에 건강한 정신이 깃든다."라는 말이 있다. 땀을 흘리며 열심히 운동하면 스트레스가 달아나는 것은 물론이고 급속도로 자존감이 회복되는 자신을 발견하게 될 것이다.

리더는 우연히 만들어지는 것이 아니다.

당신은 어떤 리더로 기억되기를 바라는가?

방임
〔심리적 이직〕

매스컴을 통하여 가끔 아동학대의 뉴스가 들려온다. 가슴이 먹먹하다. 아동학대 중에서도 방임은 가장 무섭고 끔찍한 범죄 중의 하나이다. 아동방임은 보호자가 아동에게 고의적, 반복적으로 양육 및 보호를 소홀히 하여 아동의 정상적 발달을 저해할 수 있는 행위를 말한다. 방임은 단기간에 발견하기 어렵고 쉽게 눈에 띄지 않지만, 방임으로 인해 아동이 다치거나 숨지는 일도 적지 않다.

회사 내에서의 방임은 아동학대 못지않게 심각하고 위험하다. 회사에서 방임 대상은 모두 성인이기에 피해 당사자는 모멸감과 인격살인에 가까운 정신적 충격을 받는다. 문제가 어디까지 어떻게 파급될지 예측도 쉽지 않다.

- 방임하는 상사는 조직에서 중대한 범죄자다.
- 방임은 어린 아기를 물가에 혼자 내버려 두는 행위와 같다.
- 방임으로 자란 아이는 훗날 부모를 버리듯이 방임한 상사는 부하에게 철저하게 버림받는다.

조직에서 왜 상사가 부하를 방임하는 것일까? 오죽했으면 방임하는 상황까지 갔을까? 분명 몇 가지 원인과 이유가 있다.

첫째 리더에게 자격이 부족할 때 가장 큰 방임의 가능성이 나타난다. 정의롭고 윤리적이고 공정하게 조직을 관리해야 한다는 철학이나 생각보다 우월감에 빠져 지연, 학연에 얽매이고 자기에게 알랑거리고 아부하는 직원들을 편애하는 데서 문제의 소지는 생겨난다. 그로 인해 일부 직원을 노골적으로 소외시키고 자기의 충성파를 만든다. 이러한 유형은 절대 고쳐지지 않는다. 조직에서 빨리 간파하고 도려내야 할 환부다. "미꾸라지 한 마리가 온 강물을 흐리게 한다."는 것과 같다.

둘째, 오해와 곡해의 소지이다. 상사가 부하를 방임하는 것으로 비치게 하는 것은 한편으로는 부하의 역량을 믿기 때문이다. 다른 직원에 비해 급할 것이 없어 신경을 쓰지 않는 데서 나타난다. 이와 같은 행동은 당사자가 무관심으로 오해하게 할 수 있다. 무관심도 방임 못지않은 폐해를 만든다. 자신을 귀하게 생각하지 않는다는 곡해로 인해 자칫 일을 함부로 처리하거나, 하더라도 성과와는 점점 멀어진다. 관심 욕구는 어린아이이든 성인이든 같다.

셋째, 무시이다. 무시는 구성원을 투명인간 취급을 해 버리는 것과 같으며 인격살인이나 마찬가지이다. 사실, 사람은 이성적으로 판단하는 것 같지만 감성적이고 감정적인 부분에 더 많이 지배당한다.

사람 간에 궁합을 보듯이 조직 안에서도 궁합이 잘 맞는 직원이 있고 안 맞는 직원이 있을 수 있다. 속된 말로 케미가 안 맞는 친구가 있을 수 있다. 그렇다고 상사로서 멀리하고 무시해서는 안 된다. 무시는 감당할 수 없는 결과를 초래한다. 왜 리더로 선임되었는지 생각해야 한다. 회사는 친목계가 아니다. 당신도 계주가 아니다.

방임을 당한 당사자는 조직에서 일은 하고 있지만, 마음은 이미 떠난 지 오래다. 당장 이 조직을 떠나고 싶지만 여의치가 않을 뿐이다. 그러니 업무의 성과는 기대할 수도 없다. 이 얼마나 불행한가?

훌륭한 상사는 부하의 개인사에 애정을 가지며 업무에서도 구성원을 귀한 존재로 여기며 돌보아 주는 사람이다.

제87강
도전
〔달란트 비유〕

1972년도에 연구를 시작하여 2012년도까지 42년 동안 계속된
실패, 그렇지만 굴하지 않고 2013년도에 개발 성공!

스웨덴왕립과학관은 2017년 노벨화학상 수상자로 스위스 로
잔대학교 자크 두보쉐 교수, 미국 컬럼비아대 요아킴 프랭크 교
수, 영국 분자생물학 MRC 실험실 리처드 헨더슨 프로그램 리더
를 선정했다. 이들은 생체분자를 3차원으로 관찰할 수 있는 획
기적 기술인 극저온전자현미경Cryo-EM을 개발해 움직이는 생체
분자를 얼려 잠시 멈춘 뒤 원자 수준의 3차원 구조를 관찰하는
길을 열었다. 생화학 분야의 새로운 지평을 연 것이다.

그들의 평균 나이는 74.6세. 40년이 넘는 연구 기간, 70살이
넘는 나이에도 연구를 포기하지 않았다.

매출 300조 영업이익 56조!

웬만한 국가의 연간 예산보다도 많은 숫자. 삼성전자의 2017년도의 실적이다. 90년대에 잘나가던 Sony의 30분의 1에도 미치지 못했던 것이 삼성전자의 사업 규모였다. 이제는 Sony, 마쓰시타, 미쓰비시, 도시바, 샤프 등의 일본 굴지 전자회사들의 영업이익을 다 합쳐도 삼성보다 못하다. 일반적인 시각에서 봐도 엄청난 기적이다.

삼성은 1990년대부터 한 해도 빠짐없이 위기론을 들추어냈다. 이대로 가다가는 시장에서 도태되어 버릴 수도 있다는 위기에서 삼성은 절대 현실에 안주할 수 없었다. 1993년 프랑크푸르트에서 이건희 회장이 "마누라와 자식 빼고 다 바꿔라!"라고 新경영을 선포한 것이 오늘의 삼성이 있게 했다. 잘나갈 때 유독 위기론을 들추어낸다는 것은 언뜻 봐서 이해가 되지 않는다. 그렇지만 삼성은 '샌드위치 론論'이나 '10년 후의 먹거리 론論' 등을 얘기하면서 긴장의 끈을 놓지 않았다. 직장인들 사이에서 상사 맨, 증권 맨이란 말을 듣는 것은 엄청남 자부심을 느끼게 한다. 그런데 '삼성 맨'이라고 회사명 뒤에 '맨'이 붙는 회사는 아마 국내에서 삼성이 처음일 것이다. 구직자들의 로망이 된 회사, 우연히 운 좋게 그 타이틀을 얻었다고 생각하는 사람은 없을 것이다. 끊임없는 도전의 결과이고 선물이다. 물론 이 기업에도 문제가 없는 것은 아니다. 그렇지만 주위 사람 중에 삼성을 다니는 사람이 있거나, 엄친아가 '삼성 맨'이면 많이 부러워하는 것이 사실이다.

- 승자는 문제 속으로 뛰어들고, 패자는 그 변두리만 맴돈다.
- 채찍을 가하지 않으면 팽이는 쓰러지고, 페달을 밟지 않으면 자전거는 쓰러진다.
- 리더는 도전의 상징적인 존재이다.

　구글은 이보다 더 심한 파생어를 만들어냈다. 'Googler: 구글의 임직원, 구글 사용자, Googly: 구글스러움, Googling: 구글에서 검색 중' 등 'Google'라는 타이틀에서 파생된 단어는 10가지도 넘는다. 구글이 매년 미국 『Fortune』에서 발표하는 'Fortune US 100 Best, 세계 일하기 좋은 100대 기업'에서 8년 연속 1위를 달리고 있는 이유가 여기에 있을 것이다. 끊임없는 도전, 인간의 상식을 뛰어넘는 도전! 하면 제일 먼저 구글이 떠오른다. 페달을 밟지 않으면 곧 자전거는 쓰러진다. 채찍으로 드라이브를 걸지 않으면 팽이는 쓰러지고 만다. 구글은 일부러 안전한 네 바퀴가 아닌 불안한 두 바퀴의 자전거를 타고 있는 것 같다. 그래야 그들은 계속해서 페달을 밟고 전진할 수 있을 테니깐.

　"야, 그러면 다쳐! 살살 해 대충 하는 거야. 그렇게 한다고 누가 알아줘? 이 정도면 돼!"라고 생각하는 순간 발전의 바퀴는 멈추고 만다. 그 순간 신의 섭리도 멈춘다. 이 정도는 과연 누구의 잣대인가?

　어느 부자가 여행을 가기 전에 종들을 불러 시험 삼아 그들에게 각각 5달란트, 2달란트, 1달란트를 주면서 자신이 돌아올 때까지 돈을 자유롭게 굴려 보라고 하였다.

긴 여행이 끝나고 부자가 돌아와서 확인하니 5달란트의 종은 열심히 장사해 배의 이익을 남겼고, 2달란트를 받은 종도 갑절의 이익을 남겼고, 1달란트를 받은 종은 실망하여 아무것도 시도하지 않고 그것을 땅속에 묻어 두었다가 파내어 아뢰기를, "주인님 제가 이 달란트를 고이 묻어 두어 전혀 손실을 끼치지 않았나이다." 하였다. 그 주인은 크게 노하여 말했다.

"이 어리석고 나태한 종에게서 1달란트를 빼앗아 5달란트의 충
직한 종에게 주라."

흔히 조직은 매년 전년도 대비 성장 계획과 방안을 고민한다. 그냥 열심히 하는 것은 특별할 게 없다. 이 사회에서 살아남기라도 하려면 어느 조직이나 열심히 해야 하고 실제로 열심히 한다. 두드러진 성과를 내기 위해서는 창의적이고 자주적으로 일해야 한다.

신사업을 발굴하는 것, 일의 방식을 새롭게 바꿔 보는 것, 아직 모르고 있던 것에 대해 도전을 하자. 새로움은 새로움을 낳는다. 새로운 일에 도전하는 자에게는 늘 선물이 따른다. 그 선물의 크기는 해 봐야 안다. 아무것도 하지 않는 사람에게 어떻게 멋진 선물꾸러미가 갈 수 있을까?

험한 바다와 거친 파도는 훌륭한 뱃사공을 만든다. 세찬 물줄기를 거슬러 올라가는 물고기는 인간의 관점과 시각으로는 도저히 불가능해 보인다.

"내 사전에 불가능은 없다." 나폴레옹Napoleon의 이 한 마디가 많은 것을 생각하게 한다.

제88강
비전(꿈)
〔근자열 원자래 近者悅 遠者來〕

2,500년 전 춘추전국시대에 섭공(葉公)이라는 초나라 제후가 있었다. 그런데 백성들이 날마다 국경을 넘어 다른 나라로 도망을 가니 인구가 줄어들고 세수가 크게 줄어들어 걱정이 이만저만 아니었다. 이에 초조해진 섭공이 공자께 여쭈었다.

"무슨 묘안이 없을까요? 선생님, 날마다 백성들이 도망을 가니 천리장성을 쌓아서 막을까요?" 잠시 생각하던 공자는 '근자열 원자래(近者悅 遠者來)'라는 글귀를 남기고 떠났다고 한다.

'近者悅 遠者來'

"가까이 있는 사람을 기쁘게 해줘야 멀리 있는 사람이 찾아온다."라는 뜻으로 공자 당시는 춘추전국시대로 그 시절 백성들은 살기 좋고 평판이 좋은 군주가 있는 곳으로 자유롭게 이주할 수 있었다.

요즘 경영환경도 마치 춘추전국시대와 같다. 구성원들은 직장이 마음에 들지 않으면, 특히 상사와 코드가 맞지 않으면 미련 없이 등을 돌린다. "회사가 싫은 게 아니라 상사가 싫은 것이다." 직원관리의 딜레마에서 늘 유효한 명언이다.

상사가 구성원들에게 미치는 영향은 조직 로열티와 이직 의도에 약 72%나 된다는 연구결과도 있다. 나아가 우리나라 직장인의 약 56%가 직장생활을 하면서 이직 의도를 품고 있다고 하니 참으로 안타까운 일이다.

  – 비전이 있는 사람은 말은 적으며 행동은 많이 한다.
  – 큰 비전은 위인을 만든다.
  – 행동하는 사람처럼 생각하고 생각하는 사람처럼 행동하라.

수십 대 일의 엄청난 관문을 뚫은 신입직원이 연수 과정을 마치고 드디어 첫 출근을 했다. 이제 고생 끝~, 멋진 시작이다! 부푼 꿈을 안고 그 신입직원은 발걸음도 가볍게 발령부서로 와서 사회에 첫 도장을 찍었다. 부서에 와서 담당 팀장과 면담을 하였는데, 팀장의 첫마디.

"어느 학교 나왔어요?"
"네 ㅇㅇ대학 나왔습니다.""전공은?"
"네, 경영학입니다."
"그런데 여기는 왜 왔어?"

"네?"

"그 좋은 스펙을 가지고 여기 이런 회사에 왜 왔냐고. 참 나~, 다
른 데 가지…"

90년대 말까지 세계를 흔든 우리나라 굴지의 전자회사에서 벌
어진 실제 대화다. 안타까움을 떠나 분노하게 된다. 그 팀장은
당장 회사를 떠나야 한다. 아니 떠나게 해야 한다. 리더는 조직
의 비전 메이커이다. 공동의 비전, 목표, 가치관을 어느 정도 제
시하고 있는가? 리더는 틈나는 대로 비전을 제시하고 또한 비전
을 공유해야 한다.

『삼국지』에서 조조가 군사들을 데리고 먼 길을 행군하는데 음
식과 물이 떨어져 모두가 기진맥진한 상태가 되었다. 목이 말라
한 발짝도 걸을 수 없는 처지가 되어 군사들이 꼼짝도 하지 않자
조조가 꾀를 내었다.

"저기 보이는 산 너머 매실나무 숲이 있다. 저 산만 넘어가면 싱
싱한 매실이 우리를 기다리고 있다."

그러자 갑자기 군사들은 시큼한 매실을 생각하게 되어 입안에
침이 고이고 침을 삼킴으로써 갈증을 해결했다. 조조가 군사들
에게 준 것은 물병이 아니라 꿈과 희망이었다.

동기부여
[인정認定의 힘]

2016~2018년 사이 국제 외교에 가장 많이 등장한 단어는 아마도 '미사일' 아닐까 싶다. 중국이 한반도 사드 미사일 배치에 반대해 공식·비공식적 제재 수단을 동원했고, 미국은 북핵 미사일 개발을 막기 위해 혈안이 되었었다. 그리고 이제는 미사일과 핵 개발 포기를 놓고 서로 평화 분위기를 조성 중이다. 모든 것이 다 그놈의 '미사일' 때문이다.

미사일, 즉 로켓은 중국의 화약 개발과 더불어 시작되었다. 우리도 〈신기전〉(2018)이라는 영화를 보면 익히 알 수 있듯, 염초와 숯가루와 유황을 적절히 배합하면 강력한 폭발력이 생긴다. 그런데 이 중에 유황이라는 놈이 참 재미있다. 냄새만 고약한 유황이라는 놈은 사실 폭발이 되거나 하는 것도 아니어서 그리 큰 역할은 없을 것 같다. 하지만 막상 이놈이 없으면 로켓의 화력은 100% 발휘되지 않는다. 촉매의 힘이란 그런 것이다.

조직문화에도 중요한 촉매가 있다. 바로 동기부여이다.

필자는 연중 약 100여 기업 이상 현장 방문을 목표로 조직문화 및 인사 매니저들을 만나고 있다.

하루는 모 패션 그룹의 인사담당과 홍보담당 차장 2명을 만나서 사전에 조직문화에 대한 문제와 고민을 상담하기로 했다. 그런데 막상 만나 보니 회사의 문제와 개선방안에 관한 대화가 아니라 대부분 시간을 자신들의 상사들에 대한 불만으로 일관했다.

> "우리 회사가 일이 많은 것은 저도 익히 알고 있어요. 패션업의 특성상 야근도 많이 하고요. 업무량은 경쟁사보다 1.5배는 되는 거 같아요. 그렇지만 이건 별문제가 되지 않아요. 힘든 업무는 얼마든지 버틸 수 있는데, 다만 한 가지 아쉬운 점이 있어요. 제발 1년에 단 한 번이라도 우리 팀장님과 상무님에게 수고한다는 말과 성과에 대한 진심 담긴 인정(認定)을 한 번만 받아봤으면 소원이 없겠어요! 부하의 노고를 인정해 주는 데에 돈이 들어요? 열심히 일한 후에 노고를 인정받으며 상사가 어깨 한번 두드려 주면 박카스도 따로 필요 없다고요!"

우리나라에서 서열 두세 번째를 꼽는 대기업 핵심인재들의 하소연이다.

2010년도에 『하버드 비즈니스 리뷰Harvard Business Review』에 하버드 경영대학원의 테레사 에머빌Teresa M. Amabile 교수와 스티븐 크레이머Steven J. Kramer 연구원이 기고한 〈무엇이 직원들에게 정말로 동기를 부여하는가?What Really Motivates Workers〉 라는 글은 많은 매니저에게 큰 반향을 불러일으켰다.

"리더들에게 무엇이 직원들에게 동기를 부여한다고 생각하는지 물어보라. 그들은 별문제 없이 대답할 것이다. 최근 우리는 600명의 매니저에게 설문을 보내 직원들을 북돋우는 5가지를 순서대로 꼽도록 했다. 그 다섯 가지는 인정, 보상, 개인적인 지지, 일이 진행되도록 돕는 것, 그리고 분명한 목표였다. 그중 '잘한 일에 대한 인정'이 가장 많은 표를 받았다."

무엇이 직원들에게 가장 큰 동기부여를 한다고 생각하는가? 바로 인정Recognition이다. 잘한 일에 대한 인정(공식적 또는 사적으로든지)이 많은 매니저에게 공감을 얻고 있었다.

임금으로 보상받는 자본주의 사회의 조직에서, 숫자로 찍힌 월급봉투와 숫자로 찍힌 업무성과만으로 절대 설명되지 않는 것이 동기부여와 인정의 힘이다. 막강한 촉매의 힘이 발휘되어 조직력을 폭발시키는 역할을 한다.

- 무엇이 사람을 움직이게 하는가? 그것은 인정 한마디이다.
- 서로 도움을 주는 문화를 만들어라.
- 리더가 가질 수 있는 가장 강력한 리더십은 인정에 대한 동기부여이다.

동기부여란 '무엇인가를 지향하는 개인적 행위의 심리적 이유와 과정을 이해하고, 열정적으로 지속해 작동되도록 유도하는 내적 힘'으로 정의된다.

구성원들은 자기가 추진한 일에서 성과가 있었을 때, 가장 긍정적인 기분을 느낀다고 한다. 일에 진전이 보이거나 성과가 나타났을 때가 가장 좋은 날이고 행복감이 물씬 든다고 한다.

하버드대학교 경영대학원의 에머빌Teresa Amabile 교수는 "동기부여의 요소는 관리자의 권한 아래에 있다."라며, 다음과 같이 설파한다.

> "당신은 적극적으로 일이 진행되고 있다는 것을 느끼게 하고 실제로 그렇게 만들어야 한다. 당신이 높은 위치에 있는 관리자라면 목표가 분명한지, 직원들이 필요한 도움을 받고 있는지, 그리고 그들의 노력이 적절히 지지 되고 있는지 살펴보고, 일정에 대한 지나친 압박으로 인해 작은 실수를 배움의 기회가 아닌 위기라고 느끼지 않도록 하라. 서로 도움을 주는 문화를 만들어라. 그러는 동안 당신은 일의 진행을 직접 도와줄 수 있다. 소매를 걷어붙이고 일에 함께 뛰어들라. 그러면 사람들이 신이 나서 일을 할뿐만 아니라 결과적으로 일의 진행도 빨라질 것이다."

구성원들 속에 잠재된 열정을 어떻게 끄집어내고 불타게 할 것인가? 그리고 이 열정을 지속할 수 있도록 어떻게 동기부여를 할 것인가? 위의 조사 결과처럼 관리자의 진심 어린 인정은 동기부여를 위한 최고의 솔루션이다. 유치원 아이도 대통령도 인정받으려고 세상을 산다고 한다.

위협/기회
〔SWOT〕

"눈치가 빠르면 절간에서도 새우젓을 얻어먹는다!"

불가에서는 고기를 금하고 있는데 절간에서 고기 종류의 하나인 새우젓을 얻어먹는다니? 잠시 잠깐 이해가 안 갈 수도 있지만, 금세 "아!" 하고 자그만 감탄사를 뱉는다. 눈치(감각?)가 빠르고 세상 물정에 환하면 못 할 것이 없음을 비유적으로 이르는 말이다.

나아가 불가능한 것도 할 수 있는 역량과 능력이 있는 사람을 뜻한다. 변화무쌍한 시대를 살아가는 우리는 예전과는 다르게 많은 역량을 요구받고 있다.

스페셜리스트보다 제너럴리스트가 될 것을 요구받는 시대다.

예측 불가능한 위기에도 당황하지 않는 준비된 팔방미인이 되어야 한다.

사람의 진가는 평상시가 아닌 위기와 힘든 일이 닥쳤을 때 알 수 있다. 셰익스피어는 "아플 때 우는 것은 삼류이고, 아플 때 참는 것은 이류이고, 아픔을 즐기는 것이 일류이다!"라고 말했다.

- 전화위복은 위기를 맞아 소신과 용기를 가지고 잘 대처한 사람에게 주는 선물이다.
- 위협과 기회는 늘 상존한다.
- 리더에게 위협은 기회를 잡을 수 있는 또 다른 기회가 될 수 있다.

위협과 기회는 어깨동무하며 다닌다. 리더는 둘 중 누가 위협이고 기회인지 잘 분석할 눈을 지니고 전략을 수립해야 한다. 전략수립을 위해 대부분 회사는 내·외부 환경 분석 도구인 'SWOT분석'을 한다. 'SWOT'은 'Strenth(강점)', 'Weakness(약점)', 'Opportunities(기회)', 'Threats(위협)' 등의 머리글자를 따서 만든 용어이다.

강점은 회사 전체나 부문, 팀의 목표 달성에 적합한 역량을 말하며, 약점은 목표 달성을 방해하는 모든 장애요소를 일컫는다. 기회는 활용해야 할 시장의 동향, 세력, 사건, 아이디어를 나타

내며, 위협은 회사가 대비해야 할 외부의 통제 불가능한 사건이
나 세력을 말한다.

이러한 내·외부 환경 분석을 철저히 해야 거기에 맞는 전략수
립이 가능하다. 리더는 많은 경험과 노하우를 가지고 있으므로
확률적으로도 위협과 기회를 잘 분별할 수 있고, 누구보다도 지
혜롭게 판단할 수 있는 능력이 있다.
위협을 기회로 바꿀 수 있어야 진정 존경받는 리더다.

의사결정
〔이성과 직관〕

사람은 하루에 약 5만 번의 의사결정을 한다고 한다. '몇 시에 일어날까? 무엇을 먹을까? 어떤 일을 먼저 할까? 오늘 누굴 만날까? 아니 만나지 말까? 오늘 하던 일을 마무리할까, 아니 미룰까?'를 생각하고 행동하기를 반복하는 것인데, 이것 모든 것이 바로 의사결정이다.

아침에 일어나서 침대에 누울 때까지 우리는 무수한 의사결정을 하고 있다. 또 해야 한다. "오늘 점심은 뭘 먹지? 파트너에게 전화부터 먼저 해 봐야지." 등 아주 작고 쉬운 의사결정부터 사업계획 수립에 들어갈 사업의 우선순위와 중요도를 정하거나 벤더사와의 가격 결정을 해야 하는 중차대한 의사결정까지, 우리는 늘 의사결정 앞에서 고민하고 또 고민한다.

개인적인 측면에서도 이 의사결정은 평생을 따라다닌다. 하루의 의사결정, 일주일의 의사결정, 한 달, 분기, 반기, 연, 5년 10년, 인생 전체의 의사결정까지 인간은 수십억 수백억 번 이상의 의사결정에 시달리고 때론 주저하고 의사결정에 따른 결과에 좌절하고 환호하기를 반복한다.

　개인에게 있어서 학교와 전공을 선택하는 일, 평생을 함께할 반려자를 선택해야 하는 것과 행복한 삶을 영위하기 위해 일Job을 선택하는 것은 정말로 함부로 해서는 안 될 인생에 있어서 아주 중요한 의사결정 중의 하나이다.

　　- 인생은 의사결정의 연속이다.
　　- 의사결정에는 늘 작은 용기와 큰 용기가 다르다.
　　- 리더는 의사결정권자다.

　리더는 의사결정권자다. 작은 조직이든 큰 조직이든 조직에는 항상 의사결정을 해야 할 일이 줄을 서 있다. 그런데 조직의 리더가 의사결정에 주저하면, 아니 회피한다면 어떻게 그 조직이 잘나갈 수 있겠는가?

　빈번히 의사결정을 미루거나 회피한다면 구성원들의 눈에 그는 더는 리더가 아니다. 도망자다. 비겁자다. 비겁자를 존경하고 따를 구성원이 과연 있을까? 의사결정의 결과에 따라 옛날에는 목숨까지 잃는 경우도 많았다. 인간은 의사결정에 따라 훌륭한 사람과 그렇지 못한 사람으로 나뉜다.

벤저민 프랭클린은 "20대에는 의지, 30대에는 기지, 40대에는 판단이 지배한다."라고 했다. 리더는 합리적이고 이성적인 의사결정을 해야 한다.

한편으로 의사결정에 큰 힘을 발휘하는 것이 바로 '직관'이다. 직관은 논리적으로 명확하게 설명되지는 않지만, 과거의 경험들이 무의식적으로 작용해서 나타난다. 다르게 표현하면 감으로 판단하고 결정하는 것이다.

> 리더는 의사결정을 통한 대안 창출(Alternative development)자가 되어야 한다. 오늘 당신은 어떤 의사결정을 하고 있는가? 어떤 의사결정을 해야 하는가? 의사결정에 따른 결과를 예측해 보았는가?

현실 안주
〔삼성 이건희 회장의 메기론論〕

삼성의 이건희 회장이 설파했던 경영철학 중 하나로 소위 '메기론論'이 사람들의 입에 오르내린 적이 있었다.

두 연못에 미꾸라지를 넣고 똑같이 먹이를 충분히 주고 한 연못에는 가물치와 메기를 몇 마리 방사를 한 결과, 처음에는 가물치와 메기를 방사한 연못에서 매일 수십 마리의 미꾸라지가 잡아먹혀 급격히 개체 수가 줄어들었다.

다른 연못은 풍족한 먹이와 더불어 가물치와 메기 등 천적이 한 마리도 없던 덕분에 미꾸라지의 개체 수가 나날이 확대되고 있었다. 이렇게 가다간 한 연못은 천적으로 인하여 몰살을 당할 게 뻔하고, 한 연못은 엄청난 번성을 할 것이 예상되었다.

몇 년이 지나고 두 연못의 상태를 점검한 결과, 실로 엄청난 결과를 보게 되었다. 가물치와 메기 등의 천적으로 인해 몰살당할 것이라고 예상했던 연못의 미꾸라지가 어마어마한 개체 수로 불어나 있었고 건강상태도 아주 좋아 보였다.

원인을 연구해 본 결과, 이 미꾸라지들은 천적으로부터 잡아먹히지 않기 위해 빠른 헤엄으로 위험에 대비했다. 그래도 하루에 수십 마리 동료들은 어쩔 수 없이 잡아먹혔다. 그러자 미꾸라지들은 스스로 엄청난 번식력을 갖추기 시작했다. 이렇게 되니 오히려 처음의 개체 수보다도 훨씬 많고 아주 강한 무리를 만들 수 있었다.

한편 끝도 없이 번성할 것으로 예상했던 다른 쪽 연못을 확인한 결과 깜짝 놀란 일이 벌어져 있었다. 미꾸라지가 단 한 마리도 없었다. 그들은 주는 대로 먹이를 먹고 태평스럽게 놀고 나태해질 대로 나태해졌다가 그만 전염병이 닥치자 일순간에 몰살되고 말았다. 물론 천적이 있던 연못에도 전염병은 똑같이 돌았다. 그러나 평소에 빠른 헤엄으로 체력과 면역을 키웠던 그들은 거뜬하게 전염병을 물리칠 수 있었다.

삼성이 지난 10년 동안 글로벌 기업으로 성장한 데에는 애플과의 대립 구도도 중요한 자극이 되었다. 삼성이 아시아권을 극복하고 세계에 진출하는 데에 경쟁이 소니와 도시바였다면, 글로벌 전자기업 이미지를 구축하는 데 있어서 삼성의 '메기'는 애플이었다고 할까?

확실히 이 '메기'를 의식하면서 삼성은 내실을 다졌고 경쟁력을 강화했다. 해마다 천문학적인 매출과 영업이익을 창출하면서도 끊임없이 위기론을 스스로 환기해 주마가편走馬加鞭할 수 있었던 원동력도 이 위기의식과 그것을 극복하기 위한 도전의식이다.

  - "이 정도면 됐다."라고 자만하는 순간 발전은 없다.
  - 살찐 미꾸라지의 교훈을 잊지 말라.
  - 리더를 일컫는 또 하나의 명칭은 도전자이다.

도전하는 사람은 가치창출자Value Creator이다. 그들은 일하면서 보람을 느끼고 행복감에 젖는다. 현실에 안주하는 순간, 당신은 조직에서 뒷방 늙은이로 낙오된다. 자신이 가고 싶은 방향으로 자전거 페달을 밟자.

'험한 바다, 거친 파도가 훌륭한 뱃사공을 만든다.'

계란은 스스로 깨면 병아리로 거듭날 수 있지만, 남이 깨면 계란 프라이밖에 안 된다. 계란 프라이가 될 것인가? 아니면 황금알을 낳는 닭이 될 것인가는 당신에게 달렸다. 도전하라. 안주하지 마라.

제93강
걱정/고민
〔동굴 패러다임과 터널 패러다임〕

"걱정해서 걱정이 없어진다면 걱정이 없겠네."

걱정만 해서 일이 해결된다면 종일 걱정만 하겠다. 걱정한다고 안 될 일이 성사되지도 않고, 걱정을 안 한다고 해서 될 일이 안 되지도 않는데, 적지 않은 관리자와 리더들이 감정의 낭비를 하며 사는 듯싶다.

그런데 걱정이 없으면 성공도 없다. "애간장이 탄다."라는 속담이 있다. 얼마나 걱정과 근심이 많으면 속이 시커멓게 탈까? 세상을 살다 보면 누구에게나 걱정과 고민거리가 생기게 마련이다. 결핍은 동기를 부여하고 대안Alternative을 만드는 동인이다.

대기업이라고 해서 문제가 없고 소기업은 문제가 많은 걸까? 부자는 걱정이 없고 가난한 사람만 걱정이 많은 것인가? 어느 기업과 조직이든, 어떤 가정과 사람이든 반드시 문제는 생기기 마련이다. 이 얼마나 공평한가? 문제의 대소와 찾아오는 시점의 빠르고 늦음이 다를 뿐, 어디에나 문제가 있고 언제나 문제는 찾아온다. 대기업이라고 해서, 큰 부자라고 해서 문제가 생기지 않고, 작은 기업이라고 해서 가난하다고 해서 만날 문제투성이인 게 아니다.

문제는 해결하라고 찾아오는 것이다. '문제해결'은 인간이 태어나 죽을 때까지의 벗어날 수 없는 숙명이다. 언제까지 문제에 부딪혀 포기하고 좌절하고 있을 것인가? 정면으로 승부를 걸어보자. 무섭고 답이 없을 것 같아서 회피하고 도망이라도 치면 문제가 해결되는 것인가? 문제에 정면으로 도전장을 내미는 순간 '신의 섭리'가 작동한다. 문제는 아주 강한 놈일 것 같지만 의외로 약한 놈이다.

동굴 패러다임과 터널 패러다임이라는 이론이 있다.

동굴 속으로 들어가면 갈수록 그 끝이 깜깜해서 절망할 수밖에 없다. 그런데 더 무서운 것은 용기가 없는 리더는 동굴 속에서 무리를 통솔했지만 대책Alternative과 방법을 생각하지 못한다는 점이다. 자기의 선택으로 한순간에 조직원들이 죽을 수도 있다는 걱정에 그냥 하루하루 연명하듯이 조직원들을 이끌고 끝도 없는 동굴 속으로 들어가기만 할 뿐이다. 결과적으로 불행하게도 혼자만 죽는 것이 아니라 부하들까지도 동굴 속에 갇히게 하고 만다. 이것이 동굴 패러다임이다.

반대로 터널 패러다임을 가진 리더는 어두운 터널의 끝에는 반드시 빛이 있다고 직원들에게 희망을 제시하고 그들의 열정과 몰입을 이끈다. 리더는 사실 동굴의 끝에, 터널의 끝에 꼭 출구가 있다고 자신도 확신하지 못한다. 그렇지만 그는 구성원들과 함께 많은 방법과 길을 타진한다. 드디어 죽을 수밖에 없었던 처지에 한 줄기 서광이 비춰든다.

경영환경 탓과 회사의 안 좋은 상황 탓을 하면서 걱정과 고민을 늘어놓아 보아야 아무 소용이 없다.

- 애간장의 솥을 끓이지 말고 용기와 도전의 솥을 태워야 한다.
- 터널 패러다임으로 나아가야 한다.
- 리더는 문제해결사이다.

해결사 '터미네이터Terminator'로 불려보자. 상사는 조직에 산적한 문제를 해결하기 위해 존재하는 '문제해결사'이다. "해결사 ○ 팀장"이 되어보자. 이 얼마나 근사한 닉네임인가? 팀원들이 문제에 봉착해 쩔쩔매고 있을 때, 담대하게 나아가 "우리 함께 해결해 봅시다!"라고 해 보자. 순간 해결의 기氣가 결집된다. 기가 결집되면 뒤이어 기적奇跡이 일어나고야 만다. 신의 섭리가 작동하는 것을 보고 느낄 수 있을 것이다.

애간장의 솥을 끓이지 말고 용기와 도전의 솥을 태워 보자. 이 솥을 그냥 솥이 아니라 용광로로 거듭나서 수만 톤을 건조하는 배로 만들고 두바이의 버즈 알 아랍Burj Al Arab 7성급 호텔을 떠받치는 H빔Beam을 만드는 쇳물을 끓이는 용광로로 바꿔 보자.

존경받는 상사의 가장 큰 덕목은 용기와 도전이다. 회사에서 왜 당신에게 조직을 맡겼을까? 문제가 생겼을 때 비굴하게 회피하고 도망가라고 맡기진 않았을 것은 익히 잘 알 것이다.

회사야말로 가장 문제투성이 집단이다. 직원이 새로 입사하고 퇴사할 때까지의 모든 접점과 일들에는 반드시 문제가 동반된다. 매 순간 문제란 놈이 비집고 들어오려고 한다.

훌륭한 리더는 문제를 멋지게 해결하는 것보다, 문제의 여지를 미리 없애는 사람이다.

하인리히의 법칙Heinrich's Law은 대형사고가 발생하기 전에 그와 관련된 수많은 가벼운 사고와 징후들이 반드시 존재한다는 것을 밝힌 법칙이다.

1931년 허버트 윌리엄 하인리히Herbert William Heinrich가 펴낸 『산업재해 예방A Scientific Approach』이라는 책에 소개된 법칙이다. 하인리히의 법칙은 1:29:300 법칙이라고도 부르는데, 산업재해가 발생하여 중상자가 1명 나오면 그 전에 같은 원인으로 발생한 경상자가 29명, 같은 원인으로 다칠 뻔했던 잠재적 부상자가 300

명이 있었다는 사실이었다.

사실 조직 내에서의 문제는 관리자가 바로 알아차리지 못한다. 가벼운 징후가 나타나도 관리자가 알아채기는 어렵다. 그러나 조직 구성원들은 다 알고 있다. 상사가 문제를 알아차렸을 때는 대부분 문제가 곪아 터지고 나서이다. 이때는 해결될 가능성이 별로 없는 시점이다.

문제를 미리 방지하기 위해서는 평소 상사와 구성원들 간 관계와 의사소통이 원활해야 한다. 상사와 구성원들 간에 허물없이 커뮤니케이션이 활발하고 좋다면 문제는 사소한 수준에서 얼마든지 발견할 수 있다.

굳이 문제의 파악을 위해 상사가 매의 눈을 가지고 감시하고 파악하라는 것이 아니다. 구성원들에게 귀와 눈과 가슴을 열어라.

늘 고민을 들어 주는 인자한 귀와 정이 듬뿍 담긴 눈빛을 보여 주면 구성원들은 조심스럽게 다가와 조직의 문제와 현상을 공유 혹은 보고해 줄 것이다. 구성원들이 신뢰하는 상사는 언제나 자신에게 힘이 되고 버팀목이 되어 줄 것이라 확신하기 때문이다.

문제가 터지고 나서 걱정하고 고민해 봐야 그때는 늦으리….

여유
〔그물 눈코〕

"눈코 뜰 새 없다"라는 것은 고기잡이 그물의 코와 코 사이를 만드는 눈을 만들 시간이 없다는 뜻에서 유래된 말이다. 눈코를 뜨지 못하면 그야말로 당장 고기잡이는 허탕인데 얼마나 바빴으면 고기잡이까지 포기할 정도의 이런 표현을 한단 말인가?

조직에도 항상 여유가 없는 상사들이 있다. 그런데 아이러니하게도 이들은 항상 자기는 바쁘고, 그러므로 조직에 크게 이바지하는 것으로 생각하고 있다. 막상 그들을 바라보는 직원들은 상사의 착각에 그저 놀라울 따름이다. 어느 사이 부하들은 이런 상사에 대해 편견을 가지게 된다.

부하들이 가지고 있는 편견을 살펴보면 먼저 직원들은 자기의 상사가 항상 일이 많아 보여 편안하게 다가갈 수 없다고 한다.

자기 때문에 오히려 상사의 시간을 빼앗는 듯한 미안함으로 점점 상사를 찾아가는 빈도가 줄어든다.

게다가 상사의 우선순위는 다른 데 있다고 생각하여 나에게 할애해 줄 시간은 눈곱만큼도 없을 것 같은 서운함에 부하는 점점 상사와 함께 일하기를 포기하게 된다.

다음으로 가장 단적인 편견은 "우리 팀장님? 다 알고 있잖아요. 맨날 바쁜 거. 우리 팀에 온 지 얼마 안 되어 잘 몰라서 그러는데 찾아가지 마요. 가더라도 환영 못 받아요. 만날 바쁜 척하는데 왜 가요? 그런데 정말 바쁘기나 바쁜지 모르겠네요. 그렇게 바쁜데 우리 팀 실적은 왜 이래요?" 팀 안의 적들이 쌓여 가고 있다.

- 여유는 자신이 컨트롤 하는 것이다.
- 바쁘다고 이야기하면 할수록 부하들과의 관계의 질은 떨어진다.
- 여유 없는 상사가 나타내는 성과에도 성과의 여유는 존재하지 않는다.

성과를 못 내고 있는 상사일수록 왜 항상 바쁘다는 말을 입에 달고 살까? 그들에게는 자기도 모르게 바쁘다는 말이 입에 배어 있다. 하루에 얼마나 많이 바쁘다는 말을 내뱉고 있는지 그들은 모른다. 녹음이라도 해서 들려주고 싶다. 전화를 할 때나 회의를 할 때 심지어 퇴근을 하면서도 바쁘단다.

여유가 없는 상사들의 특징을 살펴보면 계획이 철저하게 세워져 있지 않아 항상 두서없이 일한다. 하루의 계획, 일주일간의 계획, 한 달간의 계획이 잘 세워져 있으면 바쁠 일이 없어진다. '계획을 세우지 않는 것은 실패할 계획을 세우는 것과 같다.'

　여유가 없고 늘 바쁜 상사들은 늘 일의 마무리가 허술하다. 허겁지겁하는데 어떻게 좋은 성과를 기대할 수 있겠는가? 이러한 관리자는 명상의 시간과 습관을 꼭 가져야 한다. 명상으로 자신의 습관과 마인드를 크게 고칠 수 있다.

　더욱 중요하고 안타까운 것은 바쁜 상사의 눈에는 일만 먼저고 직원들은 뒷전이다. 부하직원들이 자신이 가장 사랑하는 자녀들이라 생각한다면 우선순위를 분명 바꿀 것이다.

시간 관리
〔삼원정공의 초 관리운동〕

관리자는 대부분 시간을 자신의 책임 아래 있는 직원의 성과와 가치를 높이기 위해 써야 한다. 리더는 회사에 개인적인 기여자로서 역할을 담당하는 것이 아니라 팀의 성과를 창출해 내기 위해 존재한다.

시테크는 시간을 돈으로 인식하고 시간을 효율적으로 사용하기 위해 구체적인 계획을 세워 관리하는 시간 경영을 의미한다. 시테크 초秒 경영의 시초가 된 보스턴컨설팅그룹의 시간에 대한 경쟁력을 키우는 혁신기법 'Time-base 전략'은 새로운 상품이나 다양한 상품을 낮은 비용으로 빠르게 공급할 수 있는 전략을 말한다.

'Time-base 전략'의 핵심은 부가가치를 높이기 위해서 리드 타임을 줄이는 것과 비용을 줄이기 위해서 모든 프로세스의 소요 시간을 줄인다는 것이다. 피터 드러커 교수가 강조한 "모든 것은 시간으로 측정한다."라는 말과 같은 의미로 쓰일 수 있다.

- 모든 것은 다 저축할 수 있어도 시간만은 저축할 수 없다.
- 1초를 잡아라 !
- 리더는 시간관리자이다.

한국산업계에 경영혁신의 성공사례로서 영향을 끼친 스프링 전문 업체인 삼원정공의 초 관리운동은 눈에 보이지 않는 시간의 낭비 요소를 제거하자는 취지를 지녔다. "1초를 잡아라!"라는 관리기법을 추구하는 삼원정공은 이로써 극심한 경영난을 극복하고 매출액 60억에서 100억으로 향상되었다. 근무시간은 54시간에서 44시간으로 20% 감소, 직원급여도 매년 20% 가까이 인상, 6시 30분이 넘어 자리에 있는 직원은 무능한 직원으로 간주한다. 심지어 IMF 중에도 보너스와 급여를 올렸고 현재는 매출 200억이 넘는 놀라운 성과를 달성하고 있다.

이 초秒 관리기법은 직원의 행동 하나하나를 돈으로 환산하여 '시간은 돈이다'는 말을 경영일선에 적용했다. 시간을 가격 개념으로 전환하여 원가절감과 생산성 향상을 동시에 추진한 것이다.

초秒 관리 경영의 근본이념은 일을 그 자체로서 사랑하여 주어진 시간을 나의 값진 시간으로 만들자는 것이다. '담배 한 대 피우는 데 사용되는 회사 돈은 900원입니다' '커피 한 잔 마시는 데 사용되는 회사 돈은 1,800원입니다.' 이런 표어를 붙여 놓은 것은 커피를 마시지 말라든가, 담배 피우는 꼴을 눈 뜨고 못 봐 준다든가, 일 이외에는 아무것도 못 하게 통제를 하는 것이 결코 아니라는 사실이다.

이것은 시간의 중요함과 원가의식을 직원들에게 심어주기 위한 수단에 불과하다. 기업 내부에서 보이지 않았던 낭비를 찾아 제거하여 쓸데없는 일을 하지 말고 즐겁고 편하게 일하자는 정신의 외적 표현이다. 스피드 경영, 집중근무시간제, 결제 단계 축소, 효율적인 회의, 업무 프로세스 개선 등이 숨어 있는 경영 혁신 운동이다.

리더는 매일 그날의 중요성과 긴급성에 따라 업무를 분배하고 시간 관리를 철저하게 해야 한다. 리더는 시간 관리자이다. 시간을 지배하는 자가 곧 인생을 지배할 것이다.

"이 세상의 모든 것은 다 저축할 수 있어도 시간만은 저축할 수 없다"

코드
〔세상이 원래 코드다〕

"어차피 강물에서 살 거라면 악어와 싸우지 말라!"

아프리카 속담이다. 강물에는 별별 어종과 동물들이 살고 있다. 강물 속의 강한 지배자 악어가 되지 못하고 하마로서 아니면 메기로서 어쩔 수 없이 강물에서 계속 살아야 한다면 악어와 싸우지 말라. 겨루어봐야 득 볼 것은 별로 없기 때문이다. 이겨도 상처는 클 것이고 지면 끝장이다.

우리는 조직의 강물 속에서 살고 있다. 착하고 온순한 은어도 있고, 메기도 있고, 포악한 악어도 있다. 매일매일 먹히느냐 먹느냐의 싸움이 일어나고, 때로는 평화 협정(배부른 악어)을 맺어 좋은 관계를 만들어 살아가고 있다. 그렇지만 평화협정이 언제 깨질지는 누구도 알 수 없다.

그런데 이 악어가 경쟁 관계에 있는 옆 부서장이거나 담당 임원이라면 좀 골치가 아파진다. 붙어서 이기더라도 피해(이미지)는 클 것이 분명하다. 그럼 어떻게 해야 하는가? 타협과 아부의 기술도 동원할 수밖에 없다.

이 세상은 코드인사로 이루어져 왔다. 나폴레옹의 혁명, 당 태종 이세민의 쿠데타, 이성계의 위화도 회군이 성공하고 나서 논공행상을 통하여 목숨을 걸고 자기를 따랐던 부하들을 버리고 중요한 자리에 모두 정적들을 앉힌 일이 있었나?

언제 또 정적들로부터, 아니면 믿는 부하로부터 역逆쿠데타를 당할지 모르는데 어떻게 그 자리에 심복을 앉히지 않겠나? 인사 탕평 정책으로 성군의 반열에 올라가 백성들로부터 칭송을 받기는 고사하고 얼마 가지 않아 자기 목이 뎅강 날아갈 것이다. 우리는 이와 같은 수많은 사례를 역사를 통해 배우고 실패의 교훈을 DNA에 넣어 왔다.

리더는 경영진의 철학과 이념을 전파하고 대변하는 사람이다. 비겁하게 권력 앞에 엎드리고 타협하자고 하는 것이 아닌 것은 당신도 익히 알 것이다. 정치판에서 미국이든 유럽·일본이든 항상 야당은 여당을 향하여 '코드인사', '낙하산 인사'라고 비난을 한다. 자신들이 정권을 잡았을 때는 코드인사를 더하면 더했으면 더했지 덜하지 않았는데 말이다.

'협치' 참 좋은 말이다. 그런데 중요한 자리를 코드가 다른 정적에게 내주고 어떻게 중요한 의사결정과 원활한 정책을 전개할 수 있겠는가?

- 이 세상은 모든 것이 코드인사이다. 부정할 수 없다.
- 코드는 맞추어야 한다. 맞추기 싫다면 코드를 만들어라.
- 관리자의 첫 번째 덕목은 경영자의 코드를 이해하고 이를 잘 전달, 전파해야 한다.

관리자는 경영진의 철학과 경영이념을 잘 전달하고 전파하는 막중한 역할을 담당하고 있다. 코드를 맞추어라! 당신이 경영자와 확실한 코드를 맞추고 나서 구성원들이 당신의 코드에 물들게 하라.

당신은 손오공이다. 100명의 손오공을 양성하라. 당신의 분신이 100명이 아니라 3명 정도만 되어도 당신은 이미 성공한 것이나 다름이 없다.

제**97**강

자기 철학
[Worst vs Best]

야쿠자ヤクザ는 일본의 범죄 조직을 일컫는 말로 대규모의 하부 조직을 거느린 폭력 조직이다. 각 집단의 명칭은 ○○구미組와 ○○카이会라는 용어를 사용한다. 야쿠자의 어원은 확실하지는 않다. 하지만 바쿠도(도박집단)란 도박용어가 어원이라는 게 통설이다.

일본 숫자로 8을 뜻하는 야や와 숫자 9를 나타내는 쿠く, 그리고 3을 의미하는 자さ에 해당하는 숫자를 합치면 망통인 숫자 0이 되는데, 이 발음이 나중에 변해서 현재의 야쿠자가 되었다는 속설도 있다. 망통은 투전이나 골패, 화투 따위 노름에서 가지고 있는 두 장 혹은 세 장의 패를 합한 '끗수'가 0인 경우를 말하는데 끗발이 가장 낮은 패를 뜻한다. 도박집단 자체도 나쁘지만, 그중에도 가장 안 좋은 패를 뜻하는 표현으로 야쿠자의 나쁜 모

습을 상징한 단어일 것이다. 한 마디로 'worst of the worst'라
고나 할까?

교보생명의 신창재 회장은 서울대 의대 교수로 재직하다가 선
친의 '교육보국教育報國' 유지遺旨를 이어받아 교보 그룹을 지휘하
는 막중한 임무를 맡게 되었다. 신 회장이 경영에서 가장 강조
한 것 중의 하나가 바로 고객 만족이었다. 필자는 한국능률협회
에서 '대한민국 고객만족경영대상'을 운영하는 소임을 맡았을 때
신 회장님으로부터 큰 감명을 받았다.

"우리는 이익창출에 노력하고 있다. 그렇지만 우리가 창출하고
있는 이익은 마피아에 비하면 형편없다. 마피아의 이익 창출은
우리의 몇십 배, 몇백 배에 달한다. 마약 거래의 이익률을 봐라.
또 우리는 조직 관리에 심혈을 기울이고 있다. 그런데 마피아의
조직 관리는 어떤가? 우리는 큰 문제가 있는 구성원에 대한 패널
티가 감봉이나 정직, 그리고 가장 강력한 조치가 해고이다. 그런
데 그들은 부하가 말을 듣지 않으면 묻어 버린다. 누가 조직 관리
를 잘하는가?

그런데 중요한 것을 간과하고 있다. 그들에게는 철학이 없다. 우
리는 그들이 가지고 있지 않은 철학을 가지고 있다. 세상을 이롭
게 하고자 하는…."

신창재 회장은 대한민국 고객만족경영대상의 '명예의 전당'에 헌정되고 한국에서 가장 존경받는 CEO로 선정되었으며, 한국산업계에서 경영의 귀재로 손꼽히고 있다. 'best of the best' 경영자라고나 할까?

- 소신과 자기 철학의 중심에는 윤리가 있다.
- 존경받는 리더의 첫 단추는 소신이며 자기 철학은 삶의 의미를 충족한다.
- 리더는 자기 철학의 컬러가 분명해야 한다.

당신은 어떤 컬러의 소유자인가? 어떠한 정체성, 어떤 철학을 가지고 있는가? 조직에는 소신과 자기 철학이 있는 관리자, 옳음과 진실을 추구하고 거짓을 가려내는 리더가 절실히 필요하다. 어떤 삶을 살 것인지에 대한 소신이 분명하고 추구하는 가치와 목적의식이 뚜렷한 리더야말로 구성원들이 진정 우러르고 본받고 싶을 것이다.

소신과 자기 철학이 분명한 사람은 어디에 가든지 반듯하다. 소신은 단지 몇 개의 업무와 경험에서는 만들어지지 않고 삶의 의미와 목적이 분명할 때 발현된다. 반듯한 리더는 소신과 자기 철학으로 완성된다.

제98강
설득력
〔8가지 Skill / Technique〕

100달러 지폐의 주인공, 미국 건국의 아버지로 불리는 벤저민 프랭클린에게는 펜실베이니아 주 의회 의원이었던 시절에 정적政敵이 한 명 있었다.

그와의 관계를 개선하고 싶었던 프랭클린은 한 가지 꾀를 내었다. 일부러 자신의 정적이 진귀한 책을 소장하고 있다는 소문을 들었다면서 정적에게 다가가서 그 책을 며칠 동안만 빌려달라고 부탁하였다. 책을 빌려본 프랭클린은 며칠 뒤에 정성 어린 감사편지와 함께 책을 돌려주었고 이 감사편지로 인하여 그와의 관계회복은 물론 두 사람은 절친한 친구가 되었다.

'벤저민 프랭클린 효과'는 도움을 준 사람이 도움을 요청한 사람에게 호의를 느끼는 현상을 말한다. 이 효과는 적을 친구로 만드는 기술로 더 알려져 있다.

프랭클린은 자서전에서 이 사례를 언급하며 "적이 당신을 한 번 돕게 되면, 더욱 당신을 돕고 싶게 된다Enemies who do you one favor will want to do more."라는 명언을 남겼다.

리더로서 요구되는 중요한 몇 가지 역량 중에서 설득력은 리더가 가져야 할 필수불가결한 요소다. 정적도 절친한 친구로 만드는데, 하물며 한솥밥을 먹고 있는 부하의 마음을 돌리거나 내 편으로 만드는 설득기술은 그리 어렵지 않을 것이다.

- 설득은 상대의 마음을 얻는 것이다.
- 남을 설득하려고 할 때는 자기가 먼저 감동하고, 자기를 설득하는 데서부터 시작해야 한다. (토머스 칼라일)
- 리더가 갖추어야 할 요구역량 중 가장 중요한 것은 설득력이다.

부하직원을 내 편으로 만드는 '8가지 스킬Skill과 테크닉Technique'이 있다.

1. 15초의 MOTMoments of Truth가 모든 것을 좌우한다.

상대와 만나는 접점, 15초의 순간이 바로 '진실의 순간'이다. 부하는 이 15초의 순간에 눈빛과 표정, 제스처 등을 통하여 분위기를 파악하고 피아彼我식별과 진정성을 판단한다.

2. 말하기보다 먼저 들어주자.

팀 안에서의 이슈나 일은 부하직원도 다 알고 있다. 왜 이 자리에 있는지 어떠한 말이 나올지는 대충 짐작이 된 상태에서 마주 보게 된다. 그러므로 먼저 들어 줘야 한다. 들어주는 순간 기대 이상으로 일이 술술 풀린다. 경청은 하는 그 자체로 이미 50%의 솔루션을 얻은 것이라 한다.

3. 잘못을 쿨Cool하게 인정하자.

상사의 진솔한 사과나 잘못의 인정은 의외로 큰 반향을 불러일으킨다. 상대의 마음을 여는 황금 키Key의 작동을 목도目睹하게 된다.

4. 초조한 모습은 금물이다.

목표는 설득이다. 상대가 어느 정도 짐작을 하는 상태라면 더욱 침착해야 한다. 편안한 표정과 적당한 목소리 톤Tone으로 사적인 일로 인한 경계의 눈빛을 사그라뜨려야 한다.

5. 적절한 제스처를 활용하자.

보디랭귀지Body Language는 자칫 딱딱해지기 쉬운 커뮤니케이션에 매끄러운 윤활유 역할을 해 준다. 훌륭한 연사의 웅변을 보라. 그의 말과 제스처는 자연스럽게 연출되는 멋진 하모니Harmony이다.

6. 상대방과의 공통점을 찾아라.

결혼은 현재의 공통점과 미래의 공통점을 찾는 완성이라는 말이 있다. 클래식Classic을 좋아하는 공통점, 바다를 좋아하고 맛집을 찾아다니는 공통점을 발견하면 금새 친근해진다. 그리고 상대는 자신에게 마음을 열어준다.

7. 작은 것이라도 의미를 부여하라.

사람이 동물과 다른 점은 사명감과 의미를 지닌 데에 있다. 의미부여는 사람을 동인動因하게 하는 강력한 힘을 가지고 있다. 일제강점기, 한국전쟁에서 왜 우리나라의 열사들은 초개草芥와 같이 목숨을 던졌을까? 그분들에게는 범인凡人들이 지니지 못한 뜻意味이 있었다. 부하에게 일의 의미를 심어 줘라.

8. 진심 어린 눈빛과 미소를 지어라.

신이 인간에게 주신 가장 값진 선물은 선한 눈빛과 미소이다. 진심 어린 눈빛과 미소를 지어라! 어느 순간에 부하의 눈은 경계의 눈빛을 거두고 슬슬 가슴과 배를 열어준다.

과거 집착
〔Sony의 몰락/삼성의 혁신〕

리더가 회의 때 말끝마다 "예전에는 말이야. 컴퓨터가 있긴 했어? e-메일이 있었어? 그런데 우리는 말이야, 아니, 난 말이야 그런 환경에서도 연 매출을 10억씩 찍었단 말이야. 너희들은 다 가지고 있잖아. 뭐가 부족해?"라고 한다면 팀원들은 속으로 "그래 너 잘났어요. 그럼 네가 다 하면 되겠네?"라고 고개를 돌려버리고 만다.

예전은 예전일 뿐 지금은 예전이 아니다. 상황이 바뀐 지 이미 오래다. 왕년往年의 성공 방식이 통할 거라 믿는 팀원은 단 한 명도 없다. IT의 발전은 거의 빛의 속도로 바뀌고 있고, 패러다임 Paradigm은 자고 일어나면 전환되어 있다. 내일 또 무엇이 나타나 세상을 깜짝 놀라게 할지 상상할 수가 없다.

'강한 자가 살아남는 게 아니라 살아남는 자가 강하다.'

급속한 시장의 변화에서 살아남는 자가 강한 자이다. 왕년의 사고방식思考方式과 예전의 방법론方法論으로 과연 대처하고 싸워서 이길 수 있을까?

'Fortune 글로벌 500대 기업'에 선정된 기업들이 시가 총액 1조가 되는데 20년 정도가 걸렸다고 한다. 그런데 1998년도에 창업한 구글은 8년 만에 달성하였고, 2009년에 만들어진 우버는 3년, 2011년도에 설립한 스냅챗은 1조를 달성하는 데 단 2년밖에 걸리지 않았다.

왕년은 왕년이다. 과거의 성공을 기억해 내기도 가물가물할 텐데 만주에서 개 타고 말 장사 한 얘기를 하면 재미있는 무용담 정도로 술자리에서는 들어줄 만하다. 그 이상은 없다. 호랑이 담배 피울 적 얘기는 팀원들이 유치원 때 이미 다 뗐다.

- 왕년은 왕년일 뿐이다. 꼰대가 되고 싶으면 계속해서 왕년을 이야기하라.
- 과거의 성공에 매몰되어 있는 자는 절대 발전할 수 없다.
- 리더는 과거를 말하지 않고 미래를 말하는 사람이다.

1980년대 Sony는 세계 최초의 휴대용 카세트 플레이어인 '워크맨'을 출시하여 속된말로 대박을 쳤다. 세계 최고의 전자기업 Sony의 주가는 하늘을 찌르고 세계의 주목과 경쟁 기업들의 부러움을 샀다. 그런데 2014년 5월 Sony는 자사의 대표 브랜드인 바이오Vaio 노트북을 매각했다. 그리고 두 달 뒤 7월에 TV 사업 부분을 계열 분리했다. 왕년의 영광은 다 어디로 가고 Sony는 날개 없이 추락하고 있다.

Sony의 몰락은 사실 예견되고 있었고 Sony 자신만 모르고 있었다. Sony의 추락은 과거의 성공에 매몰되어 변화와 혁신에 너무나도 둔감한 데에 있었다. 경영진의 일등주의가 계속하여 그들을 환상 속에 머무르게 했다. 요즘도 여전히 추락하고 있는 Sony에는 안타깝게도 날개가 보이지 않는다.

1993년 이건희 회장은 프랑크푸르트에서 "와이프와 자식만 빼고 다 바꿔라!"라고 하며 변화와 혁신에 대한 신경영 선언을 했다. 그 당시 Sony 매출의 몇십 분의 일도 안 되던 삼성은 현재 Sony, 마쓰시타, 미쓰비시, 샤프, 도시바 등 일본 굴지의 전자 기업들이 올린 영업이익을 다 합쳐도 따라올 수 없는 성공신화를 만들었다. 기업의 세계는 강물을 거슬러 올라가는 연어의 운명과 비슷하다. 계속 헤엄쳐 올라가지 않으면 떠내려가고 도태된다.

이런 일은 스포츠에도 비일비재하다. 야구로 예를 들어보자.

야구에서 투수가 차지하는 비중은 엄청나다. 우완 정통파 투수로서 주가를 날리던 한 선수가 강속구를 뿌리는 어깨만 믿고 포크볼, 슬라이더, 스크루볼, 스플리터 등 다양한 볼을 개발하는 데에 소홀했다. 그러다가 어느 순간 마운드 위에서 타자들에게 난타당하며 쓸쓸히 강판당하는 것을 적지 않게 보았다. 언제까지 강속구를 뿌릴 줄 생각했겠지만, 현실안주現實安住와 나태로 소중한 선수 생활을 너무나 일찍 마감했다.

"후회해도 때는 늦으리. 과거의 성공에 매몰되어 스스로 명을 재촉하지 말자."

계획
〔흉유성죽胸有成竹〕

1년의 계획은 봄에 세우고, 인생의 계획은 젊은 시절에 달려 있다 했다. 그러면 국가의 계획은?

중국의 하·은·주나라 시대 예법을 기록한 『예기禮記』「월령月令」 편에는 국가의 국민이 1년 동안 해야 할 일들이 조목조목 적혀 있다. 국가는 국민의 한 해 생활을 계획해주고 농사의 일정을 알려줘야 할 의무가 있었다. 그래야 국가 경제가 돌아가고 세금을 거두며 국방이 유지된다. 우리에게도 이 전통이 전파되었다. 고등학교 시절 익숙하게 들어 본 〈농가월령가〉가 바로 그것이다.

그런데 계획을 세우는 것은 세계 제국이 된 미국의 '건국의 아버지'도 좋아했던 일이다.

"계획을 세우지 않는 것은 실패할 계획을 세우는 것과 같다"

100달러 지폐의 주인공, 미국 건국의 아버지라 추앙받는 벤저민 프랭클린의 명언이다. 그리고 보면 동서양을 가리지 않고, 국가 대사를 도모하는 데에는 반드시 계획이 필요하다.

하지만 비단 큰일 하는 사람들만 계획을 세우랴? 하다못해 도둑질을 계획하는 도둑놈도 사전에 훔칠 곳을 답사하고 어떻게 훔치고 어디로 튈 것인지 철저히 계획하고 준비한다. 그러니 하물며 조직의 장으로서 단위조직의 계획을 세우지 않거나 대충 세운다는 것은 상상할 수 있을까? 그런데 의외로 이런 관리자가 많다.

- 운은 계획에서 비롯된다. (브렌치 리키)
- 계획을 세우지 않는 것은 실패할 계획을 세우는 것과 같다. (벤저민 프랭클린)
- 리더는 조직의 미래를 그리는 '탑플래너'이다.

중국의 고사 중에 흉유성죽胸有成竹이라는 말이 있다. 문동이라는 화가가 그린 대나무를 보고 소동파와 조보지가 찾아와 "대나무 그림을 그리기 전에 마음속에 이미 대나무 그림이 완성되어 있다."라고 평한 데에서 유래한 고사다. 일을 시작하기 전에 어떻게 처리할 것인가 순서와 방법을 미리 생각해 계획을 세워야

함을 이르며, 나아가 일을 시작하기 전에 이미 일이 성공하리라는 확신이 있음을 일컫는 말이다.

1971년 세계 최대 규모의 테마파크인 디즈니월드가 개장하며 성대한 개막행사를 열었다. 수많은 명사가 초청되어 모인 자리에서 사람들은 월트 디즈니가 이 위대한 테마파크를 보지 못하고 죽은 것에 안타까워하며 미망인인 디즈니 여사를 위로했다. 그렇지만 디즈니 여사는 연단에 올라 이렇게 얘기했다.

> "디즈니월드의 개장을 축하해 주시고 제 남편에 대해 찬사를 보내주신 것에 감사를 드립니다. 하지만 제 남편이 이곳을 못 보고 죽은 것에 대해서 안타까워하실 필요는 없습니다. 제 남편은 디즈니월드를 구상하던 그 순간부터 이미 모든 광경을 보았습니다. **그가 보았기 때문에 지금 우리가 이 자리에 있는 것입니다.**"

제6편

존경받는
리더의
9가지 덕목
/ 9 Practice

GWPGreat Work Place는 구호나 슬로건이 절대 아니다. GWP는 단지 급여를 올려 주고 복리후생을 좋게 하고 좋은 시설에서 일하게 하는 운동이라고 생각할 수도 있겠지만 그것은 GWP의 극히 일부에 지나지 않는다.

필자가 10여 년 전에 지금의 산업통상자원부인 지식경제부와 함께 '우리 지역 일하기 좋은 300대 기업 선정' 및 중소기업청과 함께 취업하고 싶은 강소기업을 선정하는 프로젝트를 수행하였는데 그 당시 많은 CEO와 인터뷰를 하게 되었다. 다수의 CEO가 다음과 같이 말했다.

"심사위원님! 나도 잘 알고 있어요. 이왕이면 나도 우리 직원들에게 월급을 많이 주고 복지도 좋게 해 주고 싶어요. 그런데 돈이 없는데 어떻게 합니까? 나도 돈이 좀 있으면 어느 회사보다 더 잘해 줄 자신이 있어요."

어느 정도는 맞는 말이다. 그러나 모르핀Morphine은 더 강한 모르핀을 부를 뿐이다. 단도직입적으로 말하자면 GWP의 핵심은 관계의 질Quality of Relationship이다. 관계의 질은 돈으로 절대 살 수도 얻어질 수도 없다. 행복한 가정을 결코 돈으로 살 수 없고 좀 가난하다고 해서 그 가정이 절대 불행하지 않는다는 것은 우리가 더 잘 알고 있다. 돈이 많으면 행복하고 없으면 불행한가? 그렇지 않다.

미국과 유럽, 일본 등 세계 50여 국가에서 매년 일하기 좋은 100대 기업을 뽑아 발표한다. 선정기준은 재무적인 성과나 마켓 Share 등 정량적으로 평가하여 선정하는 것이 아니라 신뢰, 자부심, 재미(동료애) 등의 항목이다. 좀 이해하기 힘들겠지만, 정성적인 범주에 초점이 맞춰져 있다.

그런데 재미있는 것은 선정된 기업들이 알고 보면 모두 재무적인 성과도 탁월하다는 것이다. 매년 미국의 Fortune US 100대 기업에 선정된 기업들과 S&P500, 러셀 3,000대 기업을 여러 가지 부분에서 비교하여 발표하는데 이직률, 재무성과, 고객만족도, 주가수익률 등 모든 부분에서 〈Fortune 일하기 좋은 100대 기업〉에 선정된 기업들이 압도적인 우위를 보인다.

특히 주가수익률 같은 경우는 2.99배의 수익률을 가져다주어 요즘에는 이 '일하기 좋은 기업'에 선정된 기업에 투자가 몰리는 진풍경도 일어나고 있다.

미국에 본사를 두고 있는 Great Place To Work Institute에서 『Fortune』에 발표한 20년간 매년 50여 국가 1,000만 명 이상 직원들의 일터에서의 경험Employee Experience을 연구한 결과를 살펴보면 가히 놀라운 데이터와 성과에 입이 벌어진다.

일하기 좋은 기업에 선정된 기업의 직원의 85%는 '나는 나의 업무에 대해 긍지를 가지고 있다My work has special meaning this not just a job.', 88%는 '나는 회사에 기여하고 있다고 느낀다I feel make a difference here.', 91%는 '나는 우리 회사의 업적에 대해 자부심을 느낀다When I look at what we accomplish I feel a sense.'고 생각한다.

그리고 더욱 놀라운 특징은 일반 회사의 직원보다 4배가 더 많은 일을 기꺼이 수행할 용의가 있으며, 8배가 자신의 직장을 자랑스럽게 생각하고, 자사의 브랜드를 높일 수 있다고 생각한다는 점이다. 또 13배가 자기 직장에서 더 오래 근무하고 싶고, 20배가 자신들의 직장이 혁신과 연계된 특징을 지니고 있다고 여긴다.

GWP는 기업에 있어서 이제 선택이 아니라 필수가 되었다. 이제는 직원들을 강제하고 윽박질러 성과를 내도록 하는 시대는 지났다. 그들의 마음을 획득하지 않으면 안 되는 시대가 온 것이다.

이 GWP경영은 머지않아 우리나라 대부분 일터에 정착될 것이라 확신한다. 급여를 많이 주는 것보다 일하기 좋은 직장문화를 구축하고, 구성원의 삶의 질을 높이면 회사와 구성원이 동반 성장한다는 결과를 GWP 20년간의 경영성과에서 확인하였다.

이제 오로지 직원을 보살피고Caring 지원하는 업무만을 수행하는 부서가 대대적으로 생겨날 것이다. 이미 수년 전부터 '직원행복팀', '즐거운직장팀', '직원만족센터', 'GWP팀'이 기업에 새로운 부서로 생겨나고 있는 것을 보아도 직원 만족이 기업의 성장과 발전에 결정적인 역할을 한다는 것을 알 수 있다.

지혜로운 기업이라고 한다면, 회사관점과 매니지먼트 관점이 아닌 오로지 모든 관점을 구성원으로 두고 모든 기준을 구성원 행복으로 설정해야 한다. 그리고 그 어느 하나라도 구성원 행복과 거리가 있다면, 다시 구성원을 위한 제도와 시스템으로 바꾸어 진정 구성원들이 일할 맛이 나는 일터를 만들어야 할 것이다. 구성원이 만족하게 되면 구성원들로부터 로열티Loyalty를 획득하고, 그들의 자발적인 직무몰입을 통하여 성과 창출의 열매를 따는 선순환의 구조가 만들어진다.

사람은 진정성이 어필되는 순간, 자기도 모르게 자신의 배를 보여준다. 전부를 보여준다는 것이다. 구성원들을 가족 구성원으로 인정하고 일의 의미意味와 사명Mission까지 일깨워주면 자기가 속한 조직을 위해 최선을 다하는 것을 발견했다. 임진왜란, 일제강점기, 한국전쟁 때, 왜 수많은 호국 전사들이 처자식을 내버려 두고 초개와 같이 목숨을 던졌는가 말이다. 삶의 의미와 사명감은 목숨까지도 던지게 한 엄청난 사실에 숙연해지는데 하물며 GWP 즉, 구성원의 삶의 질 향상을 통하여 일터에서의 성과를 창출하는 것은 의외로 쉬울 수 있다는 것을 느낄 것이다.

구성원들이 조직에 대해 느끼는 로열티Loyalty와 이직 의도에 상사가 약 72%나 영향을 끼친다고 한다. 쉽게 말해 상사 때문에 충성도가 날아가고 상사로 인하여 회사를 그만두고 싶어진다는 것이다. 바꾸어 말하면 일하기 좋은 일터 만들기의 72%는 리더의 몫이라는 얘기다.

본 장은 리더로서 일할 맛 나는 일터를 일구는 데 필요한 Tools, Skill, Technique을 제시해 드리고자 한다. 정규 리더십 코칭 프로그램으로도 운영이 되고 있으며, 이른바 "리더십 9 Practice"라고 한다. 핵심은 리더들이 반드시 가져야 할 9가지 덕목이다.

이 〈리더십 9 Practice〉는 포춘 US 100 Best, 유럽 일하기 좋은 100대 기업, 일본 일하기 좋은 100대 기업 선정 등 세계 50개 국가에서 일하기 좋은 기업을 평가, 선정하는 도구이기도 하며 기업문화 경영평가Culture Audit의 기준이 된다.

리더는 단위조직의 장이기 때문에 회사와 동격으로 이해되고 인정받는다. 그래서 기업문화의 평가가 리더십 코칭과 다를 수 없고 똑같다는 것이다.

Hiring(채용)
& Welcoming(환영)

리더가 사원 채용 시 새로운 팀, 가족 구성원을 선택하고 환영하는 방법(The ways in which leaders select and welcome new team / family members)

'직원채용 시, 업무와 관련된 스킬이나 지식 이외에 어떤 특성을 찾아내려고 애쓰는가? 그리고 채용시스템(시험 및 면접절차)은 예비 사원이 조직의 문화에 잘 적응할 수 있을지를 어떻게 가려낼 수 있는가?'

  조직에서는 신입사원, 경력직원, 사 간 전배직원, 부서 간 전배직원 등 4가지 유형의 형태로 새로운 식구가 된다. 이 새로운 식구를 맞이하기 위해 회사와 리더는 그 직원의 특성을 찾아내려고 애쓰고 또 그가 조직문화에 잘 적응하고 융화될 수 있을 것이라는 '촉'을 가지고 있어야 한다.

구글도 인재육성보다도 인재 채용에 가장 많이 투자하고 중요시한다고 한다. 리더는 예비사원의 기본역량, 행동역량, 기술 역량, 직무역량, 리더십 역량을 판별할 줄 알아야 하고 실질적으로 채용 판단을 위한 기본 인성과 자질을 가려내야 한다.

이를 위해서는 역량기반의 면접방법인 CS마인드, 커뮤니케이션, 팀워크, 변화와 혁신 등에 대한 테크닉과 스킬을 발휘하고 또한 감성적인 면접 분위기 조성을 통하여 최고의 인재를 가려낼 수 있어야 한다.

'새로 채용된 직원을 어떤 방법으로 환영하며 또 조직의 문화에
어떻게 융화시켜 나가는가?'

대학 입학, 동호회 가입, 군대 입대 등 우리는 어떤 조직에 함께하게 되었을 때 격하게 환영을 해 주고 환영을 받는다. 환영은 공동체의 일원으로 인정해 주고 가족 구성원으로 받아 준다는 의미가 내포되어 있다. 새로운 직원이 자기의 조직에 왔을 때 하는 환영의 여부와 하는 방법에 따라 직원의 소속감과 로열티에 큰 영향을 미치게 된다.

리더와 전 팀원이 하나같이 진정성 있는 모습으로 격하게 환영해 주면 당사자의 뇌리에는 평생 지워지지 않는 좋은 기억으로 남는다. 직장생활을 하다 보면 분명 어려운 일들이 닥치는데

그때 가장 큰 도움이 되는 것이 바로 환영의 기억이다. 조직 생활이 힘들어 퇴사를 생각하다가도 환영의 좋은 기억을 떠올려 "맞아 나를 그렇게도 격하게 환영을 해 주었는데 좀 더 참아보자. 내가 잘 모르는 무언가가 분명 있을 거야!" 참아낼 수 있는 것이다.

새로 들어온 직원을 위해 할 수 있는 환영의 방법은 무수히 많다. 리더는 구성원들과 함께 환영의 방법을 배우고 잘 구사할 수 있어야 한다. 사내 휴게 공간이나 인트라넷에 당사자의 멋진 프로필이나 입사 후 느낀 점과 포부 등을 인터뷰한 내용을 올려 본인의 존재를 선배, 동료에게 알릴 기회를 제공하고, 선배나 동료로서 새로 들어온 직원에게 친근감 있게 다가갈 수 있는 장을 마련하여 '일석이조'의 효과를 얻을 수 있게 해야 한다. 신입사원 Welcome Box, Office tour 및 사무실 공간 안내, 그리고 직원들과의 인사 주선, 꽃바구니와 환영카드, 신입사원 부모님께 감사 꽃바구니 전달, 분야별 선배와의 만남의 장 마련을 통한 회사 문화와 선배들의 노하우 공유, 멘토링 제도 시행, 입사 100일 축하 파티 등 새로 들어온 직원이 바로 조직에 대한 로열티를 가지며 출근하고 싶어 안달이 나게 하는 여러 가지 방법이 있다.

환영은 가족으로 인정하는 살가운 행위이다. 환영하는 여러 방법을 잘 구사하면 할수록 어떤 직무교육이나 육성 프로그램보다도 훨씬 더 큰 효과를 볼 수 있다.

리더십 Practice 2
Caring(보살핌)

리더가 직원들의 개인적인 요구에 관한 관심을 나타내는 방법

(The ways in which leaders show concern for people's personal needs)

"구성원들이 개인 또는 가족생활과 조직 생활의 균형을 이룰 수
있도록 어떤 특별한 방법을 사용하고 있는가? 현장 서비스나 건
강 프로그램 또는 휴가 등 조직이 가지고 있는 독특한 프로그램
이나 구체적인 방법이 있는가? 구성원들의 일상생활에서 일어나
는 일들(개인적인 위기상황, 가족 건강문제, 출산, 결혼 등)을 어떤 방법으
로 지원하고 있는가?"

사람은 태어나자마자 부모가 먹이고 씻기고 입히고 가르치기
를 20년 이상 지극정성을 다해야 온전한 인간이 될까 말까 할 정
도가 된다. 부모의 보살핌이 없다면 사람이 되기가 너무나 힘들

것이다.

조직도 똑같은 이치이다. 어떤 특정인이 조직에 새로 들어오면 모든 것이 서툴고 적응하는 데 어려울 수밖에 없다. 이때 가장 큰 힘을 발휘하는 것이 바로 보살핌Caring이다.

조직은 직원들이 다양한 직장생활의 혜택과 프로그램을 이용할 수 있도록 다양성Variety을 갖춰야 한다. 또 직원들이 일과 삶의 균형을 누릴 수 있는 특이하고 독창적이며 특정 요구에 맞는 독창성Originality과 포괄성All-Inclusive이 갖춰져야 한다. 그리고 인간미 Human Touch로써 직원을 돌보아야 한다.

리더는 부모가 자식을 돌보듯이 다양한 방법을 동원하여 직원을 돌보아야 한다. 일과 삶의 균형을 유지하기 위해 가족 여행 지원이나 문화 충전, 무주택 직원을 위한 근속연수에 따라 주택자금 지원이나 대출이자 지원, 가정의 날 운영, 구성원들의 대소사 및 희로애락 공유, 가족 초청행사, 시차 출퇴근제 등 다양한 유연근무제 운영, 워킹맘 퍼스트 제도 시행 등의 다양한 가족 친화 프로그램을 지원하고 운영할 수 있어야 한다.

직원 고충을 상담할 수 있는 사내 심리 상담센터를 운영하고, 자기계발비 지원, 자녀 학자금 지원, 선택적 복리후생제도(복지 카드), 휴양시설 지원, 스포츠 취미 관련 지원을 위한 다양한 동호회 운영 등을 통하여 직원들이 역동적으로 활동할 수 있도록 한다.

간혹 직원들은 일상생활에서 많은 일을 겪거나 개인적 위기에 직면하는 경우를 맞는다.

이때가 바로 회사와 리더가 가장 신경 써야 할 때이다. 직원의 가정이 자연재해를 당했거나, 가족의 건강 때문에 긴급한 금전 문제가 나타나거나, 결혼, 가족의 사망 등 갑작스러운 일을 당했을 때, 리더가 어떻게 대처하고 어떻게 지원할 것인가 항상 준비하고 염두에 두어야 한다.

리더는 직원들을 보살피고 또 보살펴야 한다.

리더십 Practice 3
Listening(경청)

리더가 사람들의 의견을 청취하고 통합하는 방법(The ways in which leaders solicit and incorporate input from people)

"경영진과 구성원들이 의사소통할 수 있는 채널은 어떤 것이 있는가? 특히 구성원들이 회사의 경영과 관련하여 질문할 수 있는 수단이나 공개토론의 장이 있는가?"

단지 잘 들어주는 것만으로 이미 반 이상의 효과를 본다고 한다. 물론 구성원 간 의견이 잘 표출될 수 있는 인프라 구축이 선행 조건이다. 직원들이 다양한 방법을 통하여 의견을 표현할 수 있고, 모든 계층의 직원들은 관리자에게 정기적으로 접근할 수 있도록 특별히 설계된 채널을 사용하고 피드백을 받을 수 있어야 한다. 직원과 리더 간의 대화는 개방적이고 훈훈하여야 한다.

구체적 방법으로는 열린 경영 실천을 위한 경영설명회, CEO와 부서별·직급별 만남의 장 마련, CEO와 직원들 간의 온라인 소통 공간 마련, 사내 간담회, 워크숍 등을 들 수 있다.

"구성원이 제안을 하거나, 업무 또는 업무환경에 영향을 주는 사안들의 의사결정 과정에 참여할 수 있는 방법에는 어떤 것들이 있는가?"

또 모든 계층의 직원들이 공평하게 제안하고, 의견을 낼 수 있어야 하며, 제안에 대해 개인적인 피드백이 제공되어야 한다. 이를 효율적으로 전개하기 위해서는 '직원 제안제도, 신사업, 신상품 아이디어 공모전, 타운홀 오프라인 미팅, 소통 도시락, CoPCommunity of Practice 활동, 오피니언 리더그룹 자치회의' 등 다양한 제도와 활동이 전개되어야 한다.

"상사와의 갈등을 조정 또는 이의를 제기할 수 있는 제도와 방법은 어떤 것이 있는가?"

직원들은 다양한 채널을 통해 Appeal을 할 수 있어야 한다. 그리고 관리자는 단독으로 문제를 해결하면 안 된다. 반드시 동료들이 함께 문제해결에 참여하도록 해야 하며, 피드백 과정은 직원들에게 정중하고 호의적이어야 한다. 이를 위해, 소통의 창, 직원의 애로사항과 고충을 처리하는 제도, 상사와의 갈등을 해소하기 위한 '고충처리위원회, 핫라인, 고충상담 창구, 인사 고충상담, 심리상담 프로그램 운영' 등 다양한 제도와 방법을 구사해야 한다. 가장 훌륭한 리더는 경청자다.

리더십 Practice 4
Speaking(공유)

리더들이 정보를 공유하는 방법(The ways in which leaders share information)

"구성원들에게 회사의 변화 사항을 어떻게 알려주는가? 회사의
좋지 않은 소식이나 정보를 투명하게 공유하는 방법이 있는가?"

　회사 내에서 커뮤니케이션의 개방성은 높이 평가받아야 한다.
모든 직원은 계층에 무관하게 커뮤니케이션에 참여하고 소통할
수 있어야 한다. 그리고 의사소통 방식은 사실적이고, 친근하며,
배려심이 잘 전달되어야 한다. 리더는 조직에서 가장 중요한 커
뮤니케이터Communicator이다.
　리더는 회사의 중요한 정보나 하급 정보, 회사 내의 좋은 일과
좋지 않은 일까지도 투명하고 정직하게 구성원들에게 공유하여

야 한다.

공유는 구성원에게 강한 소속감을 들게 한다. 그리고 회사의 문제나 좋지 않은 일에 대해 머리를 맞대어 문제를 해결하려는 의지를 보이고 적극적으로 의견을 제시해 준다. 리더의 솔직한 공유로 인하여 의외로 쉽고 간단하게 문제를 풀 수 있는 일도 생기게 마련이다.

리더는 직원들과 정보를 공유할 수 있도록 변동 사항이나 주요 사항을 수시로 주고받을 수 있는 온–오프라인 채널을 마련하여 운영해야 한다. 개방된 커뮤니케이션 채널에 직원들이 참여하여 자신이 회사 경영에 직접 참여하고 있다는 주인의식과 책임의식을 가지게 하여 회사의 진정한 일원으로서 대접받는 느낌이 들도록 한다.

주요 커뮤니케이션 채널은 '정기적인 부서장 회의, 사내 방송을 통한 주요 현안 공유, 사내 그룹웨어 및 홈페이지와 게시판을 통한 공지, 사내보' 등을 통해 구성원뿐만 아니라 구성원의 가족들과도 소통할 수 있도록 해야 한다. 이러한 공유의 제도마련과 시스템 구축, 그리고 일련의 활동을 통하여 공유, 분석, 대안 마련과 지식 생성 등 한 차원 진보한 성과를 얻게 된다.

Developing(개발)

리더가 그들의 재능과 역량을 개발하도록 돕는 방법(The ways in which leaders help their people develop their talents/gifts)

"구성원들이 개인의 성장과 회사의 발전에 기여할 수 있도록 전문역량을 강화시키기 위하여 어떤 기회를 제공하고 지원하고 있는가?"

리더가 존재하는 가장 정량적인 목적과 이유는 바로 직원개발이다. 이 부분은 일의 기본이며 성과를 창출하기 위해 씨를 뿌리고 물과 거름을 주는 것과 같다. 직원들은 다양한 훈련과 전문성을 개발하기 위한 많은 기회를 부여받아야 한다. 교육 및 훈련, 개발방법은 혁신적이고 특별해야 한다. 그리고 모든 직원은 계층과 상관없이 훈련의 기회를 얻어야 한다. 아울러 훈련·개발 기회가 각 조직의 특정 요구 사항을 해결하기 위해 사용자 맞춤으로 제공되고 성과로 연계되어야 한다.

개발 프로그램은 전문성의 필요에 따라 자신의 개인적인 관심이 추구될 수 있도록 장려되어야 한다.

이와 같은 개발 시스템 구축과 개발 활성화를 이루기 위해서는 리더의 세밀한 관찰과 지속적인 개발에 대한 모니터링이 수반되어야 한다. 이러한 리더의 헌신과 부하들에 대한 개발의 기회 제공을 통하여 회사는 '학습과 개발의 문화'를 가지고 있다는 평가를 받을 수 있다.

"상품의 품질 결함과 서비스 결함은 교육 소홀로 인해 나타나는 대가이다."

리더십 Practice 6

Thanking(감사)

리더들이 선한 일과 노력에 감사를 표하는 방법(The ways in which leaders show appreciation for good work and extra effort)

"구성원들의 성과와 노력을 어떤 방법으로 인정해 주고 또 감사의 표현을 하고 있는가? 특별한 보상제도와 인정 방법이 있는가?"

직원들은 자기 조직과 자신이 창출한 노력과 성과에 대해 회사와 상사가 어떻게 해 줄지 큰 기대를 하고 있다. 금전적인 보상에 대한 기대도 큰 것이 사실이지만, 적은 노력이나 성과에도 상사로부터 인정과 칭찬에 대한 보상을 받기를 갈구한다.

훌륭한 일터일수록 직원들은 다양한 방법의 공식 및 비공식 제도나 프로그램을 통해 보상과 인정을 받는다. 인정에 대한 방법은 회사마다 창의적이고 구체적이다. 그리고 중요한 것은 보상과 인정이 몇 명이나 몇 %에 그치는 것이 아니라, 모든 직원이 자주 인정받을 기회를 얻게 한다는 것이다. 나아가 이처럼 일하기 좋은 회사는 인정 프로그램도 직무별로 맞춤형으로 이루어져 있다. 보상은 기업의 비전과 가치평가와 연계되어 있으며, 이것은 '인정의 문화'로 나타난다.

인정과 포상 프로그램은 일하기 좋은 기업마다 다양한 방법을 구사한다. 외국계 회사들은 다양한 인정과 보상 프로그램을 갖춘 경우가 많다. 예컨대, 우수 직원과 CEO와의 만찬 기회 제공, 가족과 함께 여행을 갈 수 있는 티켓 제공, 성과 우수자의 사진을 게시판에 게재, 회사의 미팅룸마다 성과 우수자의 이름들을 붙여 1년간 게재, 사내 인트라넷이나 홈페이지에 이달의 성과 우수 직원 게재, 고객으로부터 칭찬 카드나 감사 메일을 받은 직원에게 CEO의 축하 꽃다발 전달, 개선 제안에 채택된 제안자에게 성과의 정도에 따른 금전적인 포상, 해외연수 특전, 해외 MBA 특전, 해외 근무 특전, 승진 및 특진 등이다. 이렇게 다양한 인정과 보상으로 구성원들이 신바람 나서 일할 수 있도록 해야 한다.

끝으로 리더가 명심해야 할 것은 작은 노력과 성과도 빠뜨리지 않고 인정하고 감사를 표현하는 것이다. 구성원이 모두 같이 있는 자리에서 리더의 인정 한 마디는 부하를 열정적으로 변하게 한다.

Inspiring(격려)

리더가 사람들에게 조직의 사명, 목적 및 목표를 전달하고 연결하는 방법(The ways in which leaders convey and connect people to the organization's mission, purpose and goals)

구성원들이 자기 일이 중요하다고 느낄 수 있도록 어떻게 동기부여를 시키는가?

- 회사의 경영철학, 비전, 사명, 가치 등을 강화하는 프로그램
- 고객이나 사회발전을 위해 구성원들이 업무 생활에서 보여주는 솔선수범의 사례
- 구성원들과 공유함으로써 회사의 자부심을 높이는 이야기

회사의 독특한 문화는 조직 기능과 다양한 방식으로 연결되어

있다. 직원들은 회사문화의 형성과 그 생활에 있어서 분명하게 함께하고 포함되어야 한다.

직원들은 자신이 회사에 어떻게 도움이 될지 안다. 그리고 개인의 역할이 회사의 더 큰 목적과 어떻게 연관되어 있는지도 잘 알고 있다. 문제는 회사의 명확한 비전과 리더의 격려를 통한 개인적 열정의 결합이다. 조직원의 열정이 결합하게 되면 구성원들은 희망을 지니게 되고, 그들의 열정이 모여 핵융합으로 나타난다.

산수에서는 1 더하기 1은 2일 수밖에 없지만, 인간관계에서는 2천, 2억 이상의 시너지가 날 수 있는 법이다.

도저히 불가능할 것 같기만 하던 일이 우연히 성공하는 경우란 없다. 조직에서 불가능할 것 같던 일의 성공에는 필연적인 성공 요인이 존재한다.

그것은 바로 끈끈한 관계의 질이다. 이 관계의 질에 결정적인 영향을 미치는 것이 바로 리더의 격려와 비전의 제시이다. 격려 리더십은 리더가 반드시 가져야 할 덕목이다. 동기부여는 부하들에게 리더가 주는 큰 선물이다.

동기부여는 리더의 몫이고 리더가 할 때 그 빛을 발한다.

직원들이 일의 의미를 느끼고 열정을 가질 수 있도록 하는 방법은 크게 회사와 리더의 몫으로 나누어진다. 회사 측면에서는 가치체계 강화를 위한 내재화 프로그램을 운영하여야 하며, 기업문화 개선 활동과 함께 사회공헌 활동도 꾸준히 전개해야 한다. 리더는 기회가 될 때마다 직원들에게 회사의 비전을 각인시키고 항상 격려를 아끼지 않아야 한다.

부하들에게 매일 '두근두근 Tomorrow!'를 외쳐라.

리더십 Practice 8
Celebrating(축하)

리더들이 직원의 성공을 돋보이게 하고 동료애를 강화시키는 방법(The ways in which leaders highlight success and reinforce camaraderie)

"구성원들 간의 공동체 의식 강화 및 재미를 더하기 위한 어떤 독특한 활동들이 있는가? 또 어떠한 방법으로 팀 및 조직의 성과에 대해 축하하고 있는가?"

회사는 여러 가지 이유와 여러 가지 방법으로 축하를 보낸다. 일하기 좋은 기업으로 선정된 일터를 보면 재미와 동료애는 다양한 방식으로 장려되고 있다. 재미를 증진하고 축하하는 방법은 독창적이고 특별하다. 그리고 재미있는 활동에는 회사의 모든 사람이 포함되며 동료애를 쌓을 수 있다.

일하기 좋은 기업들은 대부분 축하행사에 직원의 가족이 참여하며 개인적인 노력에 감사의 마음을 전한다. 또 재미있는 직장생활을 위해 개인의 관심사 또는 개인적인 삶을 계획할 수 있도록 전폭적으로 지원한다.

성공을 축하하는 것은 회사문화의 본질적인 것이다. 함께 일하고 생산하여 성과를 창출한 직원들은 서로가 승리자처럼 행동하고 행복에 취한다. 회사와 리더는 그들의 성과와 성공에 그저 축하하면 된다. 축하행사는 회사의 가치, 주요 단계 또는 목표와 연결되어 있다.

재미를 더하고 성과를 치하하고 축하하는 다양한 사내 축하 프로그램들이 있다.

독특한 사내 Fun 이벤트, 팀 빌딩 야외 워크숍, 호프 데이, 생일자 파티, 특별한 가족 초청행사, 칭찬과 배려 프로그램. 가족 주말농장 지원, 응답하라 우리 팀장! 소통 프로그램, 전사 야유회, 동료의 기쁨을 알리는 프로그램, 프로젝트별 성과에 대한 축하 이벤트, 월 분기 반기 성과에 대한 축하 이벤트, 근속연수별 특별휴가 및 상금(여행경비) 제공 등 여러 가지 활동과 제도를 통하여 구성원들이 일할 맛 나는 일터를 만들어야 한다. 자녀가 생일을 맞이하거나 조그만 상이라도 받아 오는 날이면 온 가족이 고깔모자 쓰고 기꺼이 축하하는 것처럼 하면 된다. 소소한 이벤트가 가슴에 깊은 정을 키운다.

리더십 Practice **9**

Sharing(보상)

리더가 노력의 결과, 결실을 나누는 방법과 지역 사회에 환원 하는 방법(The ways in which leaders divide up results / fruits of mutual efforts, as well as give back to the community)

"어떠한 방법으로 구성원들에게 성과에 대해 공정한 보상을 해 줍니까?"(이윤공유제도, 보너스 프로그램, 구성원 지주제 등)

일하기 좋은 일터로 선정된 기업들의 특징은 하나같이 직원들 에게 다양한 방법으로 보상을 해 주고 있다. 그들의 보상구조는 특이하고 창의적이다. 모든 직원을 대상으로 복리후생을 점점 강화하고 높은 급여, 나아가 스톡옵션 등도 제공하고 있다. 보상 문화는 급여 외에 추가 보수와 상여금 등 맞춤형으로 이루어져 있다.

그들은 공통되게 보상이 후하며, 보상 시스템은 직원 중심적으로 되어 있다. 이러한 보상 문화는 일하기 좋은 기업문화 정착에 매우 유효하게 적용되고 있다.

다양한 보상 제도를 살펴보면 직원의 개인성과MBO평가, 리더들의 360도 다면 평가, 제안활동성과보상제도, PSProfit Sharing, PIPerformance Incentive제도, 종업원지주제ESOP, 변동 성과급제도, 비영업직 인센티브Annual Incentive Plan, 임직원 주식매입제도ESPP, 사내 복지기금 운영 등을 들 수 있다.

"구성원들이 지역 사회에서 자원봉사할 수 있도록 독려하는 독특한 프로그램이 있는가?"

일하기 좋은 회사는 다양한 방법으로 자선과 봉사활동에 참여하고 있다. 그들의 자선활동들은 독창적이거나 특색이 있다. 모든 직원이 직접 자선 활동에 참여하도록 장려될 뿐만 아니라, 그들만의 지역 사회 봉사활동을 개발하도록 권장한다.

일하기 좋은 기업들이 지역 사회에 전개하는 봉사활동들을 살펴보면 다양하다. 지역 사회와 함께하는 문화행사, 희귀 난치병 어린이 돕기 프로젝트, 집 수리 봉사단, 김장김치 전달, 농촌 봉사활동, 소외계층 후원, 노인복지관 봉사, 장애인 시설 봉사, 소년 소녀 가장 돕기, 장학생 선발 및 장학금 전달, 저소득층 가정

지원 등 참으로 훌륭한 일들을 전개하고 있다.

직원들은 점점 회사의 자선활동을 순수하고 진심 어린 것으로 생각한다. 더욱 중요한 것은 직원들이 자선과 봉사활동을 해 나가는 과정에서 오히려 자신들이 점점 더 행복해져 가는 모습을 발견하게 된다는 것이다. 자선하고 봉사하는 자가 더 감사하게 되는 것이다.

일하기 좋은 기업의 자선 사업 및 지역 사회 기부는 일종의 기업문화이며 궁극적으로 회사의 가치 또는 기업 이미지에 좋은 영향을 끼친다.

GWP 리더십 진단표
– 리더십 개인 조사

한국 GWP 리더십 평균 지수, 성별, 연령별, 직급별, 근속연수별로 진단 후 자신의 지수와 바로 비교 및 파악 가능.

1	나는 인간미가 넘치는 상사이다.
2	나는 회의를 효율적으로 운영하고 있다.
3	나는 성과를 내고 있다.
4	나는 부하를 의심하지 않는다.
5	나는 부하에게 감사의 표현을 잘 하는 편이다.
6	나는 절대 부하의 아이디어와 성과를 훔치지 않는다.
7	나는 부하에게 회사의 중요한 사항이나 정보를 잘 공유한다.
8	나는 부하에게 공적이나 사적으로 축하를 잘 해 주는 편이다.
9	나는 원칙과 기본을 잘 지킨다.
10	나는 희생정신이 아주 투철하다.
11	나는 계획을 구체적으로 세운다.
12	나는 부하가 부서를 위해 한 일과 성과에 대해 빠짐없이 인정한다.
13	나는 겸손하려고 항상 애쓴다.
14	나는 일과 사회생활을 균형 있게 잘하는 편이다.
15	나는 부하를 절대 무시하지 않는다.
16	나는 부하의 개인사나 가정의 일을 내일처럼 챙겨준다.
17	나는 재치와 기지가 있는 상사이다.
18	나는 시간 관리를 잘하는 편이다.
19	나는 돈에 인색한 상사가 아니다.

20	나는 어떠한 일이 있어도 부하와의 약속은 반드시 지킨다.
21	나는 잘 웃는 편이다.
22	나는 공석에서 부하들을 비교하지 않는다.
23	나는 뚱뚱하지 않다.
24	나는 매일 구두에 신경 쓴다.
25	나는 항상 부하들이 이해할 수 있도록 명확하게 업무지시를 한다.
26	나는 부하에게 절대 큰 소리를 치지 않는다.
27	나는 정의로운 사람이다.
28	나는 신중하며 급하게 서두르지 않는다.
29	나는 완벽만을 고집하고 추구하지 않는다.
30	나는 긍정적인 편이다.
31	나는 뚜렷한 비전을 지니고 있다.
32	나는 사람들과의 관계 관리를 잘한다.
33	나는 나의 정체성이 분명하고 자기철학을 가지고 있다.
34	나는 나의 걸음걸이에 신경을 쓰고 있다.
35	나는 의사결정이 분명한 사람이다.
36	나는 회식을 의미 있고 재미있게 운영하고 있다.
37	나는 조직에서 정치적인 말과 행동을 하지 않는다.
38	나는 불평하지 않는다.
39	나는 공과 사에 대해 엄격한 편이다.
40	나는 항상 패션에 신경 쓰는 편이다.
41	나는 음식을 먹을 때 품위를 지키려고 노력한다.
42	나는 폭언하지 않는다.
43	나는 항상 여유를 가지고 생활한다.
44	나는 위협과 기회를 잘 판단한다.
45	나는 칭찬을 잘 하는 편이다.
46	나는 일과 실적에 매몰되어 있지 않다.

47	나는 부하에게 질문을 잘 하는 편이다.
48	나는 운이 많은 사람이다.
49	나는 부하에게 동기부여를 잘 한다.
50	나는 말을 조리 있게 잘하는 편이다.
51	나는 부하에게 절대로 강제하고 강요하지 않는다.
52	나는 동료들과 비교해도 지식에 뒤지지 않는다.
53	나는 사람을 볼 줄 안다.
54	나는 부하를 잘 육성하는 상사이다.
55	나는 화를 잘 내지 않는 상사이다.
56	나는 항상 공부하고 연구하는 편이다.
57	나는 부하에게 지적하기보다 도와주려고 애쓴다.
58	나는 부하들에게 술을 강권하지 않는다.
59	나는 업무에 성실하다.
60	나는 부하에게 잘못한 일이 있으면 쿨하게 사과한다.
61	나는 문제를 회피하지 않고 정면으로 부딪혀 해결하는 사람이다.
62	나는 잘 듣기 위해 노력하고 판단한다.
63	나는 책임을 질 줄 아는 상사이다.
64	나는 우리 부서에 새로 들어오는 구성원을 늘 한결같이 환영한다.
65	나는 남을 탓하거나 변명하지 않는다.
66	나는 소신을 지녔으며 아부하지 않는다.
67	나는 누구보다 용기가 있는 사람이다.
68	나는 부하를 가족처럼 보살핀다.
69	나는 부하들에게 말할 때 항상 신경을 쓴다.
70	나는 열정적인 사람이다.
71	나는 회사에서 사적인 일을 하거나 신경 쓰지 않는다.
72	나는 걱정과 고민을 많이 하지 않는 편이다.
73	나는 부하에게 피드백을 잘 해주는 편이다.

74	나는 부하들로부터 유머러스하고 재미있는 상사로 평가받고 있다.
75	나는 일에 있어서 대충 하는 사람이 아니다.
76	나는 부하에게 자신을 잘 나타내는 편이다.
77	나는 글을 잘 쓴다.
78	나는 결코 거만한 행동을 하지 않는다.
79	나는 아주 공정한 상사이다.
80	나는 부하들에게 호칭을 함부로 하지 않는다.
81	나는 숫자관리에 철저하다.
82	나는 부하를 성희롱한 적이 없으며 앞으로도 조심할 것이다.
83	나는 결코 부하들을 방임하지 않는다.
84	나는 뒤에서 부하를 절대 험담하지 않는다.
85	이 세상에서 내가 가장 소중한 존재이고 나를 가장 사랑하고 있다.
86	나는 부하에게 격려를 잊지 않고 하는 편이다.
87	나는 늘 도전하는 사람이다.
88	나는 책을 많이 읽는다.
89	나는 부하를 너그럽게 대하는 편이다.
90	나는 편애하지 않는다.
91	나는 부하의 말과 의견을 잘 들어주는 편이다.
92	나는 매사에 아주 디테일하다.
93	나는 현실에 안주하지 않는다.
94	나는 건강하다.
95	나는 늘 죽음에 대해 생각하고 있다.
96	나는 부하의 실수에 대해 너그럽게 용서를 해 주는 편이다.
97	나는 윗분과 코드를 잘 맞추는 편이다.
98	나는 부하에게 부정적인 글을 보내지 않는다.
99	나는 부하에게 설득을 잘 하는 편이다.
100	나는 과거에 매몰되어 있지 않고 미래를 위해 정진하고 있다.

참다운 영웅으로 거듭나기 위해, 100가지 항목의 요건을 갖춰야 한다면?

– 권선복(도서출판 행복에너지 대표이사)

소설 「몬테크리스토 백작」을 보면 주인공 에드몽 당테스는 억울하게 샤토 디프 감옥에 갇혔다가 스파다 백작의 상속인인 파리아 신부를 만나 복수를 꿈꾸게 됩니다. 그리고 그 과정에서 귀족 신분으로 거듭나기에 걸맞은 품위와 교양을 갖추기 위해 갖은 수련을 거치는 장면이 나옵니다. 조직의 리더 역시 마찬가지입니다. 평범한 한 개인이 조직에서 리더가 되기 위해서도 거쳐야 할 수련의 과정이 있고 갖춰야 할 품위와 교양이 있습니다.

시대는 과거와 많이 달라졌습니다. 불호령을 하며 직원들 정강이를 걷어찼다는 어느 용감무쌍한 리더십의 지도자도 이제는 추억이 되었고, 섬세한 선비풍의 감식안으로 예술을 즐기며 우아한 멋을 지녔던 멋진 리더십의 지도자 이야기도 요즘과 같은 경쟁 시대 속에서는 한낱 호사로만 들립니다.

이 책『영웅』을 읽다 보면 요즘 시대 리더가 되기 위해서는 감내해야 할 것이 참으로 많다는 것을 새삼 느끼게 됩니다. 과거의 그 어느 때보다도 우리 시대의 리더들은 바쁘고, 잘 알아야 하고, 잘 챙겨야 하며, 잘 소통해야 하는 시대적 요구와 사명 속에서 살아가고 있습니다. 리더가 어느 하나라도 놓치면 '100−1=0'이 되는 시대와 환경이 우리 기업들의 현실입니다.

그래서 이 책『영웅』에서 그려내는 이 시대의 리더는 조직원들에게 편안하게 다가가면서도 꼼꼼하게 범사를 챙기고 화합시키는 진정한 영웅입니다. 조직의 힘을 극대화해 개인과 기업과 사회가 모두 행복할 수 있도록 만드는 영웅입니다.

이 책을 펼치는 리더분들의 손과 눈과 마음에 리더의 조건 100가지가 깊이 스며들어 진정한 이 시대의 영웅이 되시기를 기원합니다.

도산회사 살리기

박원영 지음 | 값 15,000원

이 책은 도산 위기를 맞이했던 한 기업의 CEO로 부임해 120일간 열정으로 경영을 정상화시키고 새롭게 달려가는 기업으로 재탄생시킨 저자의 실화를 담고 있다. 저자는 중소기업청 공인 경영지도사 자격 및 24개 업체의 경영지도 실적을 보유한 전문경영인으로 현재 (주) 유경경영자문 경영/마케팅전략 분야 상임고문으로 활동 중이기도 하다. 이러한 저자의 생생한 경험과 철학을 통해, 이 책이 대한민국의 경영인들에게 위기를 극복하는 청사진을 제시할 수 있으리라 생각한다.

기자형제, 신문 밖으로 떠나다

나재필, 나인문 지음 | 값 20,000원

삶을 흔히 여행에 비유하곤 한다. 우여곡절 많은 인생사와 여행길이 꼭 닮아 있기 때문이다. 기자로서 시작하여 나름의 지위까지 올라간 형제는, 돌연 감투를 벗어던지고 방방곡곡을 누빈다. 충청도부터 경상도까지, 사기리부터 부수리까지. 우리나라에 이런 곳도 있었나 싶을 정도로 다양한 지명들이 펼쳐진다. 문득 여행을 떠나고 싶은 이들, 그동안 쌓아온 것을 잠시 내려두고 휴식을 취하고 싶은 분, 자연으로의 일탈을 꿈꾸는 분들에게 추천한다.

가슴 뛰는 삶으로 나아가라

주영철 지음 | 값 15,000원

이 책 『가슴 뛰는 삶으로 나아가라』는 누구나 알 만한 대기업에 입사하여 승승장구했으나 예상치 못한 '인생의 하프타임'에 갑자기 맞닥뜨리게 된 저자가 코칭과 수행을 만나면서 진정 원했던 삶을 찾아 나가는 과정을 다루고 있다. 누구나 변화와 발전을 다짐하지만 쉽지 않은 현실 속에서 이 책은 코칭이라는 길을 제시하며 현대 사회를 살아가는 모든 사람들의 가슴 속 응어리를 풀어 주는 청량제 같은 책이 될 것이다.

그랜드 차이나 벨트

소정현 지음 | 값 28,000원

만리장성의 서쪽 끝, 가욕관(嘉峪關). 서역과 왕래하는 실크로드의 관문. 이제 그 가욕관 빗장이 열리다 못해 아프리카까지 중국 주도의 일대일로(一帶一路)에 가담해 거대 시장 속에 동참하고 있다. 중국이라는 거대 경제권의 메가트렌드(Mega-trend)와 마이크로트렌드(Micro-trend)를 꿰뚫고, 새로운 시대의 경제 패러다임에 대한 깨달음을 얻고자 하는 분들에게 이 책을 적극 추천하고 싶다.

남자의 일생

김치동 지음 | 값 15,000원

이 시집 한 권을 읽다 보면 한 남자의 울음소리를 듣게 됩니다. 그리고 대한민국 수립 이후 가난밖에 없던 시절로부터 현재에 이르기까지 풍파를 온몸으로 겪어낸 이 땅의 남자들이 보입니다. 시는 인간이 표현할 수 있는 가장 거짓 없는 언어라고 합니다. 투박한 질그릇 같은 순수한 언어로 빚어낸 김치동 시인의 시를 읽노라면, 그의 삶에 깊게 패인 골을 들여다보며 함께 울고 웃게 됩니다.

코칭으로 나를 빛내라

박은선 지음 | 값 15,000원

스스로 해답을 찾고 나아가야 한다는 점에서 우리 모두는 똑같이 평등한 길을 걷고 있다. 누구나 마음의 안정과 물질적 풍요를 바란다. 하지만 무턱대고 바라는 것과 일정한 항로를 정해놓고 이 세상을 '항해'하는 것은 다르다고 볼 수 있다. 이 책을 통해 우리는 우리 내면의 길을 따라가면서 스스로 묻고 답하는 과정을 통해 나뿐만 아니라 다른 사람에게도 등대가 되어 줄 수 있는 '코칭'의 매력에 빠지게 된다. 스스로 길을 찾고자 하는 모든 이들에게 도움이 될 이야기를 들어보자.

기차에서 핀 수채화

박석민 지음 | 값 15,000원

우리가 몰랐던 국내의 다양하고 매력적인 기차역들과 주변 볼거리, 먹거리들을 만난다! 철길 인생 35년째인 저자가 펼치는 기차에 관한 다양한 역사와 흥미로운 이야기들. 기차 여행을 통해 국내의 매혹적인 관광지를 둘러보고 싶은 독자, 각 역에 얽힌 역사가 궁금한 독자가 있다면, 서슴없이 이 책을 강력히 추천한다. 저자의 기차 사랑이 듬뿍 느껴지는 책과 함께 숨겨진 보물들을 방문하다 보면 당신의 마음도 푸근함으로 가득 차게 될 것이다. 저자의 딸이 그린 아름다운 삽화 역시 가슴을 울린다.

말랑말랑학교

착한재벌샘정(이영미) 지음 | 값 15,000원

중고등학교 과학 교사로 일해 온 저자의 솔직담백한 인생 가꾸기 교과서. 저자는 어린 학생들뿐만이 아니라 어른이 되어서도 삶에 힘겨워하는 모든 사람에게 자존감을 키워주고 싶어 이 책을 쓰게 되었다고 말한다. 누구나 상처가 있지만 그 상처를 극복하고 예쁜 나비가 될 수 있음을, 그러한 '변화'를 통해 삶을 긍정적으로 가꾸어 나가기를 바라며. 저자가 콕콕 짚어주는 인생의 문제와 그것들을 다루는 '말랑말랑'한 방법들을 보다 보면 당신의 마음도 어느새 번데기에서 나비로 변화되어 있을 것이다.

알파고 동의보감

박은서 지음 | 값 25,000원

이 책 『알파고 동의보감』은 『동의보감』이 담고 있는 소중한 지식을 변화하는 현대사회의 키워드, 4차 산업혁명과 접목시켜 읽기 편하면서도 흥미진진하게 독자들에게 제시한다. 인체를 이해하는 컨트롤타워 '딥마인드'와도 같은 '정기신' 및 자연의 흐름을 통해 무병장수의 비결을 배워나가는 '인공지능'인 '양생' 등의 파트는 『동의보감』의 본질을 잃지 않으면서도 현대인의 감성에 맞는 눈높이에서 우리 조상들이 남겨 준 지혜를 펼쳐 보여줄 것이다.

펭귄 날다 - 미투에서 평등까지

송문희 지음 | 값 15,000원

전 세계를 휩쓸고 있는 미투 운동. 이제 우리나라도 예외가 아니다. 하루가 멀다 하고 밝혀지는 성추문과 스캔들. 그동안 묵인되어 왔던 성차별이 속속들이 온오프라인을 뒤덮으며 '여성들의 목소리'가 마침내 수면 위로 떠올랐다. 이 책을 통해 저자는 사회 곳곳에 만연했지만 우리가 애써 무시하던 문제를 속속들이 파헤친다. 그리고 미투 운동이 나아가야 할 방향을 제시하며 미투 운동에 긍정의 지지를 보낸다. 날카롭고도 경쾌한 필치의 글을 읽다보면 당신도 페미니즘을 이해하게 될 것이다.

죽기 전에 내 책 쓰기

김도운 지음 | 값 15,000원

언론인 출신의 저자는 수도 없이 많은 글을 쓰던 중 자신의 책을 발행하고 싶다는 생각을 갖고 2008년 어렵사리 첫 책을 낸 후 지금까지 꽤 여러 권의 책을 발행했다. 그러다보니 자연스럽게 축적된 노하우를 대중에게 공유해야겠다는 생각으로 이 책을 집필했다. 이 책 속 실용적인 노하우를 통해 독자들은 책을 써야 하는 이유, 자료를 수집하는 방법, 자료를 정리하는 방법, 집필하는 방법, 출판사와 계약하는 방법, 마케팅하는 방법 등을 알 수 있을 것이다.

공무원 탐구생활

김광우 지음 | 값 15,000원

『공무원 탐구생활』은 '공무원'에 대해 속속들이 들여다본 책으로, 다양한 시각으로 공무원에 대해 분석하고 있다. 특히 '공무원은 결코 좋은 직업이 아니다'라며 기본적으로 비판적인 시각을 가지고 분석한다는 걸 특이점으로 꼽을 수 있다. 이미 공직에 몸담은 공무원뿐만 아니라, 공무원을 준비하고 있는 이들에게도 앞으로의 진로 설정 방향과 공무원에 대한 현실을 세세히 알려준다. 30년이 넘는 시간 동안 공직생활을 통해 쌓아 온 저자의 경험이 밑바탕이 되어 독자들에게 강한 신뢰감을 준다.

힘들어도 괜찮아

김원길 지음 l 값 15,000원

(주)바이네르 김원길 대표의 저서 『힘들어도 괜찮아』는 중졸 학력으로 오로지 구두 기술자가 되기 위해 혈혈단신 서울행에 오른 후 인생의 영광과 실패를 끊임없이 경험하며 국내 최고의 컴포트슈즈 명가, (주)바이네르를 일궈낸 그의 인생역정을 담고 있다. 이러한 인생역정을 통해 김원길 대표가 강조하는 그만의 인생철학, 경영철학 역시 많은 사람들에게 귀감이 될 것이며 존경받는 기업인이라는 것이 무엇인지 보여준다고 할 것이다.

성공하는 귀농인보다 행복한 귀농인이 되자!

김완수 지음 l 값 15,000원

『성공하는 귀농인보다 행복한 귀농인이 되자』는 귀농 · 귀촌을 꿈꿔 본 사람들부터 진짜 귀농 · 귀촌을 준비해서 이제 막 시작 단계에 들어선 분들, 또는 이미 귀농 · 귀촌을 하는 분들까지 모두 아울러 도움을 줄 수 있는 책이다. 농촌지도직 공무원으로 오랫동안 근무하고 퇴직 후에 농촌진흥청 강소농전문위원으로 활동하고 있어서 현장 경험이 풍부한 저자의 전문성이 이 책에 고스란히 녹아 있다고 하겠다.

아홉산 정원

김미희 지음 l 값 20,000원

이 책 『아홉산 정원』은 금정산 고당봉이 한눈에 보이는 아홉산 기슭의 녹유당에 거처하며 아홉 개의 작은 정원을 벗 삼아 자연 속 삶을 누리고 있는 김미희 저자의 정원 이야기 그 두 번째이다. 이 책을 통해 독자들은 '꽃 한 송이, 벌레 한 마리에도 우주가 있다'는 선현들의 가르침에 접근함과 동시에 동양철학, 진화생물학, 천체물리학, 문화인류학 등을 아우르는 인문학적 사유의 즐거움을 한 번에 누릴 수 있을 것이다.

진짜 엄마 준비

정선애 지음 l 값 15,000원

진짜 엄마가 되기 위해선 무엇을 준비해야 할까? 아이를 낳기 전 태교부터 아이를 낳고 난 후의 육아까지, 엄마들의 길은 멀고 험난하기만 하다. 여기 직접 달콤하고도 쓰린 '육아의 길'을 몸소 체득한 엄마의 고백과도 같은 육아 일기가 있다. 저자는 아이를 위한 길과 엄마를 위한 길 둘 다 놓쳐서는 안 된다고 이야기하며, 어떻게 하면 아이와 엄마 모두가 윈윈 할 수 있는지 친절하고 따뜻한 문체로 풀어낸다. 예비 엄마들을 위한 훌륭한 육아 계발서.

하루 5분나를 바꾸는 긍정훈련

행복에너지

'긍정훈련'당신의 삶을
행복으로 인도할
최고의, 최후의'멘토'

'행복에너지
권선복 대표이사'가 전하는
행복과 긍정의 에너지,
그 삶의 이야기!

인터파크
자기계발 분야 주간
베스트 1위

권선복 지음 | 15,000원

권선복

도서출판 행복에너지 대표
지에스데이타(주) 대표이사
대통령직속 지역발전위원회
문화복지 전문위원
새마을문고 서울시 강서구 회장
전) 팔팔컴퓨터 전산학원장
전) 강서구의회(도시건설위원장)
아주대학교 공공정책대학원 졸업
충남 논산 출생

책『하루 5분, 나를 바꾸는 긍정훈련 - 행복에너지』는 '긍정훈련' 과정을 통해 삶을 업그레이드하고 행복을 찾아 나설 것을 독자에게 독려한다.

긍정훈련 과정은 [예행연습] [워밍업] [실전] [강화] [숨고르기] [마무리] 등 총 6단계로 나뉘어 각 단계별 사례를 바탕으로 독자 스스로가 느끼고 배운 것을 직접 실천할 수 있게 하는 데 그 목적을 두고 있다.

그동안 우리가 숱하게 '긍정하는 방법'에 대해 배워왔으면서도 정작 삶에 적용시키지 못했던 것은, 머리로만 이해하고 실천으로는 옮기지 않았기 때문이다. 이제 삶을 행복하고 아름답게 가꿀 긍정과의 여정, 그 시작을 책과 함께해 보자.

『하루 5분, 나를 바꾸는 긍정훈련 - 행복에너지』